企业国际税务策划

胡　商　著

中国金融出版社

责任编辑：张智慧
责任校对：李俊英
责任印制：丁淮宾

图书在版编目（CIP）数据

企业国际税务策划（Qiye Guoji Shuiwu Cehua）/胡商著 . —北京：中国金融出版社，2017.5
ISBN 978 - 7 - 5049 - 8933 - 8

Ⅰ. ①企…　Ⅱ. ①胡…　Ⅲ. ①国际税收—税务筹划　Ⅳ. ①F810.42

中国版本图书馆 CIP 数据核字（2017）第 049287 号

出版
发行　中国金融出版社

社址　北京市丰台区益泽路 2 号
市场开发部　（010）63266347，63805472，63439533（传真）
网 上 书 店　http：//www.chinafph.com
　　　　　　　（010）63286832，63365686（传真）
读者服务部　（010）66070833，62568380
邮编　100071
经销　新华书店
印刷　保利达印务有限公司
尺寸　169 毫米 ×239 毫米
印张　19.75
字数　260 千
版次　2017 年 5 月第 1 版
印次　2017 年 5 月第 1 次印刷
定价　98.00 元
ISBN 978 - 7 - 5049 - 8933 - 8
如出现印装错误本社负责调换　联系电话（010）63263947

前　言

对于当今世界经济的全球化，马克思和恩格斯早在 1848 年就有预言。他们在《共产党宣言》里指出：

不断扩大产品销路的需要，驱使资产阶级奔走于全球各地。它必须到处落户，到处开发，到处建立联系。

资产阶级，由于开拓了世界市场，使一切国家的生产和消费都成为世界性的。使反动派大为惋惜的是，资产阶级挖掉了工业脚下的民族基础。古老的民族工业被消灭了，并且每天都还在被消灭。它们被新的工业排挤掉，新的工业的建立已经成为一切文明民族的生命攸关的问题；这些工业所加工的，已经不是本地的原料，而是来自极其遥远的地区的原料；它们的产品不仅供本国消费，而且同时供世界各地消费。旧的、靠国产品来满足的需要，被新的、要靠极其遥远的国家和地带的产品来满足的需要所代替。过去那种地方的和民族的自给自足和闭关自守状态，被各民族的各方面的互相往来和互相依赖所代替。物质的生产是如此，精神的生产也是如此。各民族的精神产品成了公共的财产。民族的片面性和局限性日益成为不可能，于是由许多种民族的和地方的文学形成了一种世界的文学。

随着中国改革开放的深化和经济全球化的加速，中国市场不仅吸引了大量的外资进入，而且近年来越来越多的中国企业走出国门参与国际市场的竞争。然而，中国企业界具备的国际税务知识还未能跟上这一时代的步伐。

目前中国公司走出国门进入国际市场的情形包括中国公司在境外承揽项目、并购、购置资产、经销产品、设立子公司或分支等。在这个过程中，有一部分中国公司得到了专业的国际会计/律师的税务服务，但有相当部分公司（包括大型企业）并没有事先的国际税务策划，只是打算出去后再在当地找会计报税而已。

本书的目的是为中国企业的跨国经营提供国际税务及国际税务策划方面的知识。国际税务策划可在两个方面帮助企业：一是为企业节省税务开支；二是帮助企业的税务遵从（tax compliance）。省税可增强中国企业的国际竞争力，提高公司市值；履行税务遵从可避免税务风险。

企业国际税务策划不仅能帮助中国企业省税，而且还有利于中国政府增加税收。在避免国际双重征税的条件下，中国企业在境外交税越多，在中国可抵免的应纳税越多，中国政府失去的税收也就越多。

本书的目的是为了帮助企业做国际税务策划，所以对国际税务的研究及论述是从企业角度出发。在论述国际税务规则方面，目前国际流行的方法是从一国立法的角度出发，将国际税务分为"进入"（inbound）和"外出"（outbound）两个方向的涉外税务规则。本书脱离这种传统的框架，从企业角度出发将国际税务定义为适用于纳税人跨国经济活动的不同国家的税务体系，并根据各国税制的共性和可比性，系统地论述国际税务的基本构成及规则，如各国的征税基础、公司税率、居民、长久基地、企业纳税人、资本增值的征税规则、股息及控股公司机制、避免双重征税的规则、源泉扣缴税、离岸税、国际税务协议网络、反避税规则等。

因此，在方法论上本书对国际税务的研究具有以下特点：

第一，超出涉外税务概念。传统的国际税务的定义将一国的涉外税务划分为两个方面的规则，一方面是适用于"进入"（inbound）方向的经济活动，另一方面是适用于"外出"（outbound）方向经济活动；而且"进入"方向的规则只是指专门适用于非居民进入本国从事经济活动的规则，不包括适用于本国居民的规则。

本书的国际税务范围从企业角度出发，包括所有适用于企业跨国经济活动的规则。就一国的"进入"方向的规则而言，本书研究的国际税务的内容除那些专门适用于非居民进入本国从事经济活动的规则以外，还包括那些既适用于本国居民也适用于非居民的国内规则。当然，我们在研究后者时，重点是对国际税务策划有意义的国内规则。

第二，超出一国税制范围。本书的国际税务是指适用于纳税人跨国经济活动的不同国家的税务体系。从企业跨国经营的角度来说，一个国家的涉外税务不构成国际税务；一国公司到另一国经商，是前一国的"外出"，同时是后一国的"进入"。所以，该企业需研究、比较或分析的是这两个国家的税务规则。国际税务及国际税务策划作为一门学科，需要研究的是不同国家的税务体系。

第三，注重各国税制的共性。各国税制往往由相同的部分构成，使用同样的概念，采用类似的规则。因此，我们的研究方法注重各国税制之间的横向比较。认识到各国税制共性可为我们学习和研究国际税务带来方便。

在结构上本书由六个部分构成：第一部分：概论（共3章）；第二部分：国际税务体系构成（共14章）；第三部分：国际反避税规则（共5章）；第四部分：国别税制及欧盟特点（共4章）；

第五部分：国际税务策划战略与方法（共6章）；第六部分：国际税务纠纷的解决及案例分析（共6章）。

第二至第四部分都是对国际税务规则的论述。第二部分通过对各国税制构成部分的论述，讲解国际通行的主要税务规则。第三部分涉及的国际反避税规则和第四部分的国别税制分析都是对国际税务规则论述的延续。

第五部分论述企业国际税务策划的战略与方法。按国际税务策划的目的，本书将国际税务策划分为两大类：以节省税务开支为目的和以履行税务遵从为目的；按国际税务策划涉及的范围的不同，又将国际税务策划分为项目性的策划和战略性的策划。本书将介绍这些战略和方法在控股公司的设立，融资与并购，知识产权的经营管理，加工与制造，贸易与销售等行业或情形的运用。

第六部分介绍国际税务纠纷解决的一般程序，论述纳税人的举证责任问题，并将提供七个案例分析（包括一个由作者本人为一美国公司在加拿大税务法院赢得的胜诉案例）。

这里需要说明的是，本书的所谓国际税务只是涉及所得税，不包括其他税种，如销售税、地产税等，因为：

● 所得税具有跨国性，大部分国家采用的是全球制；其他税一般是地域性的。

● 所得税受到国际社会重视，存在有广泛的国际税务条约网络。

● 所得税金额分量较大并且构成纳税人的成本。

● 所得税比其他税复杂得多。

● 所得税具有可策划性。

最后，本书有两点需特别提醒读者注意：第一，本书对有关税务规则的介绍或讨论是个人对有关国家的税法及案例法的理解，不具有法律效力。第二，虽然作者已尽最大努力去确保本书观点的准确性，但难免有瑕疵。读者在阅读及使用本书时，应多加留心和谨慎；如对某一问题不明白或觉得有误，应咨询有关专业人士。

作者
2017 年 1 月于多伦多

目　　录

第三部分　国际反避税规则

第四部分　国别税制及欧盟特点

第五部分　国际税务策划战略与方法

第六部分　国际税务纠纷的解决及案例分析

第一部分
概　　论

第一章 国际税务与国际税务策划

本章将介绍与国际税务策划有关的一些基本的概念性问题，如什么是国际税务，什么是国际税务策划，为什么要做国际税务策划，税务策划与避税/逃税有何不同等。至于国际税务策划的方法与技巧问题，将在第五部分的几个章节里介绍。

一、国际税务研究的范围

国际税务策划的对象是国际税务，所以我们有必要先为国际税务下个定义。

常见的或传统的有关国际税务的定义往往是从一个国家角度出发，将国际税务定义为一国的涉外税务，并将涉外经济活动分为"进入"（inbound）和"外出"（outbound）两个方面。前者是指外国居民（即非居民）进入本国从事的经济活动，而后者是指本国居民走出国门在境外从事的经济活动。所以，中国的作者称中国涉外税务为"中国国际税务"，美国的作者称美国涉外税务为"美国国际税务"，加拿大的作者也是将加拿大的涉外税务称为"加拿大国际税务"，等等。

这些都是一种从一个国家税务立法和行政管理的角度出发的研究或论述方法。

本书对国际税务的定义是从企业税务策划角度出发的。从企业角度出发，本书的国际税务是指适用于纳税人跨国经济活动的不同国家的税务体系。在比较这一定义与传统的国际税务的定义时，我们首先要看到两者的共同之处。这些共同的特点包括以下内容。

第一，国际税务涉及的只是所得税。

为什么人们常说的国际税务只是指所得税，而不是其他税种，如销售税、地产税等？这主要是因为：

- 所得税具有跨国性，大部分国家采用的是全球制；其他税一般是地域性的。
- 所得税受到国际社会重视，存在有广泛的国际税务条约网络中。
- 所得税金额分量较大并且构成纳税人的成本。
- 所得税比其他税复杂得多。
- 所得税具有可策划性。

第二，国际税务主要由国内法构成。

国际税务法规的来源主要是各国的国内法和国际税务条约，被一国接受的国际税务条约也可以被视为该国的国内法。

本书从企业角度出发，将国际税务定义为适用于纳税人跨国经济活动的不同国家的税务体系；这就使得国际税务的范围超出了传统的定义。从企业出发的定义的特点包括：

第一，超出涉外税务概念。

传统的国际税务的定义将一国的涉外税务划分为两个方面的规则，一方面是涉及"进入"（inbound）方向的经济活动，另一方面是涉及"外出"（outbound）方向的经济活动；而且"进入"方向的规则只是指专门适用于非居民进入本国从事经济活动的规则，而不包括适用于本国居民的规则。

本书的国际税务范围从企业角度出发，包括所有适用于企业跨国经济活动的规则。就一国的"进入"方向的规则而言，本书研究的国际税务的内容除那些专门适用于非居民进入本国从事经济活动的规则（如资本弱化规则）以外，还包括那些既适用于本国居民也适用于非居民的国内规则（如企业税率，对资本增值的征税规则等）。当然，我们在研究后者时，重点是对国际税务策划有意义的国内规则。

第二，超出一国税制范围。

本书的国际税务是指适用于纳税人跨国经济活动的不同国家的税务体系。从企业跨国经营的角度来说，一个国家的涉外税务不构成国际税务；一国公司到另一国经商，是前一国的"外出"，同时是后一国的"进入"。所以，该企业需研究、比较或分析的是这两个国家的税务规则。国际税务及国际税务策划作为一门学科，需要研究的是不同国家的税务体系。

第三，注重各国税制的共性。

各国税制往往由相同的部分构成，使用同样的概念，采用类似的规则。因此，我们的研究方法注重各国税制之间的横向比较。认识到各国税制共性可为我们学习和研究国际税务带来方便。

第四，看到各国税制竞争的一面。

国与国之间的税制也存在相当的差异；而这些差异的目的往往是为了让跨国公司利用，是国家之间竞争的结果。这些差异的存在为企业提供了国际税务策划的空间。

二、国际税务策划对企业的意义

什么是企业国际税务策划

国际税务策划是企业通过研究，发掘和了解有关国家的税务规则，并利用不同国家的税务上的差异以及政府给予的税务优惠，来规划或设计一个行动计划或方案，以达到公司节省税务开支和履行税务遵从（tax compliance）的目的。

从国际税务策划分类上看，跨国公司通过国际税务策划要达到的整体目的有两个：一是节省税务开支，二是履行税务遵从。因此，按整体目的来划分，国际税务策划可分为两类：以省税为目的的策划和以税务遵从为目的的策划。当然，实际生活中的国际税务策划大都是以省税为目的的。

就节省税务开支而言，按国际税务策划涉及的范围不同，国际税务策划又可分为：项目性的策划和战略性的策划。战略性的策划包括三大定位与转移，即居民身份定位与转移，资产定位与转移，利润定位与转移。这方面的内容将会在本书第五部分进一步论述。

企业为什么要做国际税务策划

自 20 世纪 90 年代开始，经济全球化加快了速度，主要的国际贸易和投资障碍都被逐步清除，跨国公司在国际市场的竞争也更加激烈。随着世界各国政府开支的失调及公司税务负担不断加重，国际企业界以减轻国际税务，避免双重纳税，以及履行税务遵从（tax compliance）为目的的国际税务策划已成为经济全球化的必然现实。

按会计原理，税务被视为一种公司的费用，所以节省税务开支可以增加公司市值。作为企业跨国公司运行的最重要的目标，是要为股东增大公司及股份的价值。体现股份价值的关键数字是每股收益（Earnings Per Share，EPS），对计算 EPS 有直接影响的是公司的实际缴税税率（Effective Tax Rate）。实际缴税税率是就一个具体公司而言的，指的是在考虑到各种影响税务的因素，如通用的税率，收入的类别，以前的亏损，政府鼓励项目，各项抵免与扣除等之后，实际适用在该公司利润的平均税率，所以这个实际缴税税率可能不同于一般通用的公司税率。

如果一个公司能设法降低其实际缴税税率，那么它就能有效地增大其股份价值。这就是为什么跨国经营的公司都需要根据不同国家的税务特点，制定并实施全面的国际税务战略和策划。

为什么国际税务策划是可行的并且是合法的

跨国公司之所以可以通过国际税务策划来实现节省税务费用，是因为有一个有利的国际环境。这个环境是世界各国都在相互竞争，通过降低和保持低税率及其他优惠税务政策，如主动放弃对非居民利息收入的征税，采用以"参与豁免"为核心的所谓"控股机制"等，来吸引外资，以扩大各自的就业及征税基础。这为国际公司的税务策划及投资决策提供了有利的选择机会。

前面提到，国际税务策划利用的是不同国家的税务差异以及政府给予的税务优惠，但这些差异及优惠不是跨国公司创造的，而是各国政府出于竞争原因主动提供的，因而国际税务策划加以利用是完全符合所在国税法的法律精神和本意。因此，国际税务策划不仅是为企业跨国经营所需而且也是属于合法的正当行为。

国际税务策划是依据合法的游戏规则，进行必要的计划和安排，以达到企业税务目标。因此，国际税务策划的一个关键的要素是以税法为依据。可依据的税法包括跨国经营的所在国的税法及居民国的税法，也包括有关国家之间国际税务条约。

现假设一家美国公司在加拿大设立一个子公司，再以这个加拿大公司的名义在中国设立一个子公司从事农业生产。如果这家公司在中国能利用中国优惠政策享受免税待遇，那么它将利润分红给加拿大的母公司可按加拿大的"豁免盈余"（exempt surplus）规则，在加拿大也享受免税。按美国税务规则，这家美国公司只要不从加拿大公司获得分红，就可以一直不向美国政府纳税，但它可以借钱的形式动用加拿大公司的资金。上述的美国公司利用不同国家的税务规则得到的一系列税务好处都是符合有关国家的法律的。

个人（自然人）与企业的一个很大的区别是个人的目标是多方面的，而企业存在的目标只是为业主或股东赚钱。个人有法律的责任纳税，也可能有道义的责任纳税并为社会作贡献，但公司只有法律上的责任而没有道义上的责任纳税。就法律责任而言，西方各国已确立的一个重要的法律原则是纳税人只有义务负担法律规定的纳税金额，没有义务多交一块钱，也没权利少交一块钱。纳税人有权安排自己事务和进行策划，以降低应纳税金额。纳税人依法所做的税务安排是得到法律保护的。在纳税人不同意税局的评估的情况下，他们可以以法律为依据通过上诉程序来达到推翻或修改税局评估的目的。

国际税务策划、避税（tax evasion）与逃税（tax avoidance）之分

首先，看看什么是逃税。简单地说，各国通常给逃税的定义是通过非法手段，达到少缴税或不缴税的目的。其要素包括有逃税的目的或意图，以及通过非法的手段进行欺骗，如有意作假、提供假文件。因此，逃税不仅是非法的，而且可能会导致刑事处罚的后果。

避税的说法有广义的和狭义之分。狭义的避税是指纳税人通过钻税法的空档或按税法的字面解释来获得税务上的好处，而实际上纳税人这样获得的好处是违反税法有关条款的原意。这种意义的避税最多只能说不是直接违法，但实际上是违背税法具体条款的用意或精神的，因而是得不到税务当局的承认或接受的，是各国反避税的对象。为防止避税，各国税法大都提供了具体的和一般的反避税规则（General Anti‑Avoidance Rules）。具体反避规则是与一般反避规则相对的。具体反避规则是政府明确地针对具体的某类交易或情形制定的规则。对于那些人们还没意识到的避税交易或空档，法律通过一般反避税条款来防范。

广义的避税也包括人们常说的"合法的避税"，即根据税法的原意得到延税、降税、免税等税务好处。这种意义的避税与本书介绍的正常的国际税务策划是一致的。

三、"居民"、"人"以及"纳税人"的概念

在学习各国税务时，有几种说法，如"居民"、"人"以及"纳税人"是值得注意的。

"居民"（resident）不仅仅是指平常意义的居民（自然人），也包括有限公司（corporation），信托（trust）等组织或实体，并且税务上居民的定义不同于国籍法/移民法里居民的定义。税务上的居民的定义一般以居住、住所、场所、注册地点、管理场地或类似的标准为依据。从一个国家角度来说，居民和非居民都可以是它的纳税人。

"纳税人"（Taxpayer）的用法在各国税务里也是比较容易混淆的；具体的意义应根据具体场合而定。在一些国家，"纳税人"不是真的只指有纳税义务的人，而是指与税局打交道的任何人，包括自然人、有限公司、信托、合伙，以及其他形式的实体。严格地说，所得税的纳税人只是指具有独立纳税资格的人。在一般国家具有独立纳税资格的纳税人是自然人，以及具有独立法律人格的法人，即有限公司和信托。

另一个值得注意的是，一国的纳税人包括居民纳税人和非居民纳税人（在本国有收入）。

"人"在国际税务里指的既不是只指自然人，也不局限于具有独立法律人格的法人。例如，可享受国际税务条约好处的"人"包括缔约国的个人（自然人）、有限公司、信托、合伙或其他任何团体或组织。

总结起来，"居民"、"人"以及"纳税人"三者的关系可以归纳为："居民"身份是确立"人"的纳税义务的依据，"人"包括个人和其他团体或组织，而"纳税人"也可以是任何人及其他组织，不论是否有纳税义务。任何人可能是居民，也可能是非居民；而居民和非居民都可以是纳税人。

最后，现代社会还有一个趋势就是税局称纳税人为"客户"（clients）。税局使用这种称呼的原因，从一方面看，与税局打交道的人的确不是所有的都是"纳税人"（有些只是领取退税和税务津贴/福利），另一方面是为了强调税局与纳税人是一种服务和被服务的关系；客户的说法可用以树立税局在社会上的正面形象，创造和谐氛围。

第二章 国际税务法规的来源

第一章提到，国际税务策划是企业通过研究，发掘和了解有关国家的税务规则，并利用不同国家的税务上的差异以及政府给予的税务优惠，来规划或设计一个行动计划或方案，以达到公司节省税务开支和履行税务遵从的目的。本章将涉及这些税务规则的来源问题，即国际税务规则以什么形式存在。

一、国内法

所谓国际税务法规的来源问题，是指国际税务的规则以什么形式存在，纳税人、税局或司法部门遇有问题，到哪里去找到适用的规则。国际税法的来源主要有两个：各国的国内法和国际税务条约。另外，国际组织（如欧 UE）也可以制定涉及税务的条规。

国内法体系

一国所得税的征收需要有立法（legislation）作为法律依据。在权限上，只有议会才有立法权。各级政府都有议会；联邦政府有联邦议会，地方政府有地方的议会。中国的所得税立法有《中华人民共和国个人所得税法》和《中华人民共和国企业所得税法》，美国的所得税立法是"Internal Revenue Code"，加拿大的是 Income Tax Act。

为了保证税收的稳定性，议会立法的基本作用是为某项税务提供一个框架及原则。在实施时，政府另制定管理条例（regulations），作为对立法的一种补充。其目的是根据立法所赋予的权力，制定适用政策及具体措施，来实现立法的宗旨及基本精神。在制定时，管理条例不需要议会批准，政府内阁批准即可。因此，虽然管理条例也属于法律条文，但作为法律依据其级别低于立法。

另外，在解决纳税人与税局的税务纠纷过程中，法院系统起到对税法的解释作用，形成了大量的案例，成为案例法。

总的来说，一国的税务法规主要体现在税务立法、管理条例和法院判决的文件里。

国内立法确立税制的基本构成

国内立法一般确立一国税制的基本构成；一个重要的方面是征税基础（tax base）。征税基础是指一国税制征税的对象，包括纳税人及纳税人的应纳税收入；换句话说征税基础涉及的是对什么人征税以及对什么收入征税的问题。在这方面，世界各国（地区）的税制可以分为两大类：全球制（Worldwide System）和区域制（Territorial System）。

两者的差别可概括为：在全球制下，一国（地区）对它的居民是其按全球收入来征税，而对非居民的征税只局限于其源于该国（地区）境内的收入。目前世界上绝大多数国家（地区）都是采用全球制。采用区域制的政府，不论是居民还是非居民，只对源于该管辖区域的收入征税；对于来自境外的收入都不收税。中国香港就是一例。

全球制和区域制的共同之处有二：一是纳税人都包括居民纳税人和非居民纳税人；二是对源于境内的收入，不论是居民还是非居民都加以征税。

除征税基础的问题外，一个国家（地区）的税制构成还包括税率、税务优惠政策、居民身份的确立、企业纳税人（公司形式）及报税规则、资本增值/资本亏损规则、对国内股息收入及外国股息收入的征税规则、控股公司机制、参与豁免、源泉扣缴、避免双重征税规则、离岸税、所得税申报、信息申报、反避税规则，等等。

所得税法对"所得"的定义

所得税征税的来源是纳税人的所得，即收入（income）。简单地说，收入就是某一时期（如一年），由资产产生的价值增长（如利息、股息、资本增值），或由服务/交易挣得的酬劳/回报（如工资、收费、利润）。收入的特点是某年增长的或新增加的所得。如果某人将其资金从一个账号转移到另一个账号，而资金金额并未获得增长，或做买卖交易而结果并未挣到钱，就没有收入而言，也就不用为此缴纳所得税。

上述对收入的解释，只是一个原则性的。实际上，要为"收入"做出一个精确的定义比较困难。正因为如此，一些国家的所得税法并没有为"收入"提供一个定义，原因应该是为了防止纳税人钻空子，以某项资金来源不符合"收入"的定义而拒缴所得税。例如，加拿大所得税法所采取的是"排除法"，即规定除税法明确列出的一些特定的"金额"（amounts）不用交税外（如人寿保险赔偿、彩票得奖等），其他任何得到的金额都是应纳税的（taxable），包括通过犯罪或违法得到的财物。

所得税法的历史沿革

所得税法是所有的税法（如关税立法、增值税立法、零售税立法等）当中最重要的税法。首先，所得税一般是一个国家最重要的税收来源。其次，所得税法是税法体系中最核心的部分；所得税法本身就是一个国家法律制度中最复杂最庞大的法律体系。正因为如此，一提到税法，人们最先想到的就是所得税法。最后，所得税法作为一种核心性的税法，对其他税法具有巨大的影响。所得税法里的一些概念及定义常常被其他税务立法所引用。

西方各主要国家的所得税立法一般始于20世纪初。刚开始时，征收所得税是为第一次世界大战筹款。在这之前各国政府主要是靠征收关税（Custom Duties）以及商品消费税（Excise Taxes）生存。当时征收所得税，人们认为只不过是一种临时措施，但战争结束了，所得税却持续下来。

为战争而临时征收的所得税之所以持续下来直到今天，是因为政府开销越来越大，需要长期稳定的收入；而个人及公司收入正好为政府提供了长期稳定的收入来源。现代社会里虽然没有战争，但政府需要大量税收用于支持各项社会项目建设，包括医疗、福利、交通、教育、环保、研究、国际援助等。在各项税收中个人及公司所得税是最主要的收入来源。

今天，所得税法起到的作用不仅仅是为政府带来收入，也是政府推行社会及经济政策的工具。通过递增的税率以及各项退税及减扣的规定，所得税可以起到重新分配社会财富、突出社会重点、平衡各种社会利益关系的作用。

二、国际税务条约

国际税务条约（Tax Treaty）是国家之间签订的为了避免国际双重征税而协调缔约国之间征税权及其他税务合作的条约。虽然国际税务条约是国家之间的条约，但可直接影响到纳税人的利益。在条件满足的情况下，纳税人可以直接向有关税务当局提出适用有关税务条约的条款，以享受该条款提供的税务优惠或好处。

国际税务条约一般是以一定的范本为依据来协商签订的。广泛使用的有经合组织（OECD）模式和联合国（UN）模式。UN模式是为发达国家与发展中国家之间的协商而起草的，特点是注重收入来源国家的征税权力。OECD模式则是为发达国家之间签订税务条约提供范本的。

国际税务条约大多是双边的，但也有多边的，如北欧几个国家签订的 Nordic Treaty，和几个拉美国家签订的 Andean Treaty。

国际税务条约的作用

国际税务条约的目的主要是消除双重征税，所以国际税务条约也叫国际双税条约（Double Tax Treaty）。同时，国际税务条约是各国在反国际逃税（Tax Evasion）方面进行合作的法律依据。国际税务条约的目的不是为缔约国创造新的征税权力，而是限制缔约国的征税权力，以避免双重征税。一个国家要想增加新的征税权力，必须通过国内立法才能实现。

国际双重征税是指一个纳税人的同一笔收入同时被两个或几个国家征税。导致国际双重征税的根源是各国税制的差异。毫无疑问，双重征税对国际经贸活动造成了不便或构成了一种障碍。在避免双重征税及减缓双重征税的效果方面，国际税务条约起到的作用主要表现在以下几个方面：

- 统一确立居民身份的规则；
- 限制缔约国的征税权力；
- 提供减缓双重征税效果的方法。

为发挥上述三个方面的作用，国际税务条约实际上是为纳税人创造权利或好处。纳税人可以直接从国际税务条约的条款中得到免税、优惠税率、减税等好处。从实施上来看，纳税人需要主动采取行动才能得到条约规定的税务上的好处。没有纳税人的提出，有关政府一般不会主动给予这种好处或优惠。在程序上，国际税务条约的有关条款，也就像国内法的税法条款一样，纳税人可以直接加以利用，如在报税时直接按条约的规定去运用，如免税或减税。如果纳税人与有关国家税务当局有分歧，纳税人可以以国际税务条约的条款为依据，直接与该国的税局进行交涉，或在该国法庭进行诉讼。只有在极少数情况下，才需两国政府出面协商解决。当然，纳税人应该记住这一点，纳税人有举证责任，不仅需证明有关条款存在，还要证明为什么该条款适用于纳税人的情形。

国际税务条约的效力高于国内法

国际税务条约的效力高于国内法。从本质上说，一国与另一国签订的国际税务条约是属于国内法的一个部分。按有些国家的规定，在与另一国正式签订国际税务条约之后，需要获得议会批准才能成为国内法的一部分。在有些国家，国际条约一旦正式签署，该国际条约就立即成为该国的国内法。

在国内法与国际税务条约相冲突的情况下，一般原则是后者优先。国家之间签订条约的目的就是要协调它们之间的权力或关系，服从国际条约实际上是承诺事先已接受的国际义务；所以一般不被视为损害主权。

当然，在国际实践中，各国会根据具体情况在尊重国际条约具体条款原意或不影响缔约国另一方利益的前提下，对国际条约适用的后果加以合理限制，以减少本国利益的损失。举例来说，某公司同时是 A国和 B 国居民，但根据两国税务条约的规则该公司属于 B 国的居民，即被假定为是 A 国的非居民。现假设该公司在 C 国也有收入，而按 C国法律该公司不算是 C 国的居民，所以 A、C 两国的税务条约不适用于该公司居民身份的确立。在这种情况下 A 国可以不把该公司完全当非居民对待，只是对 B 国而言把该公司当非居民；在其他国家税务上把它当作本国居民，即要求按全球收入纳税（如果 A 国采用全球制）。

有关国际税务条约的使用范围，在避免双重征税方面发挥的作用，以及缔约国之间征税权的划分，本书在第十七章将有进一步介绍。

三、所得税征收的主要过程

一个国家所得税税收的过程或环节，主要包括立法、申报、交税、评估、查税、上诉、追债等。有关立法这个环节前面已有介绍。下面就其他环节做一个简单说明。

申报 (filing)

在申报方面，税法法规要明确报税的基本制度，包括形式、年度、到期日期等。

各类税务，包括所得税、销售税、零售税等，一般采用的是纳税人自我申报制（self‐reporting）。所谓自我申报就是纳税人自觉地根据自己的真实情况，按照税法的规定及要求，向主管税局申报自己的应缴纳的税金或应得的退税。

纳税人向税局报税，一般应采用税局统一编制的申报表格。这种税务申报表往往被称为"return"。将填好的申报表（电子形式或纸张形式）上交税局被称为"filing"。

报税涉及税务年度问题。税法规定纳税人每年申报一次所得税；也就是一年时间为一个报税周期。税务年度是指这个周期的起止日期。有限公司或企业的税务年度一般可以是它的财务年度（fiscal year），税务年度可以是自然年，也可以跨过自然年，起止日期由自己选择。例如，每年7月1日至下一年6月30日。

所得税报税还有一个到期日期的问题；即纳税人在一定日期或之前必须完成税表并递交或传送税局。如果是邮寄，到期日以寄出的日期为准。如果是通过电子传送，以传送日期为准。有限公司报税到期日期是以公司自己的税务年度结束后的几个月内，如加拿大规定的是6个月之内。例如，某公司的税务年度是每年4月1日到下一年3月31日，那么它的报税到期日期是该年9月30日。

上缴税款

对一些纳税人来说，报税与交税不是统一的一个时间。所得税报税一年只是一次，而交税有可能是在一年的过程中进行多次，或是通过自己预交，或是通过付款人预扣。报税可以被看作是纳税人与政府结账的过程。

企业交税一般是两种情形：一是平时的一年过程中的预交，如每一个月一次或三个月一次；二是在为一年报税时为该年补交的（payment on filing）。对于那些交税较多的纳税人来说，政府不愿等到报税时一次性收钱；一方面是担心风险的问题，而另一方面政府需要用钱。

评估（assessment）

纳税人报完税以后，税局会处理这些税表并随之发出评估（Assessment）。评估是税局对纳税人申报的一个暂时的确认；这份文件标明该年的收入，应纳税金额，已付税金额，欠税金额，以及退税金额等。对于大部分纳税人来说收到评估通知后，与该年税务有关之事就到此为止。但是少部分纳税人的报税可能会被选出查税；如果查出问题，税局会对原来的报税进行调整。按调整的结果发出的新的评估被称为Reassessment。

税务追债（Collections）

各国税局一般专门设有追债部，向纳税人讨债，以便将他们所欠的税款收回。税局追债部可动用的权力及资源较多，为迫使欠税人交款，税局一般可冻结其银行账号并从中取款，扣押并拍卖资产（如房产），扣留工资或其他收入等。因此，欠税人在税债没有异议的情况下，应尽早与税局取得联系，解释没能及时偿付的原因，说明可以偿付的能力，以及需要多长时间付清等等。纳税人最好能提出一个切实可行的偿付计划。如果欠税人没有资金支付，税局一般也接受一定的担保或抵押物。

上诉程序

在自我申报的税制下，纳税人与税局的纠纷是不可避免的。如果纳税人可以通过合理的上诉程序来解决税务纠纷，这对于增强公众对征税的整个过程的信心具有重大的意义。因此，西方各国都相当重视建立和维持透明、合理及公正的上述程序和方法来解决纳税人与税局的争议。

　　纳税人与一国税务当局之间涉及国际税务的纠纷，一般通过该国国内的程序来解决。从总体上来看，一个国家解决税务纠纷的程序分行政与司法两大程序。行政程序就是通过税局内部行政部门（包括税局内部的上诉部）的程序。司法程序是指独立于税局的司法系统（包括初审法院、上诉法院及最高法院）的程序。在上诉内容上，纳税人的上诉可分为两个方面，一是事实，二是理由（包括法律依据），即摆事实、讲道理。

　　纳税人需要了解的一个基本知识是纳税人的举证责任。举证责任的问题是说由哪方拿出证据。在税法里，纳税人有举证责任。上诉人必须证明税局的评估在事实上或法律上是错误的。这常常被称为反向举证（reverse onus of proof），即与一般常理和规则是相反的。反向举证是税法的一个重要规则。

　　反向举证的规则是说，如果纳税人不能证明税局的评估是错误的，那么法律就假定税局是对的。支持税法里的反向举证的理由是，在掌握材料和信息方面，税局和纳税人不是在同等的位置上。纳税人掌握着关键的信息、资料和证据；所以税法允许税局将税务评估建立在假设（assumptions）的基础上。如果税局的假设和评估是错误的，纳税人拿出证据加以证明一般不会太难。

　　这里要说明的是，纳税人的举证责任被称为起初的举证责任（initial burden of proof）；而税局也有举证责任，税局的举证责任被称为回应的举证责任（shifting burden of proof）。回应的举证责任是指税局在纳税人履行举证责任后，要拿出自己的证据证明税局的评估是对的，或证明纳税人的证据站不住脚，或者指出纳税人的证据不可信。如果税局不能履行它的回应的举证责任，那么纳税人的立场就可以成立。

　　有关税务上诉及税务纠纷的解决，本书第三十三章将有进一步介绍。

第三章 税基侵蚀和利润转移项目（BEPS）

税基侵蚀和利润转移项目（BEPS）是经合组织（OECD）及二十国集团（G20）自 2011 年开始合作的反跨国公司避税的项目。本章将介绍该项目的积极意义，存在的局限性，以及与正常的国际税务策划的关系。

一、BEPS 项目意义与局限性

BEPS 是经合组织（OECD）及二十国集团（G20）自 2011 年开始合作的反跨国公司避税的项目。BEPS 这四个字母是英文 base erosion and profit shifting 的缩写。Base erosion 中文翻译成税基侵蚀，是指一个国家的征税基础被侵蚀削弱。征税基础（tax base）是指可征税的对象，包括纳税人及纳税人的应纳税收入。一国的税基被侵蚀的现象包括该国的税务居民离开该国成为非居民，该国的公司将其工厂迁移到另一国，该国居民将其拥有的公司股份卖给另一国居民等等。利润转移是指跨国公司将其在一国的成员公司的利润通过转让定价转移到位于另一国的成员公司，也是导致一国税基侵蚀的原因。

BEPS 项目的内容及积极的意义

到目前为止，BEPS 项目已提出了 15 个行动计划；这 15 个行动计划在帮助参与国政府反避税上的意义可总结为以下几个方面：

第一，就目前各国面临挑战的国际税务问题，集中做专业研究，设计解决方案，然后发表有关建议报告并向各国政府提出修改税法及国际税务条约的样板。值得一提的几个共同关注的问题包括电子商务对现行税制的挑战问题（第 1 号行动），怎样对付跨国公司利用混合融资工具（hybrid instruments）和混合公司形式（hybrid entities）避税的问题（第 2 号行动），滥用国际税务条约条款的问题（第 6 号行动）。

第二，增加各国税务政策的透明度，特别是在税务优惠机制（preferential regimes）和事先裁决（rulings）方面。税务优惠机制是一国政府为吸引一些类别的投资或项目提供的税务优惠政策。事先裁决是指企业可以就一个交易方案或税务计划在还未实施之前，事先向税局提出与税局沟通，试图获得税局的认可的做法。一个方案或计划在获得税局的正式认可之后，只要纳税人是按认可的方案执行的，税局就不能反悔。除法定公布的税务优惠政策外，许多国家也通过这种"事先裁决"的方式为一些政府鼓励的项目或企业私下提供特别税务优惠。

BEPS 项目第 5 号行动要求各国将这些税务优惠机制和事先裁决提供的税务优惠信息在各国之间交换，增加政府与跨国公司之间交易信息的透明度。

第三，就跨国公司转让定价的信息，设计按国别申报（Country - by - country）的表格，供跨国公司向所在国税局申报，并且各国税局可以就跨国公司申报的这些信息在各国之间进行交换。

这就是 BEPS 项目第 13 号行动的内容。该行动还为各国实现这一目标提供了修改国内税法及国际税务条约的范本。

第四，在国际税收及反避税方面加强多边及双边的国际合作。例如，第 11 号行动号召各国合作收集那些与反避税有关的宏观信息；第 13 号行动提倡在解决国际税务纠纷方面进行合作；第 15 号行动提出在目前临时合作的基础上建立一个固定的多边的合作机制或机构（amulti-cultural instrument），为国际税务合作提供一个平台。

总之，BEPS 项目在反避税方面起到的作用是，通过不同的方式帮助各国改进国内税法及国际税务条约，从而达到防范税基侵蚀和利润转移的目的。BEPS 项目成败与否要看世界各国在多大程度上付诸行动。

BEPS 的局限性

前面提到，BEPS 项目成功与否要取决于各国在多大程度付诸行动。这是因为该项目的成果、报告、立法范本等本身不具法律效力；其性质属于倡议性的，起到的作用是建议或帮助参与该项目的国家修改国内税法及国际税务条约。只有这些国家正式采纳并通过立法或修改国际税务条约使之成为现实之后，有关反避税行动才能产生效果。

然而，不论是 OECD 还是二十国集团的成员国，它们之间的利益关系有一致的一面，也有冲突和竞争的一面。

这就使得各国在采纳 BEPS 项目的一些关键问题的建议上持非常谨慎和观望的态度，许多国家是带着一种矛盾的心态参与 BEPS 项目的。一方面它们希望参与国际合作通过反对外国公司避税来保护自己的税基，另一方面没有兴趣反对本国公司侵蚀他国税基。虽然 BEPS 项目将税基侵蚀和利润转移归罪于跨国公司的避税，但实际上造成税基侵蚀的真正根源是各国自己的税务政策。

在经济全球化的过程中，随着国际贸易与投资的障碍被逐渐清除，跨国公司之间的竞争愈演愈烈，企业所得税的纳税负担越来越成为一个国际商务活动的突出问题。与此同时，世界各国政府之间展开了税务上的竞争，以吸引外资和支持本国的跨国公司向外扩张，导致了目前的各国之间相互侵蚀税基及相互拆台的局面。这主要体现在以下几个方面。

第一，一些国家的低税率以及优惠税务政策是另一些国家税基侵蚀的一个重要根源。一些 OECD 国家采用较高的公司税率，如美国仅联邦税率为 35%，再加上州及地方税，实际适用的税率可达 40% 以上。另外，一些 OECD 国家有意采用很低税率，如爱尔兰的公司税率是

12.5%；大部分东欧国家的公司税率也是百分之十几。在两者之间是英国等国，税率为百分之二十几。

采用低税政策的国家目的是要吸引高税国家的公司去它们国家办厂设立公司，扩大自己国家的税基并鼓励跨国公司通过转让定价将利润转入。除公开的税率外，一些国家还利用不太透明的优惠机制（preferential regimes）以及事先裁决（ruling）方式给跨国公司特别优惠。

也就是说，一国税基的流失就是另一国税基的所得。美国的"税务倒流"和爱尔兰与欧盟的税务之争都反映的是这种一失一得的竞争与利益冲突关系。因此，现行体制的那些既得利益的国家并无改变现状的动力。

第二，为吸引外资，许多国家主动放弃对非居民利息收入的征税，这与 BEPS 项目的原则确保"对利润的征税是在利润及价值产生的地方"（profits are taxed where economic activities generating the profits are performed and where value is created）是不一致的。这类税基侵蚀和利润转移是政府竞争行为造成的，与跨国公司避税政策无关。

第三，为吸引外资及支持本国公司向外扩张，大部分国家采用了以"参与豁免"（participation exemption）为核心的所谓"控股机制"（holding company regime）。这些"控股机制"的采用不仅是为了确保各国自己的公司在国际市场具有竞争力，而且也是为了吸引更多外国公司来本国设立控股公司，全球的或区域的。

美国虽然没有采用任何形式上的控股机制，但对于美国在海外从事积极生意的子公司的收入不是当期征税，而等到利润以分红的形式分配到美国母公司手里时才征税。美国在海外子公司的利润只要不分配股息，就可以不用在美国交税；这实际上是另一形式的"参与豁免"。

在跨国公司居民国（residence country）采用"参与豁免"的情况下，如果子公司商业活动的所在国（source country）也给予免税或低税的优惠待遇，那么该公司就有可能在两国都不纳税或缴纳很低的税。这种与"双重征税"相对的"双重无税"（double non taxation）是各国之间竞争造成的结果。

第四，政府有意为"混合公司实体"的利用提供方便。BEPS 项目15 个行动之一是防止跨国公司利用"混合工具"（hybrid instruments）和"混合实体"（hybrid entities）为同一笔费用在两国同时获得税务好处。但是这里涉及的对同一事物在不同国家有不同的处理方法，是政府制定的规则；而且有些政府还有意制定特定规则，方便跨国公司利用这些国际差异（第九章有进一步讨论）。

第五，自从 20 世纪 90 年代 OECD 国家采取针对"避税天堂"的反避税措施及加强国际税务信息交流以来，传统的"避税天堂"（tax heaven）对于跨国公司已经失去吸引力，现在的税基侵蚀和利润转移主要是发生在二十国集团和 OECD 成员国之间。

就 BEPS 项目参与国而言，一国的得就是另一国的失。近年来，一批又一批的美国公司通过"税务倒流"（tax inversion）将公司总部转移到邻国加拿大或欧洲低税并采用"参与豁免"的国家，就反映了这一事实。

因此，在这种国家之间的税务竞争格局下，任何一个国家都不会轻易采纳一个修改税法的方案去伤害自己的利益。随着英国脱离欧盟的到来以及提倡降税的特朗普在美国当选总统，国际税务合作的空间可能会在今后一段时间变得更小。

二、BEPS 项目与正常的国际税务策划

BEPS 项目反对的是通过"进攻性"的税务策划（aggressive tax planning）的避税行为。正常的国际税务策划不仅是国际商务活动中一个不可缺少的组成部分，而且也是受各国法律保护的。

自 20 世纪 90 年代开始，经济全球化加快了速度，主要的国际贸易

和投资障碍都被逐步清除，跨国公司在国际市场的竞争也更加激烈。随着世界各国政府开支的失控及公司税负担不断加重，国际企业界以减轻国际税务，避免双重纳税，以及履行税务遵从（tax compliance）为目的的国际税务策划已成为经济全球化的必然现实。

正常的国际税务策划不仅是为企业跨国经营所需而且也是属于合法的正当行为。国际税务策划是依据合法的游戏规则，进行必要的计划和安排，以达到企业税务目标。因此，国际税务策划的第一个要素是以税法为依据。可依据的税法包括跨国经营的所在国的税法及居民国的税法，也包括有关国家之间国际税务条约。

国际税务策划的第二要素是研究，发掘和了解有关国家的有关税务规则，并利用不同国家的税务规则上的差异以及政府给予的税务优惠，来规划或设计一个行动计划或方案，以达到公司的税务目的。跨国公司通过国际税务策划要达到的目的有两个：一是节省税务开支，二是履行税务遵从（tax compliance）。在会计学里，税务被视为是一种公司的费用，节省税务开支可以增加公司市值。节省税务的形式可以是获得降税、免税或延税。通过国际税务策划，可以节省的税务包括：跨国公司经营所在国的所得税，所在国的源泉扣缴税，中间环节公司的所得税，以及跨国公司总部居民国的所得税。

跨国公司通过利用不同国家之间税务特点、差异或政府的鼓励及优惠政策，来达到省税的目的是合法的，是因为这种省税符合有关国家税法条款本意、目的及精神。

个人（自然人）与企业的一个很大的区别是个人的目标是多方面的，而企业存在的目标只是为业主或股东赚钱。个人有法律的责任纳税，也可能有道义的责任纳税并为社会作贡献，但公司只有法律上的责任而没有道义上的责任纳税。就法律责任而言，西方各国已确立的一个重要的法律原则是纳税人只有义务缴纳按照法律应该缴纳的纳税金额，没有义务多交一块钱，而且纳税人有权安排自己的事务和进行策划，以降低应纳税金额。纳税人依法所做的税务安排是得到法律保护的。在纳税人不同意税局评估的情况下，他们可以以法律为依据通过上诉程序来达到推翻或修改税局评估的目的。

BEPS 项目提到的"aggressive"（进攻性的）税务策划或战略，是一个很模糊的概念。不论它的含义是什么，都不会改变纳税人有权从事税务策划的现实。

有关国际税务策划的另一个常见的说法是"可接受的"（acceptable）和"不可接受的"（unacceptable）税务策划。这是一个以结果定性的概念，即看一个税务策划是否可以接受要看是否经得起法律的检验，而法律检验的关键是看纳税人通过税务策划得到的税务上的好处，是否符合税法有关条款的原意、目的或精神，而不是字面解释。因此，只要世界各国之间税务的差异（包括税率的差异）及优惠鼓励规则是现行有效的，在政府正式修改这些差异和规则之前纳税人就有权加以利用。

这就是为什么 BEPS 项目针对的直接对象是各国的税法及政策，而不是纳税人的税务策划行为。作为政府间的国际组织，二十国集团和 OECD 只能起到协调各国政府行动的作用。

第二部分
国际税务体系构成

第四章　各国税制概论

在第一部分我们从企业角度出发，将国际税务定义为适用于纳税人跨国经济活动的不同国家的税务体系。在第二部分和第三部分我们将具体介绍各国税务的主要构成，包括反避税规则。

一、各国税制的共性与可比性

各国税制的共性与可比性是指各国的所得税体系具有相当的一致性，我们可以通过这个一致的一面对各国税制进行比较。学习国际税务的一个重要任务是要找出及了解各国税制的相同、差异，以及其中的规律。

各国税制一致的一面包括相同的构成、相同的概念、相同的规则。相同的构成是指各国税制在结构上一般是由相同的部分构成的，我们可以通过这种共同的构成对各国税制进行比较和学习。我们要学习的构成部分是一国征税必须具备的，虽然内容可能不尽相同。

我们要了解的各国税制的主要构成部分包括：公司税率、征税基础、居民、长久基地（permanent establishment）、企业纳税人、资本增值的征税规则、股息及控股公司机制、避免双重征税的规则、源泉扣缴税（withholding tax）、离岸税（exit tax）、所得税申报规则、海外信息申报规则、国际税务协议网络、反避税规则、税务纠纷的解决，以及事先裁决（advance rulings）等。

相同的概念是指各国税制采用的一些概念是相同的，这些概念包括征税基础、居民、长久基地（permanent establishment）、纳税人、资本增值、股息等等。

相同的规则是指各国之间在同一构成部分采用一致的或类似的规则。一致的规则的例子包括通过国际条约制定的确立居民身份和长久基地的规则；类似的规则包括各国反避税规则，源泉扣缴规则，海外信息申报规则，离岸税规则，对股息和资本增值的征税规则等等。总之，在国际税务方面，存在许多通用的规则。

学习各国税制主要构成部分的实际意义是，我们可以体会到：

- 整体感：即什么是国际税务的整体感受。
- 角度感：即在看待及分析任何国际税务问题时的一个新的角度。
- 方向感：即在学习一个国家的税务时，知道要看什么，了解什么，提出什么问题。

二、国际税务体系的主要构成

我们研究的国际税务是一个包含各国税制的体系，而各国税制主要包括以下构成部分：

公司税率

谈到一国的税务，一般人应该首先想到的是该国税率的高低。这是很自然的。从一个国家的角度来说，所得税税率是该国税制的一个关键的组成部分。对于一个正在考虑是否投资该国或计划以什么形式投入该国的外国公司来说，该国的企业所得税税率是一个重要的考虑因素。企业的一个重要目标是要为股东或业主赚钱，而且是税后钱。不难想象，为什么企业都关心公司税率的高低。

本书的第六章将总结世界各国的企业税率的基本状况，并将世界各国分为四类：

- 没有所得税的国家/地区，即这些国家的税率为零。
- 税率较低的国家/地区。

- 中等税率的国家/地区。
- 税率较高的国家/地区。

征税基础

征税基础（tax base）是指一国税制征税的对象，包括纳税人及纳税人的应纳税收入。所以这一概念涉及的是对什么人征税以及对什么收入征税的问题。在这方面，世界各国的税制可以分为两大类：全球制（Worldwide System）和区域制（Territorial System）。

第七章将介绍这两种制度及有关的概念，包括居民国（Residence Country）和收入来源国（Source Country）的概念。

居民

在全球制下，一国对它的居民按其全球收入来征税，而对非居民的征税只局限于其源于该国境内的收入。采用区域制的政府对居民与非居民的征税只局限源于该管辖区域的收入。由此可见，居民是国际税务的一个核心概念。对于一个跨国公司来说，只有了解了居民概念及规则才能做好国际税务策划及国际税务遵从。

第八章将详细介绍有关居民的概念及确立规则。

长久基地（permanent establishment）

从某种意义来说，长久基地的概念比居民还重要。这是因为许多企业家只意识到居民身份是一国（居民国）征税的依据；但实际上在国际税务里长久基地也是一国（收入来源国）的征税依据。

假设一国的企业到另一国做生意并获得收入，该企业除需向自己的居民国交税外，还有可能需向另一国（收入来源国）交税。决定该企业是否应该向另一国交税的依据是看它在另一国是否有长久基地。一国企业只有在另一国建立了长久基地的情况下，才有义务向另一交税。

　　长久基地可以简单地定义为一国公司在另一国设立的固定的经营场所或地点（fixed place of business）。这个概念相当于该公司在另一国"安营扎寨"了，或建立了"据点"或固定的地方，例如在当地有办公室、车间、工程、工地等，虽然没在该另一国正式注册为当地的法人。

　　由于长久基地可以构成一国的征税依据，我们可以将这个概念理解为是外国公司与一国实际接触或联系的一种程度上起点或门槛的定性；达到这个程度就能触发所在国的征税权。如果该外国公司只是通过通讯与一国做贸易或向该国客服提供服务而在该国并没有实际活动，即在某种程度上与该接触有限，虽然从该国客户挣到利润但可不向该国交税。

　　长久基地的概念及规则适用于一国公司在另一国的直接经营，所以长久基地的概念与分公司（branch）是一回事。在这种情况下，公司的总部与长久基地的关系是总公司/分公司的关系（分公司不是独立法人）。这种关系不同于一国的公司在另一国正式注册由其控股的当地公司。在这种情况下的两个公司是母/子关系，而作为独立的法人子公司往往是所在国的居民。在国际税务里，长久基地规则适用的效果是外国公司不能因为选择不在所在国正式设立子公司而避免在当地的纳税义务。

　　总之，国际税务的一个重要原则是，外国公司在一国境内通过长久基地经营可以触发该国的征税权。长久基地与居民一样都是国际税务的重要概念。对于一个跨国公司来说，只有了解了长久基地的概念及规则，才能做好国际税务策划及国际税务遵从。

　　第九章将详细介绍长久基地的定义及确立规则。

企业纳税人

　　在国际税务里不是所有的企业都是纳税人。各国公司法规定的公司形式或实体形式不尽相同，种类很多但只有一部分实体具有纳税人资格，其余都是"流通实体"或"透明实体"（Flow - through or transparent entity）。一般来说，只有自然人和有限公司（corporation）具有独立纳税人资格。

流通或透明实体是指一个本身不是纳税人的实体，其收入和费用都会按比例分摊到其成员（members）或业主（owner）或者是纳税人的实体，但其收入可以分摊到所有人（owners 或 unit - holders）身上报税。常见的透明实体包括合伙公司，收入信托（Income Trust），美国的 Limited Liability Company（LLC）和 S Corporation，无限责任公司（Unlimited Liability Corporation，ULC）等。

了解企业形式及纳税人的规则对企业的税务策划非常有帮助。第十章将详细介绍。

资本增值的征税规则

在税务上要区分资本增值与生意的一般收入，是因为两者的性质不同并且适用的征税规则也不尽相同。资本增值是指从出售资本资产（capital property）中获得的利润。所谓资本资产是一种财产，而纳税人拥有它的目的是为了使用它或持有它，靠它产生收入，如靠房产挣取租金收入，通过持有债券挣取利息收入，持有股份挣取股息收入，而不是通过买卖这种财产本身来获利。纳税人通过一买一卖从中获利的货物或财产本质上属于库存，不是资本。

由于资本增值在性质上不同于其他一般生意收入，各国税法对资本增值规定了不同的处理方法和税务规则。资本增值在有些国家享受免税待遇，在有些国家只有部分算收入。因此，充分利用这些税务特点对于企业做国际税务策划非常重要。

第十一章将详细介绍资本增值的概念及征税规则。

股息及控股公司机制

股息（dividends）是股份有限公司从其税后盈余中分配给股东的收益。像资本增值，股息也是具有特别的属性，不同于其他一般收入。各国税法对股东收到股息收入也规定了不同的处理方法和税务规则。一些国家利用股息的特点建立了以海外股息免税为核心的控股公司机制（holding company regime），以吸引跨国公司在这些国家设立控股公司或公司总部。

控股公司机制（holding company regime）是许多国家采用的鼓励跨国公司在这些国家设立控股公司的税务政策。控股公司起到的作用是将两个或多个公司组合起来，使之成为一个集团。在一个集团系统内，控股公司就是母公司（parent company），而其他被控制的成员公司被称为子公司（subsidiaries）。控股公司的所在地，往往是集团公司总部（headquarters）。

因此，了解一国的股息征税政策及控股公司机制对国际税务策划十分重要。第十二章将有进一步的论述。

避免双重征税的规则

跨国公司国际税务策划的一个重要内容是避免双重征税。国际双重征税（International double taxation）是指一个纳税人的同一笔收入同时被两个或几个国家征税，导致国际双重征税的根源是各国税制的差异。

毫无疑问，国际双重征税对国际经贸活动造成不便或构成一种障碍。因此，世界各国一般都通过国内立法和国际税务条约，采取一些减缓方法来消除双重征税对其居民产生的效果。

在避免双重征税及减缓双重征税的效果方面，国际税务条约起到的作用主要是在以下几个方面：统一确立居民身份的规则，限制缔约国的征税权力，提供减缓双重征税效果的方法。

对于这些国际税务条约提供的规则和方法，从事跨国经营的公司需要学习和利用。第十三章将详细介绍。

源泉扣缴税（withholding tax）

从事国际投资需要知道国际通行的源泉扣缴的规则。源泉扣缴税是付款人在支付属于收入性质的款项时，按法律规定的税率从该款项中扣留并负责上缴税局的税金。这里的付款人是指支付工资的雇主、支付股息的公司、支付利息的银行、支付房租的租客等。当一个跨国公司将其在海外的某一个国家的利润或收入撤出该国时，该收入一般都会被该国适用源泉扣缴。

第十四章将介绍源泉扣缴的规则及通行的税率。

离岸税（exit tax）

离岸税是一国因企业资产产权离开该国而征收的税金。离岸税是人们的一种通俗说法；征税的国家并不一定称为"离岸税"。一国对其资产产权离开该国要征税，是因为该国将失去对该资产的征税权，该国要在该资产产权离开该国时结算已增长的资本增值。在国际商务活动中，一国公司撤离该国以及国际公司的重组与合并（merger）都涉及资产离岸的问题，可能产生离岸税的后果。因此，国际税务策划需考虑离岸税的问题。

第十五章将详细介绍。

所得税申报规则

任何国家的所得税制都需要有申报规则，特别是计算应纳税收入的一般原则。

第十六章介绍计算应纳税收入不同于会计收入的规则，集团公司合并报税制度（group taxation 或 tax consolidation），子公司（subsidiary）与分公司（branch）的报税等。有些信息虽然对于专业人士是很明确的，但对于一般企业家来说是需要了解的基本税务知识。

海外信息申报规则

海外信息申报的规则是要求企业提供有关海外资产、海外公司及与海外关联公司交易的信息及资料。信息申报（information return）只涉及信息与资料，不涉及企业需缴纳的税金问题。平时常说的所得税报税或申报（tax return）才是以计算税金为目的。税务申报和信息申报是不同性质的相互独立的申报。

不难看出，海外信息申报对于一国政府督促跨国公司如实报税，反国际避税具有重大的意义。因此，各国在不同程度上都有海外信息申报的规则。

第十七章介绍加拿大的海外信息申报的机制。读者可以从中了解到国际税务信息申报可能涉及哪些信息。

国际税务协议网络

国际税务条约是国家之间签订的为了避免国际双重征税而协调缔约国之间征税权及其他税务合作的条约。虽然国际税务条约是国家之间的条约，但可直接影响到纳税人的利益。在条件满足的情况下，纳税人可以直接向有关税务当局提出适用有关税务条约的条款，以享受该条款提供的税务优惠或好处。

因此，我们可以相信一个国家签订的国际税务条约越多越好，该国居民可在国际上享受越多的税务好处。中国已与世界上100多个国家签订了国际税务条约，是具有最广泛的国际税务条约网络的国家之一。这对促进中国国际经贸发展十分有利。

第十五章将详细介绍。

反避税规则 （Anti – Avoidance Rules）

企业的税务策划与政府的反避税规则是相辅相成的。针对跨国公司过分的税务策划及各类避税行动，世界各国政府相应制定了不同形式的反避税规则，来反击对税法的滥用，防范钻税法空档，以确保政府征税基础（Tax base）不受侵蚀和削弱。因此，任何税务策划方案和任何生意模式都要考虑到可能涉及到的反避税规则。反避税规则的来源主要是国内法，而各国的反避税包括一般反避税和具体反避税规则。

具体反避规则是与一般反避规则相对的，是政府明确地针对具体的某类交易或情形制定的规则。对于那些人们还没意识到的避税交易或空档，法律通过一般反避条款（General anti – avoidance rules）来防范。具体的反避规则包括转让定价的客观规则（The Arm's length principle），受控海外公司（CFC）规则，资本弱化（Thin capitalization）规则等等。

各国采用一般反避规则是出于防止滥用税法、确保财政收入的需要，但在西方国家它的合理性一直是存在争议的。反对者认为，在一个民主、法制、自由的社会里，任何社会的成员及企业有权自由地计划安排他们的经济生活。在法律规则不明确或存在空档的情况下，国家应该根据新出现的避税现象通过立法补洞，不断完善法律，而不应该采用一个广泛适用的条款来重新定性一个经济行为。否则，法制就不再具有预见性和稳定性，人们的自由计划安排生活的权利就没有保障。

反避税规则是一国税制的重要构成部分。本书将在第三部分的第十九章至第二十三章详细介绍。

税务纠纷的解决

在自我申报的税制下，纳税人与税局的纠纷是不可避免的。如果纳税人可以通过合理的上诉程序来解决税务纠纷，这对于增强公众对征税的整个过程的信心具有重大的意义。因此，世界各国都相当重视建立和维持透明、合理及公正的上述程序和方法来解决纳税人与税局的争议。

纳税人与一国税务当局之间的涉及国际税务的纠纷，一般通过该国国内程序来解决。在解决国际税务纠纷时，一国国内法庭依据的法律可以是该国的国内法，也可以是有关国家之间的国际税务条约条文。国际税务纠纷可能是纳税人与居民国之间的纠纷，也可能是与收入来源国之间的纠纷。如果是前者，纳税人应该在居民国寻求问题的解决；如果是后者，纳税人应找收入来源国并通过该国提供的程序解决问题。

从总体上来看，解决税务纠纷分行政与司法两大不同的程序。行政程序就是通过税局内部行政部门（包括税局内部的上诉部）的程序。司法程序是指独立于税局的司法系统（包括初审法院、上诉法院及最高法院）的程序。

本书将在第二十八章介绍国际税务纠纷解决的问题。

事先裁决（advance ruling）

各国税制不仅提供解决税务纠纷的方法，而且一些国家的税局还为企业提供所谓的"事先裁决"（advanced ruling）服务，即企业可以就一个交易方案或税务计划在还未实施之前，事先向税局提出与税局沟通，试图获得税局的认可。一个方案或计划在获得税局的正式认可之后，只要纳税人是按认可的方案执行的，税局就不能反悔。

除法定公布的税务优惠政策外，许多国家也通过这种"事先裁决"的方式为一些政府鼓励的项目或企业私下提供特别税务优惠。

税务当局为企业提供"事先裁决"服务可以促进税务遵从，为企业的决策和税务策划提供稳定性和预见性。这种服务一般是有偿服务。

由于在这方面公众能查到的可研究的资料有限，本书将不再单独介绍。

第五章　企业所得税税率

从一个国家的角度来说，所得税税率是该国税制的一个关键的组成部分。对于一个正在考虑是否投资该国或计划以什么形式投入该国的外国公司来说，该国的企业所得税税率是一个重要的考虑因素。企业的一个重要目标是要为股东或业主赚钱，而且是税后钱。不难想象，为什么企业都关心公司税率的高低。

一、公司税率的种类

联邦/中央与地方公司税之分

一个国家的公司所得税税率可能有联邦/中央的，也可能还有地方政府的（如州，省，市政府）。所以，在该国的公司应该缴纳的所得税是这些税种的之和。

例如，美国的公司税有联邦，也有州级的；有些市政府也征收所得税。联邦公司税率是递增税率，应纳税收入（taxable income）在 $18333333或以上的税率为35%，$100000 或以下的税率为15%；应纳税收入在 $100000 与 $18333333 之间的，税率为 15%—35%。大部分地方政府（州与市）也征收公司税。这些地方政府的公司所得税税率一般是在10%以下。所以，一个美国公司的所得税将联邦与地方税相加，高的可达40%以上。

加拿大的联邦和省份都有公司税，但市政府不征收所得税。联邦和省份都公布有两个税率。一是优惠税率，适用于加拿大居民占有股份在50%

或以上的非上市的公司，且只适用利润在 50 万加元以下的部分（以上的部分适用一般税率）。二是一般税率，适用于其他的公司及情形。加拿大联邦政府的公司优惠税率为 10%，一般的税率为 15%。各省的优惠税率为 3%—5%，一般税率为 11%—16%。在华人集中的两个省份安大略省和 BC 省，省税的优惠税率分别是 4.5% 和 2.5%，一般税率分别是 11.5% 和 11%。将联邦税和省税相加，安大略省公司的优惠税率为 14.5%，一般税率 26.5%，BC 公司的优惠税率为 12.5%，一般税率为 26%。

除上述通用的公司税率外，跨国公司在做国际税务策划时还需要考虑一个国家提供的一些税务优惠政策。例如，中国的企业所得税税率为 25%，但这只是一般通用的税率。在特定的情况下（如从事农、林、牧、渔、水利、环保、交通、能源、科技等政府鼓励行业的企业，以及在特定地区成立的公司等），公司可以享受较优惠的税率。

分公司或分支税（branch tax）

分支或分公司的情形是一国公司在另一国通过长久基地（Permanent establishment）直接从事商业活动，而在该另一国没有正式注册当地的有限公司。由于分公司在当地是以总公司的名义进行商业活动，分公司和总公司在法律上是一个实体。这种情形不同于该公司在当地注册了有限公司的情形；在这种情况下两者都是不同的法人，后者是前者的子公司，而该子公司是所在国的居民公司。

对于分公司在所在国挣到的利润，总公司有向所在国报税纳税的责任，而纳税的税率及报税的规则与子公司情形差不多。分支税不是指在这个阶段缴纳的所得税。

分支税是指在分公司将利润转移出所在国时需要向所在国缴纳的税金。一般来说，分支税率与股息的源泉扣缴税率是一致的，因为分支税在性质上相当于子公司为分配股息应该做的源泉扣缴（如果该外国公司在当地注册了子公司）。

二、不同国家的税率比较①

在比较不同国家的企业所得税税率后，我们可将世界各国分为四类：

- 没有所得税的国家/地区，即这些国家的税率为零
- 税率较低的国家/地区
- 中等税率的国家/地区
- 税率较高的国家/地区

1. 没有所得税的国家/地区

这些国家都是些岛国，没有所得税。国家财政收入主要靠其他来源，如土地转让税（land transfer tax），地税（property），关税（Customs Duties），销售税（Sales Tax）等等。不论是个人还是企业都不用申报所得税。表5－1列示的是几个代表性的国家或地区。

表5－1　　　　　　　　　没有所得税的国家/地区　　　　　单位：%

国家/地区	联邦/中央税率	地方税率	分支税率	说明
巴哈马	0	0	0	
百慕大	0	0	0	
开曼群岛	0	0	0	

2. 税率较低的国家/地区

我们可以将联邦/中央与地方企业税率相加在20%以下的归类为税率较低的国家/地区。下列国家或地区属于这一类（见表5－2）。

表5－2　　　　　　　　　　低税率国家/地区　　　　　　单位:%

国家/地区	联邦/中央税率	地方税率	分支税率	说明
中国香港	16.5	0	16.5	对来自境外的收入不征税
新加坡	17	0	17	
阿尔巴尼亚	15	0	15	

---

① 本部分税率信息来源于 Deloitte 出版物 Corporate Tax Rates 2016。

国家/地区	联邦/中央税率	地方税率	分支税率	说明
塞浦路斯	12.5	0	12.5	
捷克	19	0	19	
伊拉克	15	0	15	
科威特	15	0	15	
爱尔兰	12.5	0	12.5	
毛里求斯	15	0	15	
中国澳门	12	0	12	
中国台湾	17	0	17	
罗马尼亚	16	0	16	
波兰	19	0	19	

3. 中等税率国家/地区

我们可以将联邦/中央与地方企业税率相加在20%与30%之间的归类为中等税率国家/地区。下列国家或地区属于这一类（见表5-3）。

表5-3　　　　　　　　　　中等税率国家/地区

国家/地区	联邦/中央税率	地方税率	分支税率	说明
中国	25%	0	25%	特定行业/地区享受更低优惠税率
加拿大	10%—15%	11%—16%	25%	联邦与地方税相加一般在13%—27%
丹麦	22%	0	22%	
芬兰	20%	0	20%	
印度尼西亚	25%	0	25%	
以色列	25%	0	25%	
韩国	25%	2%	22%	
马来西亚	24%	0	24%	
新西兰	28%	0	28%	
秘鲁	28%	0	28%	
智利	24%	0	24%	
俄罗斯	20%	0	20%	
葡萄牙	21%	1.5%	21%	
瑞典	22%	0	22%	

国家/地区	联邦/中央税率	地方税率	分支税率	说明
南非	28%	0	28%	
埃及	22.5%	0	22.5%	
泰国	20%	0	20%	
土耳其	20%	0	20%	
英国	20%	0	20%	
越南	20%	0	20%	
南非	28%	0	28%	

4. 税率较高的国家/地区

我们可以将联邦/中央与地方企业税率相加在30%以上的归类为税率较高国家/地区。下列国家或地区属于这一类（见表5-4）。

表5-4　　　　　　　　　　高税率国家/地区

国家/地区	联邦/中央税率	地方税率	分支税率	说明
澳大利亚	30%	0	30%	
比利时	33%	0	33%	
阿根廷	35%	0	35%	
德国	15%	14%—17%	15%	联邦和地方相加一般在30%—33%
法国	33.33%	0	33.33%	
印度	30%	0	40%	
意大利	27.5%	4%	27.5%	
日本	23.9%	各地不同税率	23.9%	中央加地方税率一般在30%以上
墨西哥	30%	0	30%	
巴基斯坦	32%	0	32%	
菲律宾	30%	0	30%	
美国	35%	各地不同税率	35%	各州及地方税率一般在10%以下

三、实际交税税率

除上述通用的公司税率，国际税务策划行业还常常听到"实际交税税率"（Effective tax rate）的概念。实际交税税率对一个具体公司而言，指的是在考虑到各种影响税务的因素，如通用的税率，收入的类别，以前的亏损，政府鼓励项目，各项抵免与扣除等之后，实际适用在该公司利润的平均税率，所以这个实际交税税率可能不同于一般通用的公司税率。

作为企业跨国公司运行的最重要的目标，是要为股东增大公司及股份的价值。体现股份价值的关键数字是每股收益（Earnings Per Share，EPS），对计算 EPS 有直接影响的是公司利润的实际交税税率。

第六章 征税基础

上一章介绍了公司税率及其特点，但没有说明一个国家的公司税率适用于哪些纳税人及纳税人的哪些收入。本章讨论的征税基础（Tax Base）就是一个国家的税制在这一方面原则性的规定。

一、全球制与区域制之分

征税基础（tax base）是指一国税制征税的对象，包括纳税人及纳税人的应纳税收入。所以这一概念涉及的是对什么人征税以及对什么收入征税的问题。在这方面，世界各国的税制可以分为两大类：全球制（Worldwide System）和区域制（Territorial System）。

两者的差别可概括为：在全球制下，一国对它的居民是其按全球收入来征税，而对非居民的征税只局限于其源于该国境内的收入。目前世界上绝大多数国家都是采用全球制。采用区域制的政府，不论是居民还是非居民，只对源于该管辖区域的收入征税；对于来自境外的收入都不收税。中国香港就是一例。

全球制和区域制的共同之处有二：一是纳税人都包括居民纳税人和非居民纳税人；二是一国对源于该国境内的收入，不论是居民还是非居民都加以征税。

在企业税方面中国采用全球征税制，即居民公司按全球收入纳税，而非居民只为其在中国境内的收入纳税。按加拿大税法，加拿大公司原则上应为其全球收入在加拿大纳税，一个例外是税法对于加拿大海外隶属公司从事积极生意而获得的利润即所谓免税盈余（exempt surplus）

给予免税待遇。

美国的居民公司是按全球收入纳税；全球收入包括来自其在境外的子公司（subsidiaries）和分公司（branches，即在外国当地没有注册为独立的法人）的收入。美国公司在境外的子公司的利润分两种，一是从事积极生意的收入，二是被动的投资收入。如果美国公司在境外的子公司是从事积极的生意，对于由此产生的利润，美国政府可以等到子公司分派股息给美国母公司时再征税。美国母公司如果一直不从海外子公司得到股息，就可以一直不交税。对于海外子公司从事被动的投资活动而获得的利润，美国母公司需在当期算入收入在美国计税，不论海外子公司是否分派股息。同样，美国公司在境外分公司的收入，需算入国内总公司当期收入在美国纳税，不论利润是否转移到美国境内。

二、居民国与来源国之分

根据上述全球制和区域制的征税特点，我们可将一个国家的征税权划分为三大块：

1. 对本国居民在境内收入的征税；

2. 对本国居民在境外收入的征税；

3. 对非居民在境内收入的征收。

一个国家对前两者征税的依据是根据全球制对其居民境内及境外收入的征税权；当该国行使这种征税权时，我们称为居民国（Residence Country）。后者是基于该国对来源于该国的收入具有的征税权；当该国行使这种征税权时，我们称为来源国（Source Country）。

居民国和来源国是国际税务领域中常用的术语，掌握两者的含义有利于我们理解各国的税制，避免双重征税，做好国际税务策划。

为了说明何为居民国，何为来源国，现假设一个中国公司在美国做生意并从中获得利润；中国和美国都有可能对该笔利润有征税权。中国对其居民在海外的收入有征税权，而美国对非居民在其境内经商挣到的收入也有征税权。在这个例子里，中国是居民国（即公司的居民国），而美国是来源国（即收入的来源国）。

按美国税法，外国公司在美国境内从事商业活动而获得收入需在美国交税。这种收入被称为"实际相关收入"（effective connected income，ECI）。这是针对外国分公司的征税情形。在外国分公司将利润转移出境的情况下，美国还需征收30%（除非有关的国际税务条约规定较低的税率）的分公司盈利税（branch tax）。这里所说的分公司（branch）是指外国公司通过"长久基地"（permanent establishment）直接在美国从事商业活动，没有在美国设立子公司。如果一个外国公司在美国设立子公司从事业务，那么该子公司是美国的居民公司，该外国公司算是在美国间接从事商务活动。

三、两个征税的依据——居民和长久基地

前面提到，全球制和区域制的共同之处有二点：一是纳税人都包括居民纳税人和非居民纳税人；二是一国对源于该国境内的收入，不论是居民还是非居民都加以征税。因此，一个国家的税制，不论是全球制还是区域制，都需要明确居民的定义及确立收入来源（Source of Income）的规则。

就收入来源而言，在一般情况下一笔收入的来源国比较容易分清，但在有些情况下很难分清。由于各国制定的规则不同，一笔收入有可能几个国家同时认为是源于它们的收入。例如，有关利息收入，有些国家确立收入来源的依据是看支付利息的一方所在地，有些国家的依据是本金的所在地，而有些国家是看资金投入项目的所在地。在收入来源有争议的情况下，有关国家之间的税务协议提供的规则，应该是问题解决的依据。

就企业跨国经营的情形而言，几乎每个国家采用的原则是，只有外国公司在本国境内通过"长久基地"（permanent establishment）经营的

情况下，该外国公司才算是有来源于本国的收入，本国才有对由该长久基地产生的收入的征税权。换句话说，长久基地是确立国际公司应纳税收入来源的依据。

根据上述讨论，我们可以得出的结论是一个国家对于跨国公司经营收入的征税依据有两个：居民和长久基地。

居民（resident）

在税务方面，居民可以原则上定义为由于居住、住所、场所、注册地点、管理场地或类似的原因有义务向一国交税的人。

前面提到在全球制下，一国对它的居民是其按全球收入来征税，而对非居民的征税只局限于其源于该国境内的收入。这就意味着居民身份的确立对于采用全球制的国家来说尤其重要。从一个国家的角度来说，居民身份是征税的依据。对一个纳税人来说，属于一国的居民就意味着对该国负有按全球收入纳税的责任。

居民就公司而言，各国确定税务居民身份的依据，可分为两大类：

1. 形式上的依据：如公司注册成立所在地，法律上公司总部所在地等。

2. 事实上的依据，如公司的管理所在地，董事会一般开会所在地等。

由于各国在确立公司税务居民身份问题上采用不同的依据，一个国际公司就有可能被不同的国家同时认定为其税务居民。例如，一个公司如果是在一国注册成立而其实际管理又是发生在另一国，如果前一国是以公司注册所在地为确立税务居民身份的依据，而后一国是以公司实际管理所在地为依据。

在一公司具有双重税务居民身份的情况下，其税务居民身份的最终确立，以及避免双重纳税问题的解决要看有关国家之间是否存在国际税务条约。如果有，可按税务协议的原则解决。

有关居民身份确立的规则，后面一章将会进一步讨论。

长久基地（permanent establishment）

除居民身份以外，长久基地也是一国征税的依据。长久基地的概念相当于一国公司在另一国设立了"据点"或立足的地方，例如在当地有办公室、车间、工程、工地等。

由于长久基地可以构成一国的征税依据，我们可以将这个概念理解为，外国公司与一国实际接触或联系的一种程度上的定性。如果该外国公司只是通过通讯与一国做贸易或向该国客服提供服务而在该国并没有实际活动，即在某种程度上与该国接触有限，虽然从该国客户挣到利润但可不向该国交税，只有达到长久基地的程度才触发该国的征税权。

因此，对于跨国公司来说除了居民的定义以外，最重要的概念就是长久基地。上述中国公司在美国做生意而美国对该公司利润有征税权的例子中，我们假设的是中国公司在美国有长久基地。如果中国公司在美国没有长久基地，那么美国政府对于该公司从美国挣到的钱没有征税权。换句话说，一国企业只有在另一国建立了长久基地的情况下，才有义务向另一国交税。

这里需要说明的是，长久基地的规则适用于一国公司在另一国的直接经营。在这种情况下，公司的总部与长久基地的关系相当于总公司/分公司的关系（分公司不是独立法人）。这种关系不同于一国的公司在另一国正式注册由其控股的当地公司。在这种情况下的两个公司是母/子关系，而作为独立的法人子公司往往是所在国的居民。在国际税务里，长久基地规则适用的效果是外国公司不能因为选择不在所在国正式设立子公司而避免在当地的纳税义务。

总之，长久基地是国际税务的核心概念之一。世界各国根据这一概念划分他国之间的征税权。同时，有关长久基地的规则也是跨国公司从事国际税务策划的依据。

有关长久基地的确立规则，第八章将会有进一步讨论。

最后，经济合作与发展组织（OECD）及二十国集团（G20）于2011 年开始启动的"税基侵蚀和利润转移"项目（BEPS）涉及到征税基础的问题。BEPS 这四个字母是英文 base erosion and profit shifting 的缩写。Base erosion 中文翻译成税基侵蚀，是指一国家的征税基础被侵蚀削弱。征税基础是指可征税的对象，包括纳税人及纳税人的应纳税收入。一国的税基被侵蚀的现象包括该国的税务居民离开该国成为非居民，该国的公司将其工厂迁移到另一国，该国居民将其拥有的公司股份卖给另一国居民等等。利润转移是指跨国公司将其在一国的成员公司的利润通过转让定价转移到位于另一国的成员公司，也是导致一国税基侵蚀的原因。

第七章　居　　民

本书在上一章征税基础里提到，世界各国的税制可以分为两大类：全球制（Worldwide System）和区域制（Territorial System）。在全球制下，一国对它的居民是其按全球收入来征税，而对非居民的征税只局限于其源于该国境内的收入。采用区域制的政府对居民与非居民的征税只局限于源于该管辖区域的收入。由此可见，居民是国际税务的一个核心概念。对于一个跨国公司来说，只有了解了居民概念及规则才能做好国际税务策划及国际税务遵从。

一、居民的定义及特点

在税务方面，居民可以原则上定义为由于居住、住所、场所、注册地点、管理场地或类似的原因有义务向一国交税的人。税务上居民的概念具有以下特点[①]：

第一，税务上用的居民，只是局限于税务上的目的，不用于其他目的，如工商、移民、福利等等。最容易与税务上居民概念搞混淆的，是移民法里的居民。要正确理解税法里居民的概念，我们首先要记住税务居民与国籍法/移民法里的公民、移民、绿卡、枫叶卡、永久居民等身份，没有直接关系。我们可以记住这样的情形：一个国家的公民可以是该国的税务上的非居民，而在该国没有身份的外籍人，按该国的税法可以被视为该国的税务上的居民。

---

① 除非明确其他用途，本书所用的居民都是指税务上的居民。

第二，税务居民身份的确立是根据税务上另搞的一套规则。这套规则的依据是居住、住所、场所、注册地点或类似的标准，反映的是一种事实上或实际上一个纳税人与一个地方或国家的联系或关系。因此，一个纳税人获得一国的居民身份或失去居民身份，是以事实为依据，可以不是依据纳税人的意愿，申请行为或办理的手续。如果一个外籍人长期居住在某国，那么他就有可能被该国自动地视为该国的税务居民，不需要办理任何手续去申请，也不需得到当局的批准。反过来，如果一个人实际上离开了他的原住国，不再正常地居住在该国，那么他有可能被该国视为非居民。

同样的原理，如果一个在中国注册的中国公司经常在加拿大从事该公司的管理活动，如召开董事会，那么加拿大有可能把该公司视为加拿大的居民公司。

第三，普通意义的居民一般只是用在个人身上，但税务里，个人、公司、合伙、信托等都可以有居民身份。

第四，在考虑一个纳税人的税务居民身份时一般以年度为单位。这是因为各国的所得税申报及评估周期，是每年一次。这就意味着评估纳税人的居民身份，也需要以年度为单位。当然，在特殊情况下如果纳税人是某年某月某日由非居民成为居民的，或是某年某月某日由居民变成非居民的，那么他的居民身份可能不是一个完整的一年，即从该年某月某日算起到年底，或者从年初算到该年的某月某日为止。

二、确立居民身份的步骤

在一个国家（下称本国）确立一个纳税人的居民身份时，国际通行的步骤如下：

第一，按照本国国内法，确定该纳税人是否是本国居民。如果不是，可以确定该纳税人是非居民。如果是本国居民，需要进入下一步。

第二，确定该纳税人是否属于另一国的居民（按照另一国国内法）。如果不是，可以确定该纳税人为本国居民。如果是另一国的居民，需要进入下一步。

第三，确定该另一国与本国是否有国际税务条约。如果没有，可以确定该纳税人为本国居民。如果有，需要进入下一步。

第四，抛开两国各自的国内法规则，按照该国际税务条约提供的规则，来确立该纳税人是本国居民还是另一国的居民。

国际税务条约为纳税人的居民身份的确立提供统一的规则，目的是要避免双重居民身份及双重征税。

三、公司居民身份的确立

国内法

就国内法而言，各国确定公司的居民身份的依据，可分为两大类：

● 形式上的依据：如公司注册成立所在地，法律上公司总部所在地等。

● 事实上的依据，如公司的实际管理所在地，董事会一般开会所在地等。

中国税法反映的就是上述原则。根据《中华人民共和国企业所得税法》第二条，两类公司是中国的居民公司（或企业）：一是依法在中国境内注册成立的公司，二是不在中国成立但"实际管理机构在中国境内的企业"。企业所得税法的实施条例把"实际管理机构"定义为"企业的生产经营、人员、账务、财产等实施实质性全面管理和控制的机构"。

加拿大的税法规定，凡是在加拿大（包括联邦，各省及地区）注册成立的公司都属于加拿大税务居民。但在案例法方面，也有将在国外注册的公司视为加拿大税务居民的情况。在这些案例里，法院主要看的是经营管理是否发生在加拿大境内，考虑的问题包括公司的董事住在哪国，一般在哪儿开会，决策是在哪国做出的，等等。

美国税法将在其境内按美国法律注册并设立的公司都称为国内的（domestic）公司，而国内公司就是美国的居民公司。与许多国家不同的是，美国一般不以公司的"实际管理"（effective management）的发生地作为公司居民身份的决定因素。也就是说，如果一个在美国按美国法律成立的公司，不管它实际管理（如董事会开会）是发生在美国还是发生在美国境外，都是美国的国内公司，即美国居民。

如果一个公司是在美国境外按外国法律注册，美国税法不管它的管理是否发生在美国境内，一般都会把它当作外国公司对待。只在极少数特殊情况下，美国税法可将一个外国公司在税务上当作国内公司对待。例如，按照美国税法7874（b）条款，如果一个美国公司被一个外国公司并购，而合并后，美国公司的原股东占有新公司股份的80%或以上，那么该外国母公司会被视为美国的国内公司。

国际税务条约提供的规则

按照规范的国际税务条约，在一个企业同时被缔约国的双方认定为是它们的居民的情况下，该企业的居民身份应以实际管理（effective management）的所在地作为唯一的标准来确定。

前面提到，美国一般不以公司的"实际管理"的发生地作为公司居民身份的决定因素。因此，美国在与其他国家签订国际税务条约时，往往是将上述规范的以实际管理为依据的条款加以修改，改为按注册所在国或是两国协商解决等。

四、企业家/管理人员个人居民身份的确立

中国公司走出国门到国外经商如果需要外派人员常驻所在国，也应注意个人居民身份的问题。前面提到，一个人获得一国的居民身份或失去居民身份，是以事实为依据，可以不是依据纳税人的意愿申请行为或办理的手续。因此，企业国际税务策划在许多情况下，也应包括企业

家/管理人员个人居民身份的规划。

国内法的特点

前面提到，在确立一个纳税人的居民身份时，应该首先按照有关国家国内法的规则而定，在该纳税人同时被认定为两国居民的情况下，按照该两国签订的国际税务条约提供的规则而定。

通过了解一些国家税法有关个人居民身份的确立规则，我们发现各国之间在这方面差异很大，有以下特点：

• 有些国家的规则简单明了，如中国，凡在中国有住所或住满一年的人都是中国居民。

• 有些国家的规则具体客观，如美国，凡持美国绿卡或在美国居住一定天数的人都是美国居民。

• 有些国家的规则抽象主观，如加拿大，凡正常安居在加拿大的人都是加拿大居民。

由于各国制定的规则差异如此之大，国家之间才有必要通过税务协议来统一规则，以避免双重税务居民身份。中国有广泛的国际税务条约网络，已与世界上100多个国家或地区签订了国际税务条约。所以中国企业家及管理人员在外的居民身份问题，大都可以按国际税务条约提供的规则来确定。

中国国内法的规则

有关中国的征税基础以及个人税务居民身份的确立，《中华人民共和国个人所得税法》第一条是这样规定的：

在中国境内有住所，或者无住所而在境内居住满一年的个人，从中国境内和境外取得的所得，依照本法规定缴纳个人所得税。

在中国境内无住所又不居住或者无住所而在境内居住不满一年的个人，从中国境内取得的所得，依照本法规定缴纳个人所得税。

　　根据这一条,"凡在中国境内有住所,或者无住所而在境内居住满一年的个人"都是中国的税务居民,都必须按全球收入纳税。

美国国内法的规则

　　美国的征税基础分三类:
- 美国公民;
- 美国税务居民(非美国公民);
- 美国税务非居民。

　　三者的纳税义务分别是:
- 美国公民:按全球收入纳税;
- 美国税务居民:按全球收入纳税;
- 美国税务非居民:原则上只为源于美国的收入而纳税。

　　美国公民和美国居民都得按全球收入纳税。美国公民不难定义。因此这里简单介绍一下美国税务居民身份的确立。美国使用两个客观的标准来确定税务居民身份;如果纳税人符合任何一个标准就会被定为美国的税务居民。一个客观的标准是移民身份。根据这一规则,如果纳税人某年是美国永久居民,即持有绿卡,那么他该年算是美国居民。

　　另一客观标准是按纳税人在美国的逗留天数算。具体规则是,如果某人某年在美国居住天数在 31 天或以上,并按以下公式计算,总和是在 183 天或以上,那么就该年而言,他会被定为美国居民:

有关年度的当年:　　　天数 × 1　　　 = 　　　+

有关年度的前一年:　　天数 × 1/3　　 = 　　　+

有关年度的再前一年:天数 × 1/6　 = ＿＿＿＿

　　　　　　　　　　　　　总和:＿＿＿＿

　　举一个例子说明,某人 2012 年在美国住了 100 天,2011 年在美国住了 180 天,2010 年也在美国住了 180 天,那么这三年总和为:

2012 年当年：	100 天×1	＝	100	+
2012 年的前一年：	180 天×1/3	＝	60	+
2012 年的再前一年：	180 天×1/6	＝	30	
总和：			190	

计算结果是 190 天，因而他在 2012 年会被定为美国居民。

美国要求其公民及居民都按全球收入纳税，这就使得凡持有美国护照的公民都难逃脱美国税务，不论他们居住在哪国，也不论美国与其他国家签订的税务条约就居民身份问题是怎样规定的。

加拿大国内法的规则

虽然加拿大所得税的立法没有为"居民"一词提供一个确切的定义，但经过长期的实践，加拿大法庭判决的案例法发展了一套确立居民身份的规则或依据，这一依据的核心概念是"正常安居"（ordinarily resident）。我们可以称为"正常安居"模式。按这一模式，凡是正常地、有规律地、习惯性地生活安居在加拿大的人都是加拿大居民。

在 1946 年的汤姆森（Thomson）案里，加拿大最高法院对于"正常安居"的具体意思以及怎样确立纳税人的居住地（residence）等问题，给予了以下指导性的说明：

就所得税法而言，每一个人在任何时候都应该有一个居住地，而这个居住地不一定非要是一个家或住所或藏身处。他可以睡在露天。关键问题是要确立他度过人生或正常生活的空间领域。理解一个人正常居住地的最好方法是想想与它相对的意义：即偶尔的偶然的或不正常的居住地。后者一看就明白，不仅在时间上是临时的或在情形上是特殊的，而且给人一种过渡性的或者要回去的感觉……

居住地的问题涉及到的是，一个人在心理及实际上，在多大程度上将其正常的生活，包括在社会关系、各种利益及便利方面，安顿或维持或集中在某一地方……

我认为居住地表达的意思，应该有别于平常所说的"逗留"或"访问"。

因此，法庭在用"正常安居"的模式来决定纳税人是否是加拿大居民时，综合考虑以下两个方面的因素。

第一，在有关年度里，纳税人在有关国家的居住天数。在考虑这一因素时，法庭往往是具体比较纳税人在加拿大和另一国家的居住天数，看在哪一国家居住时间更多。

第二，纳税人在多大程度上将其正常的生活，包括在社会关系、各种利益及便利方面，安顿或维持或集中在加拿大或另一国家。法庭具体考虑的因素包括：

1. 经济利益在哪，即在哪挣钱，如就业、经商、投资等，在哪有更多的银行账号，信用卡账号；

2. 社会关系在哪，如各种组织/俱乐部/教会的会籍，是否积极参加活动；

3. 家庭成员在哪，如配偶、子女、父母、兄弟姐妹等；

4. 是否有稳定或固定的住所，即自己住家在哪；

5. 医疗保险在哪；

6. 在哪有汽车，驾照；

7. 文化根源在哪，即在文化上在哪居住更习惯；

8. 在有关年度之前一段时间，纳税人的居民身份（如果之前是加拿大居民，那么在涉及年度更像加拿大居民）；

9. 国籍，永久居留身份等。

按"正常安居"的概念，不仅那些一直实际居住在加拿大的人属于事实居民，而且那些曾是加拿大居民，但离开加拿大后并未在外安家落户而仍然把加拿大当作"家"的人，也都属于加拿大居民。

不难看出，按照上述"正常安居"模式的规则确定纳税人的居民身份是比较复杂的。为了方便税务工作人员执法，加拿大税局自己也建立了一套较为容易掌握的规则来确立纳税人的居民身份，而这套规则是以"居住联系"的概念为核心。因此，我们可以称为"居住联系"模式。

"居住联系"模式属于税局的政策，反映的只不过是税局的立场，不具法律的效力。为了方便税法的实施，加拿大税局制定了许多类似的政策。这些政策的特点是简明扼要，容易掌握，便于实施。如果纳税人接受或服从税局的政策，肯定没有任何问题；但如果纳税人不能认同税局的政策，可以通过一定程序来挑战这种政策。

"居住联系"模式的特点是综合地全面地分析纳税人与加拿大的各项居住联系，但在评估这些居住联系时，并不是给予每一因素同样的分量，即不同的居住联系具有不同的重要性。根据加拿大税局编制的所得税解释公告《个人居民身份的确定》，即 IT－221R3 Determination of anIndividual's Residence Status，"居住联系"的模式主要由以下两部分构成：

- 重要的居住联系（significant residential ties）；
- 次要的居住联系（secondary residential ties）。

重要的居住联系包括三种：在加拿大的住所（dwelling place），配偶（spouse or common－lawpartner），以及依附人（dependents）。它们之所以被称为是重要的，是因为加拿大居民在离开加拿大后，只要仍然保留这三项重要居住联系的任何一项，税局就可以认定他仍然是加拿大居民。

在根据重要的居住关系不能确定加拿大居民身份的情况下，税局会考虑次要的居住联系（secondary residential ties）。与重要居住联系不同的是，次要居住联系，如果是单独的一项，不起决定性的作用。税局会从整体上评估几个或多个的次要居住联系，才能对纳税人的税务居民身份做出结论。

次要的居住联系包括：在加拿大的个人财产（如家具、服装、汽车等）；与加拿大的社会联系（如加拿大各种组织/俱乐部/教会的会籍）；与加拿大的经济联系（包括受雇于加拿大公司或其他雇主，积极参与加拿大公司的管理，保持加拿大银行/投资账号、退休金计划、加拿大信用卡账号等）；加拿大永久居留身份（枫叶卡）或加拿大工作许可；加拿大任何一省份的医疗保险；加拿大任何一省份的开车执照；加拿大任何一省份的车牌；在加拿大有季节性的住所或出租给第三方的住所（前面重要居住联系提到的）；持有加拿大护照；加拿大工会或行业协会会籍等等。

国际税务条约提供的规则

由于各国在确定居民规则上存在差异，一个跨境活动的人就有可能同时成为两国甚至多国的居民。为解决这一问题，国际税务条约的第4条提供了一个统一的缔约国双方都可接受的所谓"打破僵持的规则"（Tie－broken rules），来决定一个纳税人居民身份的归属。

按照通用的国际税务条约的第4条，有关"打破僵持的规则"是这样规定的：

第4条　居民

一、在本协定中，"缔约国一方居民"一语是指按照该缔约国法律，由于住所、居所、总机构或管理机构所在地，或者其他类似的标准，在该缔约国负有纳税义务的人。

二、由于第一款的规定，同时为缔约国双方居民的个人，其身份应确定如下：

（一）应认为是其有永久性住所所在缔约国的居民；如果在缔约国双方都有永久性住所，应认为是与其个人和经济关系更密切（重要利益中心）的缔约国的居民；

（二）如果其重要利益中心所在缔约国无法确定，或者如果在缔约国任何一方都没有永久性住所，应认为是其有习惯性居处所在缔约国的居民；

（三）如果其在缔约国双方都有，或者在缔约国任何一方都没有习惯性居处，应认为是其国民的缔约国的居民；

（四）如果其同时是缔约国双方国民，或者不是缔约国任何一方国民，缔约国双方主管当局应通过相互协商解决。

也就是说，按"打破僵持的规则"确定纳税人属于哪国居民，需按顺序分别考虑四个因素。这四个因素是：

- 永久性住所；
- 重要利益的中心（即个人和经济关系）；
- 习惯性居处；
- 国籍。

虽然国际税务条约列出这四个因素或标准，来决定有关纳税人的居民身份，但这不是要求同时综合地去考虑这些因素，而是要按顺序分别考虑。也就是说，纳税人的居民身份是由一个因素决定的。列在前面的因素，应优先考虑；一旦考虑一个因素有结论，就不用再往下考虑其他因素。只有在比较列在前面的因素不能得出结论的情况下才轮到考虑下一因素，直到找到答案。

举列来说，第一个因素是"永久性住所"（permanent home），这意味着纳税人在哪个国家有永久性住所，就算是哪个国家的居民，其他后面的因素就不用考虑了。只有在根据永久性住所的标准不能解决问题（纳税人在两个国家都有永久性住所或在两国都没有）的情况下，才轮到考虑或比较下一个因素。

这 4 个因素中的国籍，意义比较明确；所以下面对其他三个因素的意义做一个说明。

- 永久性住所

"永久性住所"英文使用的是 permanent home，具有一个稳定的家的概念。这个住所可以是纳税人自己拥有的，也可以是长期租用的；可以是独立屋，也可以是公寓或其他形式；但必须是长期的和稳定的。所谓永久性是相对于临时或短期而言。总之，永久性住所应该是指在有关期间一直可供纳税人居住，而不是暂时或临时，如出差在外偶尔居住的地方。

- 重要利益的中心，即个人和经济关系

"重要利益的中心"考虑的是纳税人的个人、社会及经济关系与哪个国家更密切；考虑的因素包括：家庭成员，朋友，社会圈子，教会，文化，生意，工作，投资，银行账号，个人资产，驾照，医疗保险等。

由此可见，"重要利益的中心"是一个综合性的因素，需考虑许多更具体的因素；运用起来不像"永久性住所"或"国籍"那样简单。所以，靠这一条"打破僵持"不太容易。

- 习惯性居处

"习惯性居处"考虑的是纳税人更习惯居住在哪个国家。虽然有案例曾试图结合考虑纳税人的"生活方式"及"社会活动"特点，但这些概念很难客观衡量。所以最终在许多案例中，法庭一般就直接按居住天数进行比较，即在哪一国家居住天数多，就算在哪国有习惯性居处。

最后需要说明的是，适用第 4 条来确定某纳税人属于缔约国哪一方居民的先决条件是，该纳税人必须是按缔约国各自国内法同时被缔约国双方视为其居民。换句话说，只有在一个纳税人具有双重税务身份的前提下，才能利用国际税务条约的这一条款将他划归为缔约国一方的居民，而另一方视其为非居民，即放弃对他的征税权。避免双重税收，避免双重税务居民身份，是国际税务条约的一个主要目的。

第八章　长久基地

本书在征税基础一章里提到，一个国家对于跨国公司经营收入征税权的依据有两个：居民和长久基地。国际税务的一个重要原则是，外国公司在一国境内通过"长久基地"经营可以触发该国的征税权。长久基地与居民一样都是国际税务的重要概念。对于一个跨国公司来说，只有了解了长久基地的概念及规则，才能做好国际税务策划及国际税务遵从。

一、长久基地概念的特点

对于跨国经营的企业来说，除了要有居民的意识以外，最重要的概念就是长久基地（permanent establishment）。世界各国的征税主要凭两个依据，一个是一国对于其居民的征税，另一个是一国对源于其境内收入的征税（即使纳税人是非居民）。前者征税的国家被称为纳税人的居民国（Residence country），后者是收入来源国（Source country）。假设一国的企业到另一国做生意并获得收入，该企业除需向自己的居民国交税外，还有可能需向另一国（收入来源国）交税。决定该企业是否应向另一国交税的依据是看它在另一国是否有长久基地。一国企业只有在另一国建立了长久基地的情况下，才有义务向另一国交税。

在详细介绍确定长久基地的规则之前，我们可以从以下几个方面去理解长久基地的概念：

第一，长久基地可以简单地定义为一国公司在另一国设立的固定的经营场所或地点（fixed place of business）。这个概念相当于该公司在另一国"安营扎寨"了，或建立了"据点"或有固定的地方，例如在当地有办公室、车间、工程、工地等，但没在另一国正式注册为当地的法人。

第二，由于长久基地可以构成一国的征税依据，我们可以将这个概念理解为外国公司与一国实际接触或关系的一种程度上起点或门槛的定性；达到这个程度就能触发所在国的征税权。如果该外国公司只是通过通讯与一国做贸易或向该国客服提供服务而在该国并没实际活动，即在程度上与该国接触有限，虽然从该国客户挣到利润但可不向该国交税。

就传统的国际贸易而言，其特点是一国的进出口公司将产品大宗地出售给另一国的买家，这一买家可能是当地批发商、零售商、制造商或其他商家。买卖双方可能是通过商品交易会认识的，也可能是通过进出口商目录联系上的，或通过第三方介绍认识，两者之间没有关联关系。除谈判、验货等与交易有关的事务外，买卖的一方不需要到达另一方国家做很多工作而可以完成交易。在这种形式下的买卖，不存在一方在另一方所在国有长久基地的问题。由于没有长久基地，虽然买卖双方都受益于之间的交易，但都不需向另一方国家交税。

当然，正是因为长久基地在某种程度上能起到触发一国征税权的作用，这一概念有它不稳定的一面，它的定性及适用范围较容易引起争议。因此，从事国际税务策划的人士应关注和跟踪各国税务当局及法庭对于该概念按新形势的解释及发展。

第三，长久基地的概念及规则适用于一国公司在另一国的直接经营，所以长久基地的概念与分公司（branch）是一个概念。在这种情况下，公司的总部与长久基地的关系是总公司/分公司的关系（分公司不是独立法人）。这种关系不同于一国的公司在另一国正式注册由其控股的当地公司。在这种情况下的两个公司是母/子关系，而作为独立的法人子公司往往是所在国的居民。在国际税务里，长久基地规则适用的效果是外国公司不能因为选择不在所在国正式设立子公司而避免履行在当地的纳税义务。

第四，虽然长久基地的概念与分公司本质上是一回事，但从主观上看长久基地的情形在许多情况下包括无意识的行为，即一国公司在另一国本来没有意识通过分公司经营但其在当地的实际活动却构成长久基地。美国的国际税务专家一般认为，美国公司在走出国门向外国市场扩展时所犯的代价最大的错误，是无意地在该外国建立了足够的联系，以致被迫成为该外国的纳税人，需在当地报税交税。这个需在当地报税交税的依据是所谓的"长久基地"①。

第五，由于各国确定长久基地的规则不尽相同，国家之间需要通过税务协议制定统一的规则，目的是要划分他国之间的征税权。规范的国际税务条约第 7 条所指的营业利润（business profit）是指一国企业在另一国直接从事商务活动的所得。这里的所谓"直接"是指不是通过在当地注册的公司法人进行经营的间接方式，而是通过长久基地（或分公司）形式。

对于营业利润征税的基本规则是：一国企业的利润不论其来源何处，只有该国有征税权，除非该企业在另一国有长久基地。一国企业在另一国通过长久基地经商的情况下，该另一国可对该企业的营业利润征税，但可征税的只局限于由该长久基地产生的利润。

国际税务条约第 7 条的意义在于为以下原则提供了法律依据：

● 只要在境外没有长久基地，一国企业的利润只有该国政府有征税权，即排他的征税权。对于企业来说，只要其在境外的活动不构成长久基地，只有向本国政府纳税的责任，没有向另一国政府纳税的责任。

● 一国企业在另一国有长久基地的情况下，该另一国可对该企业的营业利润征税，即两国都有征税权，但另一国可征税的只局限于由该

① Arthur Cockfield & David Kerzner，第 18 页。

长久基地产生的利润（而不是按居民规则为全球收入纳税）。

● 结合规范的国际税务条约的有关避免双重交税的条款，一国企业可以将上述为长久基地利润向另一国缴纳的所得税金额用于抵免本国的应纳税（foreign tax credit）。

由于中国与世界上 100 多个国家签订了国际税务条约，中国企业在境外活动涉及到的长久基地的问题大都可以按国际税务条约提供的规则确立。因此，下面将侧重说明规范的国际税务条约提供的确立长久基地的规则。

二、"固定经营场所" 的长久基地的确立

根据通用的国际税务条约第 5 条，长久基地的存在分两类：一是所谓有 "固定经营场所"（a fixed place of business）的长久基地；二是有 "从属代理"（dependent agent）的长久基地。前者属于实际的长久基地，后者为假定的（deemed）长久基地。

规范的国际税务条约第 5 条将 "固定经营场所" 的长久基地定义为：一个被外国企业部分地或全部地使用于该外国企业业务的固定的经营场所（a fixed place of business through which the business of an enterprise is wholly or partly carried on）。

根据第 5 条第 2、第 3 款规定，有 "固定经营场所" 的长久基地的情形包括一国企业在另一国境内有：

1. 管理之处（a place of management）；

2. 分支或分公司（a branch）；

3. 办公室（an office）；

4. 工厂（a factory）；

5. 车间（a workshop）；

6. 自然资源开采，如采矿、油田等；

7. 连续施工在 6 个月以上的建筑工地，建筑、组装或安装工程，

或这类活动的监督；

8. 聘用员工提供服务，包括咨询服务，如果在 12 个月的期间内，这种服务的时间总和是在 6 个月以上。

有关上述第 7 项情形值得一提的是，这 6 个月构成长久基地的起点是联合国（UN）模式提供的规则，而 OECD 模式一般是规定 12 个月。UN 模式的特点是在划分征税权方面比 OECD 模式更有利于收入的来源国（往往是发展中国家）。这个构成长久基地起点的时间越短，对工程所在国收入来源国（Source country）越有利，因为一个项目一旦构成长久基地，它就为项目所在国向承揽工程的外国公司征税提供依据。越长对外国公司居民所属国（居民国，Residency country）越有利。

中国早期按联合国模式对外签订的税务条约一般是采用 6 个月，但随着中国在发达国家承揽有关工程项目的机会增多，这 6 个月的起点对中国越来越不利。因此，近年来中国开始与一些西方国家，如英国、法国签订新的协议，将这 6 个月的起点改为 12 个月。

第 5 条第 4 款又规定，即使一国企业在另一国有任何上述情形，但如果符合以下情形，也不算是在该另一国有长久基地：

1. 使用该场所的目的仅仅是为了储存、展示，或运输属于企业自己的货物；

2. 维持企业自己的库存的目的仅仅是为了储存、展示，或运输；

3. 维持企业自己的库存的目的仅仅是为了让另一企业加工；

4. 维持生意场所的目的仅仅是为了为企业自己采购收集信息；

5. 维持生意场所的目的仅仅是为了为企业自己的预备或辅助性的活动；

6. 维持生意场所的目的仅仅是为了为企业自己的上述任何活动的结合，并且属于预备或辅助性的活动。

有关"固定经营场所"的长久基地，OECD 提供的解释认为以下三个条件都必须同时满足才能成立：

1. 经营场所或地点的存在，如楼房、设施等；

2. 该经营场所具有相当的固定性；

3. 该经营场所被用于非居民的业务。

根据第 5 条第 7 款的规定，一国公司到另一国注册一个由其控制的子公司从事业务，该子公司不能自动地被视为该母公司在另一国的长久基地。反过来，该母公司也不自动地被视为子公司的长久基地。但是在母子公司的关系上，如果一个公司在另一个公司从事属于前者的业务，那么有可能构成"固定经营场所"的长久基地。

例如，在本书后面案例分析部分介绍的"西班牙戴尔（Dell）公司税务案"里，西班牙的三级法院都得出同样的结论，即该案的子公司在当地的活动构成母公司的"固定经营场所"（a fixed place of business）的长久基地。

戴尔的电脑产品在欧洲由爱尔兰戴尔公司负责销售，爱尔兰戴尔公司在欧洲各地设立子公司作为它的代理负责各地销售。西班牙的市场由爱尔兰戴尔公司的子公司西班牙戴尔公司负责代理销售。作为代理商西班牙戴尔公司按佣金计算收入。爱尔兰戴尔公司采用的是直接销售模式，即各地（包括西班牙）顾客通过设在爱尔兰的网站和电话中心直接订货。西班牙戴尔公司直接参与爱尔兰戴尔公司的西班牙语网上商店的推广、接单、发货、应收款管理、网站维护、售后服务等工作。爱尔兰戴尔公司在西班牙没有自己的员工和场地，它的全部产品都使用西班牙戴尔公司的仓库。

爱尔兰戴尔公司的麻烦主要体现在它与子公司之间的职责或业务分工不明确。法庭认为它在西班牙有固定经营场所（a fixed place of business）的长久基地，是因为西班牙戴尔公司（子公司）的场所被用于爱尔兰戴尔公司（母公司）的业务且子公司员工在西班牙从事的是母公司的核心业务；作为母公司爱尔兰戴尔公司有权处置西班牙戴尔公司的经营场所。

三、"从属代理"的长久基地的确立

国际税务条约第 5 条第 5 款和第 6 款都是涉及有"从属代理"（dependent agent）的长久基地。根据第 5 条第 5 款，如果一国企业在另一国使用当地代理，而该代理在当地以该企业的名义进行活动并且有权代表该企业在当地批准合同，该企业应被视为（deemed）在另一国有长久基地，除非该代理从事的活动属于上述第 4 款性质的活动。

第 5 条第 5 款规定的只是一个一般原则，而第 6 款是一个例外。这个例外是，如果一国企业在另一国使用的代理是靠挣正常佣金（general commission）或其他具有独立性的，并且以提供代理服务为其正常业务的代理商，那么该企业不应被视为在另一国有长久基地。但是如果该代理从事的业务全部或几乎全部都是为该企业服务，并且有证据表明该代理与该企业之间的交易并不属客观交易，那么该代理不能被视为具有独立的地位。

综合上述两个条款，决定"从属代理"长久基地的存在必须同时满足两个条件，一是代理人以被代理人（非居民公司）名义批准合同，二是代理人不是独立的。

根据 OECD 的解释，决定一个代理是否独立于非居民，要看两个方面：一是经济上独立，二是法律上独立。经济上的独立可表现为以下任何一种：

1. 代理的收入没有保障。

2. 在收入不足的情况下，代理可能承担亏损的风险。

3. 只要通知是在有效时间里发出的，代理合同可以被终止。

4. 代理的利润很丰厚。

根据第 5 条第 7 款的规定，一国公司到另一国注册一个由其控制的子公司从事业务，该子公司不能自动地被视为该母公司在另一国的长久基地。反过来，该母公司也不自动地被视为子公司的长久基地。但是

在这母子公司的关系上，如果一个公司就像第 5 条第 5 款所描述的那样被认为是另一个公司的代理，那么有可能被视为有"从属代理"的长久基地。

例如，在本书后面案例分析部分介绍的"西班牙戴尔（Dell）公司税务案"里，西班牙的三级法院都得出同样的结论，即该案的子公司在当地的活动构成母公司的"从属代理"（dependent agent）的长久基地。

法庭认为由于西班牙戴尔公司（子公司）实际上从事的是爱尔兰戴尔公司（母公司）的正常业务，所以前者不是独立的代理商，而是在经济上从属或依赖于后者的代理商。由于西班牙戴尔公司参与爱尔兰戴尔公司销售业务而这种销售对爱尔兰戴尔公司是有约束力的，所以可以认为西班牙戴尔公司行使了爱尔兰戴尔公司批准销售合同的权限。

四、确立长久基地的步骤

本书后面案例分析部分介绍的美国收益人寿保险公司（American Income Life Insurance Company）税务案，是涉及该美国公司在加拿大是否有长久基地的问题。该美国公司在加拿大建立一套销售代理系统，却认为它在加拿大的运作按美加税务协议不符合长久基地的定义，因而从中获得利润不需在加拿大缴纳所得税，但加拿大税局不这样认为。

法庭为该案纠纷的解决提出了三个问题：

1. 美国保险公司在加拿大的销售是否满足美加税务协议第 5 条第 1 款，即在加拿大有固定的经营场所（a fixed place of business）的长久基地？

2. 美国保险公司在加拿大的销售是否满足美加税务协议第 5 条第 5 款，即其在加拿大的代理常常以它的名义行使批准合同的权力（author-

ity to conclude contracts）？

3. 如果第 2 点是肯定的，那么按美加税务协议第 5 条第 7 款这些代理是否靠拿正常的佣金或其他具有独立地位的并以代理为正常业务的代理商？

法庭判决按上述顺序提出的这三个问题，被人们认为是为解决长久基地问题的纠纷提供了指导性的步骤。上述第一个问题要解决的是美国保险公司在加拿大是否存在有"固定经营场所"的长久基地。第二和第三个问题要解决的是"从属代理"长久基地是否存在的问题。为解决这个问题，需分两步走。一是确立加拿大代理是否有权以美国保险公司名义批准合同。只有这个问题的答案是肯定的情况下，第三个问题才有意义。

因此，为确定一个非居民在本国是否存在长久基地，该案确立的步骤是：

第一步是确定该非居民是否在本国有"固定经营场所"的长久基地。如果答案是肯定的，那么可以不用考虑后面步骤就可以决定长久基地的存在。如果答案是否定的，那么需要进入下一步。

第二步是看该非居民在本国的代理是否有权以该非居民的名义批准合同。如果答案是否定的，不用考虑下一步就可以决定没有长久基地。如果答案是肯定的，那么需要进入下一步。

第三步是看它在本国的代理是否有独立地位并且是以做代理为正常业务的代理商。如果答案是肯定的，那么可以决定长久基地不存在；如果答案是否定的，那么可以确定长久基地的存在。

五、长久基地利润的计算

前面提到，分公司的情形是一国公司在另一国通过长久基地（Permanent establishment）从事商业活动，但在该另一国没有正式注册当地的有限公司。从本质上讲，长久基地的概念与分公司（branch）是一个概念；只不过长久基地的情形可能包括无意识的行为，即一国公司在另一国本来没有意识通过分公司经营但其在当地的实际活动却构成长久基地。

因此，我们在这里按分公司来讲解长久基地利润的计算。概括起来，计算分公司在当地的应纳税利润主要有两种方法：独立核算法和利润分配法。

独立核算法

独立核算法把分公司在税务上视为一个独立的经济核算实体，就像一个子公司。如果分公司在所在国有销售收入，而且其销售只局限于所在国，那么该分公司的利润的计算可以是销售减去相关的成本及费用。如果分公司在所在国的运营不涉及直接销售（如分公司只是为总公司提供一种加工、代理、研究等服务），那么可以客观地评估这种服务的市值，即假如是把这种服务分包给第三方，总公司会出多大代价。计算这种客观的市场价值的方法通常是成本投入加毛利。毛利往往是成本投入的一个百分比。在决定毛利比例大小时需考虑的因素包括其相关的生意风险，涉及的业务职能，资产的使用等。生意风险是指如果一个独立的企业从事该业务或活动可能承担的风险；风险越大毛利越大。

如果分公司在从事其商业活动时，总公司为分公司提供了任何服务或产品，在计算分公司的费用和成本时，这些服务及产品的定价应遵循"转让价格"的客观合理原则（虽然总部和分部本质上是一家，但不一定有真正意义的"交易"文件）。

利润分配法

在独立地核算分公司的收入、费用及成本存在一定困难的情况下，利润分配法可以是一个选择。这种方法是将总公司的总利润在有关国家之间进行一个合理的分配。分配给一个分公司的依据可以是资本投入、工资额、销售或其他因素[①]。占这种因素比例越大的经营点，分配到的利润也就越大。

另外，分公司在计算利润时，不论是采用哪种方法，如果分公司给总公司支付利息，这种利息费用可以用以扣除分公司的应纳税收入，但这种扣除必须遵循转让定价客观合理的原则以及有关章节介绍的"资本弱化"规则。

总的来说，在财务上区分总公司和分公司，并将分公司独立核算，都只是为了计算税金的目的，属于税务上的概念，但在法律上两者都属一个法人。这就意味着在法律责任（包括税务上的欠债）上，分公司造成的任何损失或伤害，全由总公司负责承担。

六、国际税务策划需考虑的因素

如果一国公司需在另一国从事业务，可以选择在当地出现的形式包括子公司、分公司和独立的代理商或承包商。选择时考虑的因素包括税务上的，也可以包括管理上的和法律上的。

分公司与子公司之选

在法律上，由于分公司是总公司的一个分支，与总公司是同一法人或实体，所以总公司需为其分公司在所在国从事的活动承担法律责任。因此，一国公司以分公司的直接形式在另一国经商的不是很常见。

与分公司情形类似性质的是合伙公司，即一国公司在另一国与当地公司合伙从事业务。在这种情况下，该公司也被视为直接在该另一国经商；也需要为该合伙公司在所在国从事的活动承担法律责任。

子公司一般是指母公司在所在国注册的法人，是一个独立于母公

[①] 　Ulrich Schreiber，第 21 页。

司及其股东的实体，往往具有独立的法律人格。由于母公司与子公司在法律上是相互独立的，子公司只对自己的债务负责，并且其偿付的责任只局限于子公司资产。对于子公司的股东来说，其风险仅限于现有的股本投入。不能看出在法律上与分公司相比，子公司有一定优势。

就当地所在国的税务而言，分公司与子公司没有多少差别；两者都使用同样的税务规则及税率。在子公司分配股息给非居民母公司时，子公司需按一定的税率做源泉扣缴；而在分公司将利润转移出所在国时，也需以同样的税率上交"分支税"（branch tax）。

总公司/母公司层面的税务

从总公司/母公司的税务角度来看，可以考虑的一个因素是在海外以选用分公司或合伙直接形式从事商业活动有一个优势，那就是在海外活动出现亏损的情况下，总公司可以将该亏损用以抵减自己的整体利润，起到在本国省税的作用。子公司一般是当地独立的纳税人，其亏损一般不能用于抵减母公司的利润。在采用集团公司合并报税制度的国家里，能参与合并的成员公司一般都是局限于境内的子公司。

总公司/母公司在做税务策划时值得考虑的另一个因素，是要去经商的另一国的税率高低。如果总公司/母公司本国采用的是全球制而且本国税率高于该另一国，对于该总公司/母公司来说，它们在另一国不论是选择子公司还是分公司还是当地代理从事商业活动，如果把利润立即转移到本国，在纳税金额上没有多大差别。这是因为在另一国缴纳的税可以抵免本国税，总公司/母公司纳税多少最终由本国的税率而定。只要本国税率高于该另一国，本国公司在另一国节省的税，在收回利润时都还得在本国补交。只有把利润留在海外才能起到延税作用（除非CFC规则适用）。

选用当地独立的代理商形式

出于税务上或管理上的原因，一国公司与另一国做生意可能要选择避开长久基地或分公司的形式，即使用当地独立的代理商或项目承包商。该公司要避开在另一国有长久基地可能是以税务上省税为目的，如该另一国的税率高于本国；也可能是管理上的需要，如节省开支、提高效率等。

不论是出于什么原因，该公司需做好税务策划以避免其在该另一国的业务活动构成长久基地。要达到这一目标，该公司要考虑到的问题包括：在当地是否使用固定的经营之处（a fixed place of business），当地的代理能否行使批准合同的权力（authority to conclude contracts），当地代理是否具有独立地位等。

在这方面成功与否的关键是看该公司与当地代理商之间的业务分工是否明确。成功的国际税务策划及实施使得当地代理商或承包商从事的是它自己的业务，而不是该公司的业务。前面提到的"西班牙戴尔（Dell）公司税务案"是一个不成功的案例。在本书后面案例分析部分介绍的"美国收益人寿保险公司（American Income Life Insurance Company）税务案"是一个成功的案例。

美国收益人寿保险公司是一个美国公司，虽然没在加拿大正式设立公司，但在加拿大保险市场建立了完整的销售网络并占有一定市场份额。该美国公司认为它既没有在形式上在加拿大注册公司，实际上又没在加拿大有长久基地，所以从加拿大挣到的钱可以不用在加拿大交税。但是加拿大税局认为该美国公司在长久基地的两个定义上都满足了条件：一是加拿大代理的家和办公室构成"固定经营场所"的长久基地；二是在加拿大的代理活动构成"从属代理"的长久基地。

法庭却同意了纳税人的立场，认为该美国公司和它在加拿大的代理有着不同的业务，前者提供保险本身的业务而后者提供的是保险销售业务。加拿大代理在他们的办公室和家里从事的是他们自己的销售业务而不是美国公司的保险业务。

就"从属代理"的长久基地而言，法庭既不认为加拿大代理有权批准保险合同，也不认为他们从属于该美国公司。法庭发现保险合同的正式审批权在该美国公司的总部。加拿大的代理都没有这个权限，而加拿大客户在完成申请并缴纳保费后，得到的只是有条件的临时保险。法庭还发现加拿大的代理在经济上和法律上都是独立的，不从属于该美国公司。

第九章 企业的形式及纳税人资格

前面几章介绍了一国税制里的征税基础、企业税率、居民对本国及收入来源国的纳税责任等，但没有说明有关企业纳税人形式的规则，如企业可以选择哪些形式、哪些形式的企业是独立的纳税人、国家之间企业形式的差异及处理等问题。这些都将是本章的内容。

一、企业的法律形式

企业的三种基本形式

企业的法律形式，也叫法律结构或所有权形式。国际通用的企业法律形式可分三大类：

- 个体（sole proprietorship）；
- 合伙（partnership）；
- 有限公司（corporation）。

从法律责任角度来看，个体和合伙公司都属于无限公司，即责任无限。也就是说，其责任不局限于公司或生意本身的资产。如果公司本身的资产不够偿付债务，业主个人或合伙人的资产，有可能成为追究的目标。有限公司的责任就仅仅限于股东的资本投入，公司资产与股东个人资产是分开的。

个体生意的业主是一个自然人，用其个人名字或另取一商号从事商业活动，属于无限公司。公司在不能偿付债务时，其责任不局限于公司的本身的资产，业主个人其他资产，如车子、房子等都可能被用于赔偿。

　　合伙可以简单地定义为两个或两个以上的合伙人合作组成的无限公司。合伙人可以是自然人，也可以是有限公司或另一个合伙。合伙公司产生的法律责任，如果合伙公司的资产不够赔偿，最终由合伙人（如个人、有限公司）承担；而且这种法律责任是连带责任，即每个合伙人都对合伙公司的债务承担全部或部分责任（而不是按合伙比例）。看一桩生意是否合伙，不在乎法律上是否注册为合伙公司，而是看参与经营者是否实际存在合伙关系，即共同投入、共同管理、盈亏分摊等等。

　　有限公司是一个独立于其股东的实体，是通过法律程序人为创造的一个法人，有独立的法律人格。由于股东与公司是相互独立的，公司对其自己的债务负责，并且其偿付责任只局限于公司资产。从公司股东的层面来说，股东不负个人责任，其风险仅限于现有的股本投入。

　　此外，一些国家的企业可以注册商号（trade name 或 business name）。使用商号的情形是个人、合伙，或有限公司不想用自己的法律名称（legal name）从事活动；在这种情况下，它们注册一个另外的名称代表它们的生意。这就是说，商号本身并不是一个企业形式或实体，它只是一个名称，背后是一个自然人、合伙或有限公司。

二、具有独立纳税人资格的企业

个体公司和有限公司是独立的纳税人

　　西方民法将诉讼当事人的法律人格划分为自然人和法人。所谓法律人格是指当事人作为原告或被告成为诉讼一方的资格。因此，上述的个体公司具有独立的法律人格，因为个体公司具有自然人的独立法律人格。各国的公司法一般都给予有限公司完整独立的法律人格。有限公司由其董事会的董事作为代表有资格与任何第三方或公司的任何股东进行交易。有限公司的法律人格不因公司股东或股权的变化而受影响。

一般来说，合伙公司只有有限的法律人格，合伙公司可以以自己的名义与第三方签协议或与合伙公司的任何合伙人签协议，但合伙公司可以因合伙人的变更而导致合伙公司在法律上的终止。

各国的税法在处理上述不同形式企业的问题上，也采用了民法区分自然人和法人的原则。因此，在大多数国家的所得税法里（只是所得税），自然人（个体公司）和有限公司是独立的纳税人，而合伙公司则不是。

由于自然人和有限公司都是纳税人，在有限公司为其利润交完所得税后分红给自然人股东时，股东作为自然人纳税人还要为其分配到的股息再交另一次所得税，构成双重交税。为了减缓这种双重交税的效果，各国都将股息收入从其他一般收入区别开来对待，在一些国家股息收入享受低税率待遇，在有些国家甚至免税。

合伙公司不是独立的纳税人

由于在公司法里，合伙公司只有有限的法律人格，所以在所得税方面，国际通用的规则是合伙公司不是独立的纳税人，不用独立申报和缴纳所得税。合伙公司的收入和费用都按比例分配到合伙人（或是自然人或是有限公司）身上，按合伙人各自适用的税率纳税。

中国的合伙企业也是以每一个合伙人为纳税义务人。合伙企业的合伙人如果是自然人的，缴纳个人所得税；如果是法人和其他组织的，缴纳企业所得税。合伙企业生产经营所得和其他所得应采取"先分后税"的原则[①]。

---

① 财政部与国家税务总局《关于合伙企业合伙人所得税问题的通知》（财税〔2008〕159号）。

三、流通或透明实体

流通或透明实体（Flow – through or transparent entity）是指一个本身不是纳税人的实体，其收入和费用都会按比例分摊到其成员（Members）或业主（Owner）或者是纳税人的实体，但其收入可以分摊到所有人（owners 或 unit – holders）的身上报税。常见的透明实体包括合伙公司，收入信托（Income Trust），美国的 Limited Liability Company（LLC）和 S Corporation，无限责任公司（Unlimited Liability Corporation，ULC）等。

合伙公司在税务上被称为流通实体，因为合伙公司不是独立的纳税人，它的收入和费用都按比例分配到合伙人（或是自然人或是有限公司）身上，按合伙人适用的税率纳税。

收入信托是靠挣被动投资收入（如利息、股息、租金、特许使用费等）的类似于互惠基金的信托。收入信托是独立的纳税人，但也可以选择把挣到的投资收入分摊到信托单元的拥有人（unit – holders）的身上报税。

美国的有限责任商行（Limited Liability Company，LLC）不是正式的具有独立的法律人格的有限公司（Corporation），但经商过程中在法律上享受有限责任的待遇；在税务上 LLC 不是独立的所得税纳税人，其所有收入和费用都分摊到业主身上。如果一个 LLC 只有一个业主，那么在税务上相当于个体；如果 LLC 由几个业主构成，那么在税务上会被当作合伙来处理。所以，LLC 是一个流通实体。

美国的公司税还区分 S 公司（S Corporation）和 C 公司（C Corporation）。在法律上两者都是具有独立的法律人格及其他有限公司的特征，但在税务上，C 公司是正规的公司纳税人，按正常的公司规则纳税。S 公司一般都是小生意，有权选择成为流通实体，即在公司层面不交公司税，将收入和费用分摊到股东身上，由股东交税。这样的好处是避免公司及股东双重交税，同时又享受有限责任的待遇。一个公司要成为税务上的 S 公司，须向税局（IRS）提出，并且满足一些条件，如股东不超过 100 人，股东必须是美国公民或移民，股东不能是 C 公司，其他 S 公司、LLCs、合伙等。

"无限责任公司"（Unlimited Liability Corporation，ULC）是一个很特别的公司形式。根据正常的概念，Corporation 本身是有限责任公司的意思，但前面明确加上无限责任的限定，ULC 又变回无限责任了。因而 ULC 的股东或背后的业主需为 ULC 造成的任何风险、伤害或损失承担无限责任。所以在美国的税法里，ULC 属于透明公司（Flow - through），即 ULC 不是独立的所得税纳税人，其收入和费用都直接算到 ULC 股东身上。ULC 背后的股东才是真正的纳税人，为 ULC 承担报税纳税的义务。

各国税法对外国公司形式的处理方法

世界各国公司法规定的公司形式及特点，国与国之间不尽相同，各国的税法对不同的公司形式也规定了不同的税务处理方式。这对一国在税务上如何处理另一国公司，造成一定的复杂性。概括起来，世界各国针对外国公司形式有三种处理方法[①]：

1. 参照法

按照参照法，在确定对外国公司的税务处理方法时，先按该外国公司的形式特点，参照本国公司法来确定其公司形式；即先套用本国公司法确立公司形式，再按本国税法做相应税处理。参照法是国际最常用的方法。

2. 独立人格法

这一方法将外国的任何公司、团体、组织一律当作具有独立人格的

---

① 　Raffaele Russo，第 134 页。

法人来处理，即被视为一个独立的纳税人公司（Corporation）。意大利是采用这一方法国家的代表。

3. 选择法

对于外国公司形式的处理，采用选择法的国家允许本国的成员公司选择一种方法。美国就是选择法国家的代表。美国的"打勾制"（Check the Box System）就像考试选择题一样，允许美国公司通过打勾选择。

四、企业形式的税务策划

"透明实体"的利用

前面提到，透明实体（Flow – through or transparent entity）本身不是纳税人，它的收入和费用都会分摊给其成员（Members）或业主（Owner）。跨国公司在海外的活动选择透明实体考虑的一个重要的税务因素是在海外活动出现亏损的情况下，总公司可以将该亏损用以抵减自己的整体利润，起到在本国省税的作用。

混合实体（Hybrid entities）的利用

混合实体的利用是指跨国公司利用不同国家之间对于同一公司形式在税务处理上的差异，来实现税务上的好处。这种税务上的差异主要表现在一国税制把一公司形式当作独立的纳税人实体，而另一国税制把它看成一个透明实体。利用这种处理上的差异，跨国公司就有可能将一些费用在透明实体的所在国和跨国公司的居民国同时抵税，即一笔费用，两头减税。

最基本的混合实体的模式是，A 国母公司在 B 国设立子公司，该子公司在 B 国被视为独立的纳税人，但在 A 国可被视为透明公司。因此，母子公司可以分别在 A 国和 B 国同时申报一笔费用。

举例来说，加拿大有三个省份的公司法（Alberta, Nova Scotia, British Columbia）有"无限责任公司"Unlimited Liability Corporation（ULC）。根据正常的概念，Corporation 本身是有限责任公司的意思，但前面明确加上无限责任的限定，ULC 又变回无限责任了。因而 ULC 的股东或背后的业主需为 ULC 造成的任何风险、伤害或损失承担无限责任。这些都是公司法方面的特性。

在税法方面，加拿大税法把 ULC 当作独立的纳税人对待，因为加拿大所得税法的纳税人包括三类：Individual，Corporation，Trust。而 ULC 算是 Corporation（虽然 Corporation 在大部分的情况下是有限责任）。在美国的税法里，ULC 属于透明公司（Flow - through 或 Disregarded entity），即 ULC 不是独立的所得税纳税人，在税务上其收入和费用都直接算到 ULC 股东身上。ULC 背后的股东才是真正的纳税人，为 ULC 承担报税纳税的义务。美国税制的这一规则与公司法保持了一致。

由于美加两国之间在这一税务上的差异，不少美国公司对加拿大的投资都是利用加拿大上述三省的 ULC 公司形式。较流行的做法是美国公司先在加拿大设立 ULC，然后再利用 ULC 在加拿大设立或收购子公司或购置其他资产。作为资产或子公司的控股公司，ULC 本身一般不会产生盈利，但美国公司为在加拿大设立或收购子公司的贷款（从第三方）的利息费用，可以按透明公司的规则在美国用于税务申报。同时，在加拿大的子公司，即该贷款实际使用的一方，在加拿大也可以申报利息费用抵税。

实际上，上述加拿大三省是有意采用怪里怪气的 ULC 公司形式，目的就是要利用美加税务上的差异，迎合美国公司进入加拿大的需要，吸引美国公司去这些省份投资设立公司。

上述混合实体的基本模式是，A 国公司在 B 国设立子公司，该子公司在 B 国被视为独立的纳税人，但被 A 国视为透明公司。这种模式也可以反过来运用，即该子公司在 B 国被当作透明公司，但在 A 国是独立的纳税人。

上述提到，意大利将任何国外公司当作独立的纳税人。现假设意大利公司从银行贷款在美国设立一个透明公司作为子公司从事业务。在意大利税法中，认为该子公司是一个独立的美国纳税人，没有直接在意大利的纳税义务。但是为在美国设立子公司从银行贷款产生的利息（即为投资而贷款产生的利息），该意大利公司可以在意大利作为费用报税。

在美国方面，由于该子公司是透明公司，该意大利公司必须在美国为其子公司的生意直接承担纳税义务。因此，该意大利母公司在向美国政府报税时，又可将贷款利息费用用于扣除在美国的应纳税盈利。

本书最后一部分介绍的"加拿大4145356有限公司（皇家银行子公司）税务案"反映的是混合实体运用的成功实例。加拿大皇家银行子公司4145356有限公司与美国银行的子公司在美国合作组成"顶点合伙公司"。为2003年报税，顶点合伙公司按照美国的税务规则，通过"实体类别选择"（Entity Clarification Election）选择了作为有限公司（Corporation）实体向美国政府进行了独立报税并向美国政府缴纳了1005万美元的所得税。

在向加拿大税局申报2003年税时，作为加拿大居民该皇家银行子公司申报了从顶点合伙公司按投资比例摊配到的折合加元的937万合伙收入和327万的外国税抵税金额（foreign tax credit），但加拿大税局不让这笔外国税金抵免加拿大的应纳税。

税局认为顶点合伙公司是在美国特拉华州注册的，而按该州法律合伙公司是一个独立的法人。所以在加拿大它不应被当作合伙公司对待。税局还提出该皇家银行子公司在合伙公司的投入已在美国按美国税法定性为贷款，因而在加拿大不应被当作合伙投入（equity相当于股权）来对待。对此，法庭认为税务上怎样处理该子公司在美国的投资不是按照美国税法，而是按照加拿大税法；而按照加拿大税法，该子公司是顶点合伙公司的合伙人。

针对税局提出的如果顶点公司不选择按有限公司报税就不会有纳税义务的说法，法庭认为这种假设对于本案是没有意义的，并认为本法庭要以已实际发生的事实为依据，按照加拿大的税法办案。

很明显，该案涉及的投资交易及税务后果是美加两大银行（美国银行和加拿大皇家银行）合作并利用美加两国税务上的差异精心策划的结果。该项目通过利用混合实体（hybrid entities）和混合投资工具（hybrid instrument），达到了两大银行在两个国家同时得到税务好处的效果。所以这一融资交易的设计可以算得上是国际税务策划的一个杰作。

第十章　资本增值的征税规则

由于资本增值（Capital gain）在性质上不同于其他一般生意收入，各国税法对资本增值规定了不同的处理方法和税务规则。资本资产的交易不仅关系到纳税人的税务责任，而且可以影响到国家之间征税权的划分。因此，资本增值的概念在国际税务中占有特别位置。

一、资本增值与一般生意收入的区分

在税务上要区分资本增值与一般生意收入，是因为两者的性质不同并且适用的征税规则也不尽相同。

资本增值是指从出售资本资产（capital property）中获得的利润。所谓资本资产是一种财产而纳税人拥有它目的是为了使用它或持有它，靠它产生收入，如靠房产挣取租金收入，通过持有债券挣取利息收入，持有股份挣取股息收入，而不是通过买卖这种财产本身来获利。纳税人通过一买一卖从中获利的货物或财产本质上属于库存，不是资本。

下面用两个比较明显的例子来说明一个是资本增值，一个不是。第一个例子是，某个会计公司所在的办公楼为该公司自己拥有，由于公司要搬迁地址，所以决定出售该办公楼。由出售楼房获得的利润就是资本增值，因为楼房是会计公司的资本财产，而且出售楼房不是会计公司的正常业务，会计公司不是把买卖房子当生意来做。第二个例子是，某房地产开发商出售其开发的楼房获得利润，这就肯定不能算是资本增值，因为出售的楼房不是房地产开发商的资本财产，而是它的库存。同时，售房是房地产公司的正常业务。

在实际生活中，不是所有的情形都像上述例子那么明确，有时是处于两者之间，很难分清。在决定某一交易的得利是属于资本增值还是正常生意收入时，西方案例法考虑的因素包括：

1. 拥有财产时间的长短（the period of ownership）

一般来说，拥有较长时间的倾向于是资本财产，出售时更像是资本增值（或亏损）。如果拥有的时间短，就有买是为了卖的迹象，更像是正常的生意业务。

2. 类似交易频繁性（the frequency of similar transactions）

如果某纳税人经常性地从事类似的交易，这说明他是在从事这个业务。他出售的财产是他的库存，而不是他的资本，他从这种交易中获得的利润是他的正常收入，而不是资本增值。

3. 改进与加工（improvement and development work）

如果纳税人对出售的财产进行了改进或加工，目的是为了更好地销售，这说明他是在经营这种财产，买卖这种财产是他的生意的一部分。

4. 出售的原因及性质（reason for and nature of sale）

如果出售财产的原因是购买时没想到的，这说明财产属于资本财产，出售的获利属于资本增值。反过来，如果纳税人购买后就积极准备出售，这说明纳税人是在从事这个生意。

5. 出售财产与纳税人的正常生意的关系（the relationship of the transaction to the taxpayer' sordinary business）

这种关系越密切，越说明是纳税人的正常生意。如果纳税人没有其他工作或其他生意，有可能从事这种交易是他的唯一业务。

在上述因素中，不是某个因素能起决定性作用的；纳税人应结合具体情况全面考虑。

另外，区分资本增值和一般生意收入的另一方法是看被出售的资产与纳税人的关系是否符合资产折旧的条件。

二、对资本增值的征税规则

我们要区分资本增值和一般生意收入，是因为在税务上处理资本增值的规则不同于一般生意收入。值得注意的主要有以下几方面。

算进收入计税的规则不同

在这方面世界各国的规则差别很大。有些国家，如新加坡，对资本增值不征税，而在另一些国家，如中国和美国，将资本增值全部算进收入按一般生意收入税率纳税。一些国家是在这两者之间，即将部分资本增值算进收入纳税，例如在加拿大资本增值只有一半（50%）算进收入计税而另一半为免税收入。同样，资本亏损也只有一半可算进亏损。

假定出售（deemed disposition）

触发资本资产实现资本增值的事件，一般是纳税人转让该资产的产权，即有实际交易的事件发生，但这只是一个一般的原则。在一些特定的情况下，即使有关资产没有被实际出售或实际没有交易的事件，该资产可以被假定出售。假定出售是税法想象的，目的是为了人为地实现及计算资本增值（或亏损）。常见的会导致假定出售的情况包括：

1. 纳税人离开一国成为非公民；
2. 赠予资产；
3. 纳税人死亡；
4. 证券的收回或取消；
5. 债务的取消或减少；
6. 改变资产用途；
7. 资产被盗，损坏或没收；
8. 购买或出售某项资产的选择权有效期的过期；
9. 破产公司的股份。

公平市场价值（fair market value）原则

作为一个一般的税务原则，上述的假定出售（包括赠予/继承的情形）的售价应以公平的市场价值为依据。另外，关联人之间转让资本资产的售价也应以公平的市场价值为依据。这就意味着在赠予或继承的情况下，即使接受资产的一方实际没出钱获得资产（实际售价为零）以及在关联人之间不客观交易（nonarm's length）的情况下，即使售价明显高于或低于公平的市场价值，这种产权变动在法律上也是有效的；只是在税务上被转让的资产应被假定为按市价出售，目的是要计算由产权变动产生的资本增值，以便征税。

换句话说，这套假定出售及市场价值的规则是税法另搞的一套规则，只是用于计税的目的。这套税务规则的适用不影响上述售价为零或低于或高于市值的转让或交易以及由此产生产权变更的合法性。

可避免市场价值的情形

上述按市值实现资本增值的规则也有例外。与企业有关的一个国际税务通行的例外是，个人可以选择按成本价或账面价值将其拥有的资产转让给一个公司；一个公司也可以选择按成本价或账面价值将其拥有的资产转让给另一个公司。这种按成本转让的效果是避免资本增值的实现及其税务后果，但必须满足的条件包括，转让资产的一方和接受资产的一方必须同时都是同一国的居民，前者须得到后者的一定的股份（即通过转让交易转让方成为后者股东）。

同样的原理，在公司合并及重组时如果股权转让的形式是股份交换（share exchange），股东也可以选择按成本价转让股份，以避免资本增值的实现，条件也是股份交换的双方必须同时都是同一国的居民。

当一国的资产的产权被转让出境时（即接受产权的是非居民），国际通行的规则是这种转让需按市值来实现资本增值，其效果是转让方需立即交税。本章的最后一部分将进一步讨论这个问题。

三、国家之间对资本增值征税权的划分

国际税务条约对资本增值征税权的划分

国际税务条约的第 13 条是缔约国之间对资本增值征税权划分的规定。根据这一条，主要的有关规则可以总结为以下几点：

1. 对于不动产的资本增值，不动产的所在国可以征税。这就意味着出售资产的纳税人的居民所在国也可以征税。只不过，如果前一国征税高于或等于后一国，那么后一国就再没有征税的余地了，因为为了避免双重征税，缔约国承诺允许纳税人将在另一国缴纳的有关税金在本国抵税。

2. 对于出售公司股份的资本增值，如果该股份反映的主要是不动产的价值，那么征税规则与上述第 1 点相同。

3. 对于出售用于国际运输的飞机和船只及相关的资产而获得的资本增值，只有该运输公司的实际管理的所在国（即该公司的居民国）有征税权，即缔约国的另一国承诺不征税。

4. 如果被出售的资产是一国公司在另一国的分公司用于生意的动产（即长久基地的生意资产），对于资本增值的征税规则与上述第 1 点相同。

5. 对于上面没提到的其他资产，包括无形资产，公司股份的资本增值，只有出售方的居民国有征税权。当然这一规则是由 OECD 模式提供的，有些税务协议只是笼统地规定，资本增值产生于哪个国，该国可以征税。

反非居民将股息转换成资本增值的规则

由于上述规则将一个国家对公司股份的资本增值的征税权划归居

民国，外国公司可以利用这一规则在其子公司所在国将利润转换为资本增值，达到避免在所在国纳税的目的。

为说明这一避税的情形，现假设 A 国公司拥有 B 国公司的股份，假如 B 国公司分配股息给 A 国公司，那么 B 国公司应为之做源泉扣缴（withholding tax）。假如 A 国公司不从 B 国公司获取股息，而是将其拥有的股份转让给与其关联的在 B 国的另一个公司而获得资本增值，那么这种资本增值就有可能在 B 国是免税的，如果按 A 国与 B 国之间的税务协议对于这种资本增值的征税权归 A 国。

因此，B 国对这种避免股息源泉扣缴税的行为应采用反避规则，以恢复 B 国应该征收的源泉扣缴税。这种反避规则原则上是将 A 国公司从转让上述 B 国公司股份所得作为股息来处理并收取源泉扣缴税。

四、资本增值的概念与离岸税

本章的这一部分将讨论离岸税与资本增值的关系。离岸税（exit tax）是一国因资产产权离开该国而征收的税金，金额的计算一般以资本增值为依据。离岸税是人们的一种通俗说法；征税的国家并不一定称为"离岸税"。

一国对其资产产权离开该国要征税，是因为该国将失去对该资产的征税权，该国要在该资产产权离开该国时结算已增长的资本增值。这就是为什么前面提到的可避免资本增值实现的情形（转让资产给公司，股份交换）不适用于资产的国际转让。

公司离岸及国际重组都可能导致对资产征税权的转移及离岸税的问题。

对资产征税权的分类

为了说明资产产权离开一国对该国征税权的影响，我们在这里先将常见的企业资产分为两类：

- 运营资产

即直接用于企业自己的业务的资产，如厂房、设备、库存、应收款、资金等；分公司也应包括在内。

- 投资与无形资产

包括对其他公司（子公司或非子公司）持有的股权/债权等和无形资产（包括知识产权）。

然后我们从国家的角度，将国家对企业的资产的征税权也分为两类：

- 对资产"常规收入"的征税权

这里的"常规收入"是指一种资产能正常产生的收入，例如，楼房/设备能产生生意收入，股权能产生股息收入，债权能产生利息收入，知识产权能产生特许权使用费收入等。

- 对资产"资本增值"的征税权

这里的资本增值是指该资产本身在被出售时实现的资本增值。

将上述两次分类组合起来，我们可以得出以下四类征税权：

1. 对"运营资产"的"常规收入"的征税权；

2. 对"投资与无形资产"的"常规收入"的征税权；

3. 对"运营资产"的"资本增值"的征税权；

4. 对"投资与无形资产"的"资本增值"的征税权。

根据规范的国际税务条约确立的原则，前三类的征税权由收入来源国和居民国分享，即来源国先征税，然后由居民国征税但需允许其居民用外国税抵免在本国的应纳税（如果来源国税高于居民国，后者就没有征税余地）。第四类征税权为居民国专有（如果股权价值主要反映的不是不动产）。

为了说明上述原则，现假设 A 国的 A 公司拥有 B 国 B 公司的股权。B 国对 B 公司产生的利润有征税权（居民国的征税权），并且对 B 公司向 A 公司分配的股息也有征税权（收入来源国的征税权）。A 国与 B 国共享该股息收入的征税权，而且当 A 公司转让 B 公司股权时，只有 A

国享有对资本增值的征税权（如果股权价值主要反映的不是不动产）。

公司离岸导致的资本增值实现

公司离岸及国际重组都可能导致资本增值征税权的转移及离岸税的问题。触发离岸税的事件是一国的资产产权离开该国；资产产权离开一国的情形包括公司离岸和资产离岸。公司离岸是指一国的公司放弃该国的居民身份成为非居民。当一个公司将其在一国的注册地点（Legal seat）或经营管理地点改变到另一国时，该公司会被视为放弃了前一国的居民身份。这种居民身份转变的效果是将该公司拥有的全球资产的征税权（包括上述四种作为居民国的征税权）由前一国转移给后一国。

现假设在上述例子里 A 公司离开 A 国成为 C 国居民，那么 A 国将失去对 A 公司全部资产（包括 B 公司股权）的征税权。即使 A 公司在 A 国留有资产（如分公司），但 A 国对该资产将是以收入来源国（Source country）的名义征税的，C 国将作为居民国（Residence country）享有对 A 公司的全部资产（包括在全球任何地方的资产）的征税权。

因此，公司的离岸，即一国公司成为另一国居民，本质上是该公司拥有的全部资产（包括无形资产）的离岸，这就是前一国征收离岸税的依据。

世界上大多数国家将公司离岸定性为"假定出售"（Deemed disposition），即该公司的全部资产被假定出售（按市价）；也有些国家将公司离岸在税务上想象为"公司清算"（Liquidation）。不论是清算的概念或是假定出售的概念，都是按市场价值来计算资本增值及离岸税。不论是哪种情形，公司资产并没有真正被出售，只是因为公司成为非居民而需要提前实现其市值并为之向前一国纳税。公司离岸税的原理与个人（自然人）离岸税原理类似。当一个自然人离开一国成为非居民时，他的全球资产也是被假定出售，也需缴纳离岸税。

国际重组与兼并（Merger）导致资本增值的实现

国际公司的重组与合并（Merger）也涉及资产离岸，可能产生离岸税的后果。常见的合并形式是股份交换（share exchange）。前面提到，股份交换在双方都是同一国居民的情况下可以避免资本增值的实现，但在接受资产的一方是非居民的情况下，这就涉及资产离岸及征税权的问题，所以一般不能避免资本增值的实现。

现假设在上述例子里 A 公司没有变成 C 国居民，而是通过股份交换与 C 国的 C 公司合并，结果成为 C 公司的子公司。股份交换的交易是 A 国 A 公司的股东将其手中的股份转让给 C 公司，同时获得由 C 公司发行的价值相当于 A 公司的股份。通过这一股权交换，A 公司变成了 C 公司的子公司。在这一例子里，A 公司仍然还是 A 国居民，A 国作为居民国仍然对 A 公司拥有的全部资产享有上述四种征税权，但在 A 公司成为 C 公司子公司时，C 国获得的征税权包括：

- 对 A 公司分配给 C 公司股息的征税权（作为居民国的征税权）；
- 对 A 公司股份未来增长的资本增值的征税权（这种征税权是排他的，如果 A 公司价值不是反映不动产）。

总结公司离岸和国际并购两种情形的相同和不同之处：两者相同之处是都会导致资产产权离开一国并可能实现资本增值；不同之处主要有两个。一是涉及的离岸资产种类不同。一个公司离岸时，前一国将失去的是对该公司拥有的全部资产未来能产生的收入及资本增值的作为居民国的征税权（包括上述四种）。当一国公司被外国公司兼并时，前一国即将失去的只是对该公司股权的未来股息的完整的征税权以及对该公司股权未来的资本增值的征税权。二是出售资产的纳税人主体不同。在一个公司成为非居民时，一般是将公司离岸假定为该公司出售了其全部资产，所以离岸税征税的层面是在公司本身。在一个公司被兼并的情况下，出售方是该公司的股东，所以离岸税征税的层面一般是在股东。

第十一章 股息及控股公司机制

股息（dividends）[1] 是股份有限公司从其税后盈余中分配给股东的收益。像资本增值，股息也具有特别的属性，不同于其他一般收入。各国税法对股东收到股息收入也规定了不同的处理方法和税务规则。并且一些国家利用股息的特点建立了以海外股息免税为核心的控股公司机制（holding company regime），以吸引跨国公司在这些国家设立控股公司或公司总部。

一、对股息收入征税的一般原则

股息是股份有限公司从其税后盈余中分配给股东的收益。由于股息是来自公司的税后盈余，是交过一次税的税后钱，所以各国对股东的股息收入制定了不同于其他收入的征税规则。

对国内公司之间分配的股息收入的征税规则

各国对于国内公司之间分配的股息收入，一般是给予免税待遇。在有些国家股息全部为全免收入。例如，按中国的企业所得税法居民公司从另一居民公司获得的股息收入，在符合一定条件的情况下为免税收入。加拿大税法对于加拿大居民公司从其他加拿大居民公司获得的股息收入，原则上也是予以免税待遇。

在另一些国家股息只是部分免税。例如，在德国公司收到股息

---

① 本书的股息泛指由公司分配给股东的红利，股利及股息。

95% 为免税收入。按美国税法，在一个国内公司（美国称居民公司为国内公司）从另一个国内公司获得股息收入的情况下，前者计算应纳税收入可以将该股息收入扣除。如果接受股息的公司占分派股息公司的股份在 20% 以下，扣除率为 70%（即另 30% 仍需算进收入纳税）。如果是占 20% 以上但没控股，扣除率为 80%。控股集团公司成员之间分红的股份可以 100% 免税。

对本国公司收到的来自海外股息收入的征税规则

对于一国公司获得的来自海外的股息，国际上有三种处理方法：当期法或应计法（current or accrual method），延缓法（deferral method），豁免法（exemption method）。

1. 当期法或应计法

前面提到，股息是股份有限公司从其税后盈余中分配给股东的收益。按应计法，这种盈余在海外实际产生之年，可获得分红的国内股东需当期申报这种收入并为之纳税，不能等到实际分红或分配股息。在国外已交的税，纳税人可以申报外国税抵免（foreign tax credit），即用来抵免国内的应纳税。

应计法一般适用于"受控海外公司"（CFC）反避税情形。CFC 机制是一套国内法制定的反避税规则，目的是要防避本国居民（包括公司、个人等）利用他们在海外控制的公司来避税或延税。CFC 规则的产生背景是，根据各国的所得税法，公司与股东是不同的纳税人；公司的利润只有在分派股息时，股东才将股息算进收入纳税。这就为本国居民在海外控制的公司带来避税的机会。他们可以将资金及收入转移到他们的海外公司，并利用他们控制位置，无限期地拖延海外公司的分红以达到无限期地延税避税的目的。

CFC 规则采用应计法针对的就是利用这种结构的避税；处理方法是立即征税，即在海外公司利润产生之年，本国的居民股东被要求将海外公司的利润按股权比例算进当期收入在本国纳税，不能等到分红。当海外公司分红实际发生的时候，不再算是应纳税收入。

适用 CFC 规则的主要是那些海外公司被国内控制并且靠挣被动投资收入或位于低税/免税国家/地区的情形（本书另有专门讨论）。世界上一些主要国家都采用了 CFC 反避规则，只是一些小国或地区没有采用。

2. 延缓法

根据这一方法，海外股息收入在本国属应纳税收入，但算进收入纳税的时间是根据股息被分配到纳税人手里的时间。换句话说，只要海外公司没用分配股息，本国股东公司就可以一直不用申报。在收到海外公司分配的股息之年，本国股东公司需为之申报纳税，但在国外已交的税，纳税人可以申报外国税抵免（foreign tax credit），即用来抵免国内的应纳税。

延缓法适用于那些应计法和豁免法都不适用的情形。

3. 豁免法

豁免法是对本国公司收到的海外股息收入给予免税待遇；这种免税只是在收到股息的公司层面。除了那些没有所得税及对海外收入一律免税的国家和地区外，豁免法适用的国家都是那些采用控股公司机制（holding company regime）的国家。所谓控股公司机制是指一国采用的在税务上适合或鼓励跨国公司在该国设立总部（即母公司）的一套规则；其中核心部分是对本国公司收到的海外股息给予免税待遇。本章在后面一部分将进一步介绍控股公司机制。

对本国居民公司分配股息给非居民的征税规则

对于本国居民公司分配股息给非居民的情形，各国一般都会适用源泉扣缴税（Withholding tax）的规则。

源泉扣缴税是本国居民公司在分配股息等收入给非居民时，按法律规定的税率从该收入中扣留并负责上缴税局的税金。在没有国际税务条约或有协议但对于特定收入没有规定税率的情况下，各国一般采用的税率是 25%—30%。国际税务条约对于利息、股息、特许使用费适用的税率一般是 5%—15%。另外，根据欧盟规则（Directive）欧盟国家之间相互免除这类收入的源泉扣缴。

源泉扣缴税的性质可能是最终性的，也可能是预扣性的。如果是预扣性的，纳税人可以通过报税退回部分税款。一般来说，一国对于非居民的利息收入、股息收入，以及特许使用费的源泉扣缴税是最终的。这就意味着纳税人不需再报税，已扣缴的金额是最终的。非居民纳税人收到的源泉扣缴收据或证件，是完税证据，纳税人可以凭该证据在其本国申报抵税。

国际税务条约对股息征税权的划分

规范的国际税务条约的第 10 条涉及的是缔约国一国的公司支付股息给属于另一缔约国居民股东的征税规则。按照这一条，支付股息的公司居民所在国可以根据不同的股东类别征收不同税率的股息税。通用的规则是，如果股东是另一国的公司并且持有支付股息的公司的 10%或以上的股份，那么股息税的税率不应超过 10%。至于其他类别的股东，如果是另一国的居民，股息税的税率不应超过 15%。

这种对收入来源国征税设定上限的规则，实际上起到的是将征税权在缔约国之间分配的作用。现假设某 A 国公司在 B 国有一个子公司。按 A 国和 B 国税务协定，当 B 国公司向 A 国公司支付股息时，B 国可以征收 10%的源泉扣缴税。现再假设按 A 国税法，A 国公司对于这类股息收入需在 A 国缴纳 20%的所得税，但根据 A 国和 B 国税务协定，A 国公司可以将其在 B 国缴纳的上述 10%源泉扣缴税用以抵免在 A 国应交的所得税，而实际只需在 A 国再补交 10%的税。这样征税权的分配结果是 A 国和 B 国都分别向 A 国公司征收 10%的股息税，而 A 国公司作为 A 国居民应交的 20% 所得税没变。

这里的股息税只涉及公司从税后的利润中分配给股东的股息收入，所以纳税人是股东，不涉及针对公司营业利润征收的公司所得税。

在股息税征税规则方面，中国与不同的国家签订的税务协议规定的规则也不尽相同。例如按照中美税务协议，对于一国公司给另一国居民支付的股息，不分接受股息的股东类别，公司所在国都按不超过 10% 的税率征税。中英两国新签订的税务协议规定，对于占有公司股份 25% 或以上的股东股息税率不超过 5%。

二、以海外股息免税为核心的控股公司机制

控股公司机制是许多国家采用的鼓励跨国公司在这些国家设立控股公司的税务政策。

控股公司（Holding Company）作用

控股公司起到的作用是将两个或多个公司组合起来，使之成为一个集团。在一个集团系统内，控股公司就是母公司（parent company），而其他被控制的成员公司被称为子公司（subsidiaries）。控股公司的所在地，往往是集团公司总部（headquarters）。

从控股的结构上看，一个跨国公司除有控制全球运行的总部外，还可以在海外设立控股公司，把同一业务或同一地区的子公司组合起来，成为业务性的或区域性的集团公司，形成多层次的控股结构。建立一个合理的公司结构不仅是为了有效的经营管理，而且也是实现企业税务目标的需要。

从字面上看，控股公司起到的只是被动的控股作用，但实际上控股公司的控股活动可以与其他业务（如融资贷款，知识产权管理等）有效地结合在一起。控股公司结构可以用于管理同一业务领域的公司或同一地域的区域公司，也可以用于收购新的公司或拓展新的生意机会，

或者用于融资、财务、税务等目的。

"参与豁免"（Participation exemption）

一个控股公司的重要商业职能是控股活动（holding activity），即控制各地的子公司；作为母公司它会从这些子公司分红得到股息收入。因此，跨国公司在选择控股公司的地点方面，首先考虑的是所在国在税务上怎样优惠对待本国公司从海外获得的股息收入。为了迎合这一需求，一些国家采用了所谓的控股公司机制。控股公司机制是指一国采用的在税务上适合或鼓励跨国公司在该国设立总部（即母公司）的一套规则；其中核心部分是一般被称为"参与豁免"（participation exemption）的规则；加拿大称之为"豁免盈余"（exempt surplus）。简单地说，"参与豁免"制对于本国公司在境外获得的股息收入及从出售其境外股份获得的资本增值给予免税待遇。

所谓"参与"（participation）是指股东持有一定的普通股（不是单纯放债），有权参与盈余分配等特征的投资。

大多数西方国家都采用这一机制，这些国家包括加拿大、澳大利亚、英国、西班牙、爱尔兰、荷兰、比利时、奥地利、德国、法国、意大利、日本、丹麦等。

从征税基础角度来看，一个国家采用"参与豁免"制类似在商业上实行区域制（territorial system）。这种对境外利润的免税规则具有两大优势：（1）使得本国公司在国际市场上更有竞争性；（2）有利于本国公司将其在境外挣到的利润转移到本国。

至于什么样的海外投资可享受"参与豁免"，各国规定了各种各样的条件或要求，但主要有三个方面值得注意：

• 一是海外公司（分配股息的公司）商业活动的性质，一般国家规定只有从事"积极生意"活动的才能享受"参与豁免"制，那些从事被动投资活动的（如靠货款挣取利息收入的）不符合条件。

● 二是本国公司（接受股息的公司）占有海外公司的股份比例。一般规定需占 10% 或以上，但有些国家要求更低。

● 三是本国公司对海外公司的股份持有的时间的长短。有些国家规定需要持有 12 个月才享受"参与豁免"。

在这些方面的要求，有些国家的规定较高，而有些国家要求很低。例如，塞浦路斯的税法规定，它的公司只要拥有外国公司的 1% 或以上的股份，从该外国公司分配到的股息就可以享受免税待遇。在持有外国公司股份的时间长短上，没有要求。

卢森堡对其居民公司享受"参与豁免"的要求要高些。该国税法规定，要符合"参与豁免"的条件，卢森堡公司必须持有外国公司股份的时间至少在 12 个月以上，并且需拥有该外国公司至少 10% 的股份。

在资本增值免税方面，一般来说在符合"参与豁免"条件的情况下，如果有关外国公司的股份被出售，从中获得的资本增值也要享受免税待遇。有些国家，如塞浦路斯，对该国公司在境外出售股份得到的资本增值，不加以征税，也没有什么条件要求。

加拿大式的"豁免盈余"规则

加拿大式的控股公司机制的核心是所谓的"豁免盈余"（exempt surplus）规则，即加拿大公司从其海外隶属公司的"豁免盈余"中分配出的股息，在加拿大享受免税待遇。"豁免盈余"是指加拿大海外隶属公司从事积极的生意而获得的利润。

加拿大"豁免盈余"规则对国际公司来说的优势是，不论海外隶属公司所在国的税率的高低，不论所在国是否已给予免税优惠，也不论加拿大母公司是直接或间接地持有该海外隶属公司的股份，只要是"豁免盈余"来自积极的生意活动，在符合其他条件下，就可以享受免税。

第十二章　避免国际双重征税的规则

国际双重征税对国际经贸活动造成不便或构成一种障碍。因此，世界各国一般都通过国内立法和国际税务条约，采取一些减缓方法来消除双重征税对其居民产生的效果。本章将介绍导致国际双重征税的原因和情形，以及国际税务条约在避免双重征税方面起到的作用和提供的消除国际双重征税效果的规则。这些国内法和国际条约提供的规则是供纳税人享受的；企业国际税务策划需要根据情况加以利用。

一、导致国际双重征税的原因及情形

国际双重征税（International double taxation）是指一个纳税人的同一笔收入同时被两个或几个国家征税。导致国际双重征税的根源是各国税制的差异。

国际双重征税的情形主要包括以下几类：

1. 由税务居民身份确立规则的不同引起的双重征税。例如，一个纳税人被一个以上的国家同时认定为是其税务居民，同时被要求按全球收入纳税。

2. 由收入来源确定规则冲突引起的双重征税，即同一笔收入，由于确定收入来源规则的不同，同时被一个以上的国家认定为源于其国。

3. 由税务居民身份与收入来源冲突引起的双重征税。例如，一国居民有源于另一国的收入，该居民所在国就该收入按全球制征税，而另一国按收入来源规则就同一收入征税。

4. 由转让定价（transfer pricing）调整引起的双重征税。如果跨国公司在一国的关联公司就转让定价问题被该国税局查税并导致应纳税收入的增加（理由或是售价太低或买价太高），而该交易的价格在另一国税局没有得到相应的调整，那么该交易所得被调整的那一部分在两个国家都被征收入所得税。

5. 一国公司已为其利润在所在国交过公司所得税，而将股息分配给非居民股东时，该股东在其所在国还要为该股息再交一次所得税。

有关第 5 点，虽然有限公司与其股东为同一收入在两个层面双重纳税的问题在国内税务中也存在，但许多国家对于股东从本国公司分到的股息制定有特别的处理方法，以避免双重交税。例如，公司股东从本国公司得到的股息可以免税，个人股东从本国公司分配到股息在交个人税时享受优惠税率。这些特别的处理方法的前提是分配股息的公司必须是本国的。在分配股息的公司是非居民的情况下，各国采用的是一套不同的规则。

这种双重征税的情形又不完全同于上述的第三种情形。如果收入是股息，第三种情形不涉及国际公司在所在国为其利润所缴纳的所得税；国际双重纳税的情形是指公司在所在国分配股息时为非居民股东已缴纳过股息税，然而该股东为其全球收入在其本国需再交一次所得税。在这种情况下各国的一般做法是允许该股东将其在国外缴纳的股息税在本国抵税。

二、消除国际双重征税方法及外国税抵免规则

国际税务条约在避免双重征税方面起到的作用

从传统上看，国际税务条约主要的目的是消除双重征税，所以国际税务条约也叫国际双税协议（Double Tax Treaty）。在避免双重征税及减缓双重征税的效果方面，国际税务条约起到的作用主要表现在以下几个方面：

- 统一确立居民身份的规则；
- 限制缔约国的征税权力；
- 提供减缓双重征税效果的方法。

统一确立居民身份规则的效果是要使得每一个纳税人只有一个国家的居民身份。第 1 条的居民是指按缔约国国内法确定的居民，但如果某纳税人可以同时被缔约国双方的国内法确定为它们的居民，为了避免双重税务居民身份，该纳税人的税务居民身份应按国际税务条约的第 4 条提供的规则，规划为缔约国一方的居民。因此，第 4 条有关居民身份确立的规则，是国际税务条约最重要的条款之一。

国际税务条约的一个重要特点是，它的目的不为缔约国创造新的征税权力，而是限制缔约国的征税权力，以避免双重征税。一个国家要想增加新的征税权力，它必须通过国内立法才能实现。为避免双重征税，缔约国通过国际税务条约承诺对各自征税权的限制，确定缔约国之间征税权的划分。这种划分主要体现为三种形式：

第一种是规定对某种收入缔约国一国享有排他的征税权，即另一国不得征税。这种征税权划分，国际税务条约规范的说法是某种收入"Shall betaxable only in"。常见的这类收入包括一国公司的营业利润（只要在另一国没有长久基地），从事国际海运和空运的利润，国际税务条约没有涉及的收入等。对于这些收入，居民国享有排他的征税权。

第二种征税权划分形式是，对收入来源国税率的限制，为居民国征税留有余地。对于这种征税权的划分，国际税务条约规范的说法是对于某种收入，首先肯定居民国可以征税，然后说明收入来源国也可以征税，但后者征税的税率不能超过一定的税率。常见的这类收入包括股息、利息、特许使用费等。

第三种征税权划分的形式只是确定收入来源国的征税权，而不对其税率加以限制。在这种形式下，居民国的征税余地会非常有限。如果居民国为消除双重征税采用抵税法（Credit method），只有在其税率高于收入来源国的情况下，才有一定的征税余地（即纳税人在将外国税抵免以后按居民国税率还需补交）。在这种形式下划分征税权的收入包括分公司利润，不动产产生的收入，与不动产有关的资本增值，公司高层薪水、董事费等。

在提供减缓双重征税效果方面，规范的国际税务条约的第23条提供了消除双重征税的两种方法：免税法（Exemption method）和抵税法（Credit method）。到目前为止，中国与各国签订的协议规定的都是抵税法。

1. 免税法（Exemption method）

原则上免税法是一国对于其居民在境外的收入给予免税的待遇，但具体各国在采用免税的方法及适用范围上还不尽相同（另见有关"控股公司机制"及"参与豁免"方面的讨论）。

2. 抵税法（Credit method）

抵税法的原则是缔约国允许居民将其在另一国已缴纳的税金抵免在本国的应纳税。如果本国税率高于该另一国税率，抵税法的效果会是纳税人还得按本国税率补交差额（后面将进一步讨论这一问题）。

除上述两个方法外，扣除收入法也可以起到减缓双重征税的效果。这一方法是将已在国外缴纳的税款作为一种费用来扣除应纳税收入，以达到降低在本国应纳税金额。

总的来说，这些减缓措施或方法只是用以减缓双重征税对本国居民产生的效果，而不是解决导致双重征税的根本原因，即各国税制的差异。同时，就是在效果上完全消除双重征税的效果也是很难实现的。

外国税抵免（Foreign tax credit）

前面提到，抵税法是缔约国允许居民将其在另一国已缴纳的所得税金抵免在本国的应纳税，但这只是一个原则，在具体实施上有以下几点值得注意：

1. 纳税人在程序上需在本国申报在该另一国的收入；同时申报外国税抵免。

2. 外国税抵免税额的换算比例是 1：1，即向外国政府交纳的一块钱，可以抵免在本国应交税的一块钱。

3. 居民公司如果使用外国税抵免金额（foreign tax credit）不能足以抵免本国的应纳税金额，需补交差额。在已交的外国税超出本国应纳税的情况下，本国政府不会退还超出的剩余部分，但如果是与海外积极生意收入有关的外国税抵税名额，剩下的部分一般可以用于其他年份的抵免。如果是与海外投资收入有关的外国税，一般没有这种选择。

4. 外国税抵税以具体国家为单位计算，国与国之间不能交叉。这就是说，在计算收入和抵免税额方面，国与国之间分开算，不相互顶扣。如果纳税人在某国缴纳的税金超过在本国应交的税金，超出的部分不能用以顶扣由另一国收入或国内收入而产生的本国所得税。

5. 符合抵免的外国税是在外国缴纳的所得税或具有所得税性质的税款。

6. 在大多数国家符合抵免本国税的是本国居民公司在国外直接缴纳的所得税。所谓直接缴纳的意思是指居民公司在收到外国的股息、利息、特许金等收入时被源泉扣缴的税金，以及通过分公司或流动实体（flow – through entity）直接在外经商而向外国政府缴纳的所得税。

7. 在另一些国家，如美国和中国，符合抵免的外国税除居民公司上述的直接缴纳的税金外，还包括在国外间接缴纳的所得税。所谓间接缴纳的所得税是指本国的海外公司为其业务盈利在当地所在国缴纳的公司所得税。这种间接缴纳的外国税可以用以抵免在本国的应纳税的规则是这些国家外国税抵免机制比其他国家优惠的一面。

8. 在联邦制国家有联邦政府和地方政府之分。一般来说，纳税人在国外缴纳的所得税首先用于抵免联邦所得税，剩下的才能用于抵免地方税。但对于有些收入（如生意收入）在国外交的所得税，一般只能抵免联邦税。

　　中国税法允许中国公司将其在外国缴纳的所得税用于抵免在中国的所得税应纳税额（企业税法第二十三条）。可以抵免的税只限于基于该外国收入在中国应纳的所得税额，并且不能超过这种所得税额。超过的部分可以用以未来年份的抵免，有效期为五年。对于中国公司收到的来自其海外隶属公司的股息收入，可用于抵免的税额除外国征收的股息源泉扣缴税外，还包括股息收入包含的间接缴纳的所得税，即分配股息的海外公司为其利润在当地缴纳的公司所得税（企业税法第二十四条）。根据中国国务院公布的企业税法实施条例第八十条，符合申报这种间接缴纳的所得税的条件是，中国公司占有分配股息海外公司的20％以上的股份。

第十三章 源泉扣缴税

源泉扣缴税（Withholding tax）是付款人在支付属于收入性质的款项时，按法律规定的税率从该款项中扣留并负责上缴税局的税金。这里的付款人是指支付工资的雇主、支付股息的公司、支付利息的银行、支付房租的租客等。当一个跨国公司将其在海外的某一个国家的利润或收入撤出该国时，该收入一般都会被该国适用源泉扣缴。

有关源泉扣缴的规则，以下几点值得注意：

1. 源泉扣缴税是付款人在支付款项时被扣留的，而不是等到纳税人报税时上缴的税金。

这是源泉扣缴税的原意。这里的支付一般是指在实际付款（包括通过支票、现金、银行转账等）给收款人时，但也可以是指收款人不是直接的收款人而是受益人的情形。例如，付款人按事先的协议将款项支付给第三方作为一种投资、还债或贡献等。在这些情形下，获得收入的人虽然没有直接收到款项，但是支付款项的受益人。有些公司分派股息给股东时不直接支付资金，而是将该股息以购买新的股份的形式再投入到该公司。源泉扣缴也应适用于这种形式的股息分配。

2. 适用源泉扣缴的付款款项都是具有收入性质的款项。

具有收入性质的款项包括雇员工资、股息、利息、房租等。一般来说，大多数国家都区别对待本国居民和非居民的收款人。

本国居民收款人：对本国居民，大多数国家只要求雇主在发工资时对工资收入进行源泉扣缴，但也有些国家的源泉扣缴适用于利息收入、股息收入、退休金收入等。扣税的税率一般都是正常的个人所得税税率。大多数情况下，这种扣税属于预扣。纳税人具体交税或退税的金额要等到纳税人报税时才有结果，年度报税相当于纳税人与政府结算。

非居民收款人：对于支付给非居民的收入，世界各国一般都实行源泉扣缴。常见的收入包括利息收入、股息收入、特许使用费。另外，一些国家规定支付给非居民房东的租金，房地产买卖的房款，咨询服务费也应源泉扣缴。

3. 有关税率，有国际协议规定和没国际协议规定之分。

适用于非居民的源泉扣缴在没有国际税务条约或有协议但对于特定收入没有规定税率的情况下，各国一般采用的税率是 25%—30%（如果是非居民出售房地产，25%—30% 的资本增值部分）。国际税务条约对于利息、股息、特许使用费适用的税率一般是 5%—15%。另外，根据欧盟规则（Directive）欧盟国家之间相互免除这类收入的源泉扣缴。

4. 源泉扣缴税的性质可能是最终性的，也可能是预扣性的。

最终性的：一般来说，一国对于非居民的利息收入、股息收入，以及特许使用费的源泉扣缴税是最终的。这就意味着纳税人不需再报税，已扣缴的金额是最终的。非居民纳税人收到的源泉扣缴收据或证件，是完税证据，纳税人可以凭该证据在本国申报抵税。

预扣性的：一般来说，非居民被扣缴的租金收入，出售房地产毛收入，咨询服务收入等，以及本国居民所有的收入的源泉扣缴都是预扣性的，即纳税人可以通过报税，申报各项费用、成本、亏损，以及某种调整，与政府结账，获得退税或是补税（如果扣税不足）。

5. 付款人上缴税款及信息申报。

付款人除需在规定的时间内把扣留的税款上缴政府外，还需负责完成特定的信息表格，总结收款人的收入及源泉扣缴金额，并上交税局，即所谓的信息申报。信息申报包括付款人（如公司、部门、机构）支付的和扣缴的总金额信息和具体收款人的收入和扣税信息。除向政府上交上述信息表格外，付款人还需将具体的收款人的收入及扣税信息表，交给每一个收款人。

从企业国际税务角度来说，源泉扣缴税是一国公司在选择到另一国做生意（如设立子公司/分公司等）需要考虑的因素。一个企业最终还要将其在国外的利润收回（以股息、利息、特许使用费等形式）。国际公司在收回利润时，自然不希望看到所在国太高的源泉扣缴，但一般的国家都有一定的国际税务条约网络，所以一般的国际企业都可以享受协议规定的优惠的源泉扣缴税率。

最后值得一提的是，一个国际公司纳税多少最终由该公司本国的税率而定。如果本国采用的是全球制并且税率高于收入来源国的源泉扣缴税率，该公司最终在报税时还需要在本国补交差额。在这种情况下，源泉扣缴税率的高低只是对国家之间的税收资源的分配有意义。

第十四章 离岸税规则

离岸税（exit tax）是一国因企业资产产权离开该国而征收的税金。离岸税是人们的一种通俗说法；征税的国家并不一定称之为"离岸税"。在国际商务活动中，一国公司撤离该国以及国际公司的重组与合并（merger）都涉及资产离岸的问题，可能产生离岸税的后果。因此，国际税务策划需考虑离岸税的问题。

一、离岸税与一国的征税权

离岸税的概念及适用的情形

离岸税是一国因企业资产产权离开该国而征收的税金。离岸税是人们的一种通俗说法；征税的国家并不一定称之为"离岸税"。一国对其资产产权离开该国要征税，是因为该国将失去对该资产的征税权，该国要在该资产产权离开该国时结算已增长的资本增值。导致公司资产产权离开一国的情形大体上可分为三类：

（一）一国的居民公司离开该国成为另一国的居民；

（二）国际重组或公司合并使得一国的公司成为另一国的子公司；

（三）其他交易使得一国资产的所有权转让到国外。

作为国际资产转让的一个原则，在一国居民将其资产（有形的和无形资产）的所有权转让给另一国居民的情况下，不论换取的是资金还是后者的股份，前者居民国一般会对该转让的资产按市值征税。

与国际资产转让不同的是，在交易双方都是本国居民公司并且转让资产换取的是股份的情况下，资产转让可以按账目价值或成本价值进行而不至于立即产生税务后果。

各国对资产征税权的分配

为了说明企业资产产权离开一国对该国征税权的影响，我们在这里将常见的企业资产分为两类：

- 运营资产

即直接用于企业自己业务的资产，如厂房、设备、库存、应收款、资金等；分公司也应被包括在内。

- 投资与无形资产

包括对其他公司（子公司或非子公司）持有的股权/债权等和无形资产（包括知识产权）。

然后我们从国家的角度，将国家对企业的资产的征税权也分为两类：

- 对资产"常规收入"的征税权

这里的"常规收入"是指一种资产能正常产生的收入，例如，楼房/设备能产生生意收入，股权能产生股息收入，债权能产生利息收入，知识产权能产生特许权使用费收入等。

- 对资产"资本增值"的征税权

这里的资本增值是指该资产本身在被出售时实现的资本增值。

将上述两次分类组合起来，我们可以得出以下四类征税权：

1. 对"运营资产"的"常规收入"的征税权；
2. 对"投资与无形资产"的"常规收入"的征税权；
3. 对"运营资产"的"资本增值"的征税权；
4. 对"投资与无形资产"的"资本增值"的征税权。

根据规范的国际税务条约确立的原则，前三类的征税权由收入来源国和居民国分享，即来源国先征税，然后由居民国征税但需允许其居民用外国税抵免在本国的应纳税（如果来源国税高于居民国，后者就没有征税余地）。第四类征税权为居民国专有（如果股权价值主要反映的不是不动产）。

为了说明上述原则，现假设 A 国的 A 公司拥有 B 国的 B 公司的股权。B 国对 B 公司产生的利润有征税权（居民国的征税权），并且对 B 公司向 A 公司分配的股息也有征税权（收入来源国的征税权）。A 国与 B 国共享该股息收入的征税权；当 A 公司转让 B 公司股权时，只有 A 国享有对资本增值的征税权（如果股权价值主要反映的不是不动产）。

二、公司离岸

公司离岸的情形

一个公司在一个国家经营一段时间后，不论是出于税务上或非税务上的原因，有可能选择把公司转移到另一个国家。一旦一个公司离开一个国家成为另一国的居民，就有可能在前一国面临公司离岸税的问题。

决定一个公司的税务居民身份有两大依据：

- 形式上的依据：如公司注册成立所在地，法律上公司总部所在地等。
- 事实上的依据，如公司的实际管理所在地，董事会一般开会所在地等。

因此，如果一国的公司将其法律上的注册地点（Legal seat）或经营管理的地点改变到另一国，那么该公司会被视为离开了前一国，放弃了前一国的居民身份，即公司离岸。

不同国家对公司离岸的不同定性

根据各国在概念上对公司离岸事件定性的不同，公司的离岸税可以是强加在公司自身的层面上，也可以是强加在公司股东的层面上。

　　世界上大多数国家将公司离岸的事件定性为"假定出售"（Deemed disposition），即在公司成为非居民时，该公司的全部资产被假定出售（按市价）。由于公司的资产是被公司假定出售的，所以公司应为资本增值交税。

　　有些国家，如瑞士、比利时等国，将公司离岸在税务上想象为"公司清算"（Liquidation）。清算的概念与假定出售的概念相同的是，都是按市场价值出售或清算的，但两者不同的是资产被清算意味着公司已停业终止。因此，在清算概念下的资产增值部分（市值减去成本）被视为股东的股息收入，离岸的公司因而被迫上交源泉扣缴税。这种源泉扣缴税就是在股东层面上征收的。

公司离岸导致的资本增值实现

　　公司离岸是指一国的公司放弃该国的居民身份成为非居民。这种居民身份转变的效果是将该公司拥有的全球资产的征税权（包括上述四种作为居民国的征税权）由前一国转移给后一国。

　　现假设在上述例子里，A 公司离开 A 国成为 C 国居民，那么 A 国将失去对 A 公司全部资产（包括 B 公司股权）的征税权。即使 A 公司在 A 国留有任何资产（如分公司），但 A 国对该资产将是以收入来源国（Source country）的名义征税的，C 国将作为居民国（Residence country）享有对 A 公司的全部资产（包括在全球任何地方的资产）的征税权。

　　因此，公司的离岸本质上是该公司拥有的全部资产（包括无形资产）的离岸，这就是前一国征收离岸税的依据。离岸税的计算以"清算"或"假定出售"产生的资本增值为依据。这就是说公司资产并没真正被出售，只是因为公司成为非居民而需要提前实现其市值并为之向前一国纳税。公司离岸税的原理与个人（自然人）离岸税原理类似。

当一个自然人离开一国成为非居民时，他的全球资产也是被假定出售，也需缴纳离岸税。

三、公司兼并造成的资产离岸

国际公司的重组与合并（Merger）也涉及资产离岸，可能产生离岸税的后果。常见的合并形式是股份交换（share exchange）。前面提到，股份交换在双方都是同一国居民的情况下可以避免资本增值的实现，但在接受资产的一方是非居民的情况下，这就涉及资产离岸及征税权的问题，所以一般不能避免资本增值的实现。

现假设在上述例子里 A 公司没有变成 C 国居民，而是通过股份交换与 C 国的 C 公司合并，结果成为 C 公司的子公司。股份交换的交易是 A 国 A 公司的股东将其手中的股份转让给 C 公司，同时获得由 C 公司发行的价值相当于 A 公司的股份。通过这一股权交换，A 公司变成了 C 公司的子公司。在这一例子里，A 公司仍然还是 A 国居民，A 国作为居民国仍然对 A 公司拥有的全部资产享有上述四种征税权，但在 A 公司成为 C 公司子公司时，C 国获得的征税权包括：

- 对 A 公司分配给 C 公司股息的征税权（作为居民国的征税权）；
- 对 A 公司股份未来增长的资本增值的征税权（这种征税权是排他的，如果 A 公司价值不是反映不动产）。

总结公司离岸和国际并购两种情形的相同和不同之处：两者相同之处是都会导致资产产权离开一国并可能实现资本增值。不同之处主要有两个：一是涉及的离岸资产种类不同。一个公司离岸时，前一国将失去的是对该公司拥有的全部资产未来能产生的收入及资本增值作为居民国的征税权（包括上述四种）。当一国公司被外国公司兼并时，前一国即将失去的只是对该公司股权的未来股息的完整的征税权以及对该公司股权未来的资本增值的征税权。另一个不同是，出售资产的纳税人主体不同。在一个公司成为非居民时，一般是将公司离岸假定为该公司出售了其全部资产，所以离岸税征税的层面是在公司本身。在一个公司被兼并的情况下，出售方是该公司的股东，所以离岸税征税的层面一般是在股东。

四、美国的离岸税概念

由于美国独特的公司税制，美国公司被外国公司并购后，美国政府不仅在股东层面征税，而且也在公司层面对公司征税。

在公司税方面，美国不仅公司税率高，而且是西方国家中少有的采用全球制的国家（worldwide system），即对美国公司的海外隶属公司的收入，不论是被动的投资收入还是积极的生意收入，都加以征税。相比之下，西方大部分国家对其公司收到的海外股息采用所谓的"参与豁免"（participation exemption）制或其他机制给予免税待遇。因此美国的公司一般都有离开美国的动力，这种动力反映在美国特有的"税务倒流"（tax inversion）的现象上。

"税务倒流"现象始于20世纪八九十年代，一般是指美国一个的公司与一个比它小的外国（往往是低税国家）公司合并，结果反而是美国公司被收购，成为后者的子公司或者成为在该外国新成立的公司的子公司。在正常情况下的合并或并购应该是大公司并购小公司，而且小公司往往是被并购到大公司的国家。所以美国的这类合并在人们看来是出于税务上的动机，因而被称为"税务倒流"。

自20世纪90年代以来，美国公司的"税务倒流"现象有愈演愈烈之势。前面提到，一国公司被并购而成为另一国公司的子公司，是属于股权转让和资产离岸，不是公司离岸，因为被并购的公司仍然是留在前一国运转，仍然是前一国的居民，只是该公司的股权被转让到国外。与其他国家一样，美国公司的股权被转让出境也会导致在股东层面的资本增值和资产离岸税（美国税法第367（a）条）。但这种常规的征收在股东层面上的离岸税不能阻挡美国公司的"税务倒流"。

于是美国税法于 2004 年引进了公司承担税务责任的反"税务倒流"的第 7874 条款。这一条款对美国公司"税务倒流"做了两个方面的限制。一是针对在美国公司被并购到外国公司之后，原美国的股东仍然占有合并后新公司股份的 60% 以上但不到 80% 的情形，即第 7874 (a) 条款；二是针对合并后原美国公司的股东仍占有新公司股份 80% 或以上的情形，即第 7874 (b) 条款。

简单地说，如果第 7874 (a) 条款的适用条件满足（主要是合并后原美国股东仍然占有新公司股份的 60% 以上但不到 80%），那么在十年内，美国被并购公司每年的应纳税收入不能低于从资产交易获得的增值或收入（inversion gain）。效果是某些抵税金（credits）和资本亏损不能用以扣除。

如果第 7874 (b) 条款的条件满足（主要是合并后原美国公司的股东仍占有新公司股份 80% 或以上），那么美国税法会将合并后的外国公司视为美国的国内公司，即美国的居民。显然，如果第 7874 (b) 条款适用，那么美国公司通过"倒流"在税务上得不到任何好处。这对于那些美国公司被太小的公司吞并而"倒流"到国外的合并可以起到阻止的作用。但美国的一些公司还是发现即使是在第 7874 (a) 条款适用的情况下，美国公司被吞并而成为外国公司的子公司，在税务上还是比不"倒流"划算。有关"倒流"后成为外国子公司的好处，本书在后面的有关美国税务部分将有介绍。

总之，由于美国公司税率过高，全球制的局限及各种漏洞的存在，现行的离岸税机制未能收到阻挡"税务倒流"的实际效果。

第十五章　所得税申报规则

本章将介绍一些国际通用的企业报税知识，包括计算应纳税收入的一般原则，一些国家采用的集团公司合并报税制度（group taxation 或 tax consolidation），子公司（subsidiary）与分公司（branch）的报税等。有些信息虽然对于专业人士是很明确的，但对于一般企业家来说是需要了解的基本税务知识。

一、计算应纳税收入的一般原则

一般公认的会计原则

体现在公司财务报告里的会计上的公司利润，往往不同于用于税务目的的应纳税收入，但这并不意味着应纳税收入的计算是按照一套完全不同于会计原理的规则。国际税务通行的规则是，公司报税仍然应以公司年度财务报告得出的会计收入（accounting income）为基础，只是在一些特定的账目上需要按照税务规则进行调整，得出应纳税收入的金额。公司交易的入账及会计报告的编制都需遵循一般公认会计原则（Generally Accepted Accounting Principles）。因此，计算应纳税收入在原则上也需遵循一般公认会计原则。

为了得出应纳税收入的金额，我们需要对会计收入进行调整的包括收入和费用两个方面。在收入方面需要调整的是那些在会计上需算进收入但在税务上属于免税的收益，如股息，免税部分的资本增值等（这些方面的税务规则各国不尽相同）。这些收入需从应纳税收入中减去。在费用方面，常见需要调整的例子包括：

- 资产折旧：按税务调整时，将会计方法算出的折旧金额全部去掉，再重新按税法规定的折旧率及规则来计算。

- 用餐及娱乐费用：有些国家只能算一半。

- 政府的罚款与利息：很多国家税法不让扣除，其结果是增加应纳税的收入，公司多交税。

- 公司支出的个人开销：如俱乐部的年费，在税务上不能扣除。

固定资产折旧（depreciation）

世界各国基本上都有固定资产折旧的规定，只是在折旧方法上，各国之间存在一定的差异。国际通用的折旧方法主要有直线法（Straight－line）和余额递减法（Declining－balance）。简单地说，直线折旧法就是将一个固定资产的成本除以预计的资产可用的年数，得出平均的每年成本金额。这个平均每年的成本金额就是在税务上可以申报的费用，即折旧费用。按直线法，一种资产每年可折旧的金额都是一样的。德国就是许多采用直线法国家的其中一个[1]。

按照余额递减法，纳税人将资产成本乘以税法规定的折旧率（税法对不同的资产类别规定有不同的折旧率），得出的就是资产购置后第一年的可申报的折旧金额。然后每年用这个折旧率乘以剩下的未折旧的金额，而这个余额会逐年变小直至折旧完毕。加拿大就是采用余额递减法的国家。另外，有些国家，如法国，允许纳税人在上述两种折旧法中选择一种[2]。

商誉（Goodwill）

商誉是一种无形资产，体现公司的商誉存在及价值是

---

① Ulrich Schreiber，第4页。

② Ulrich Schreiber，第5页。

$$一个企业的市值 - 账面净值 = 商誉$$

从税务角度上讲，商誉虽然是一个企业通过经营产生的，但只有通过客观交易之后才能实现。换句话说，一个企业只有花钱购买另一企业（包括后者的商誉）时，才能在税务上申报有关商誉的成本并用于折旧。在商誉的折旧方法上，有些国家采用直线折旧法，有些是采用余额递减法，但在有些国家，如英国，商誉的成本不能折旧。[①]

亏损抵减（Loss deduction）

对于企业业务上的亏损，一般的国家都允许用于抵减以往年份的盈利（Carry－back）或抵减未来年份的盈利（Carry－forward），但各国对这种亏损的抵减都规定有各种各样的限制。

一般运营费用的扣除（Deductibility of expenses）

有些费用按会计规则在计算公司会计收入时需要作为费用扣除，但按税法在计算应纳税收入时不符合扣除条件，因此在报税时需调整。其结果是增加应纳税的收入，公司多交税。在这方面的费用，一个是政府部门的罚款，几乎所有的国家都规定，不能用于作为费用扣除。另一个常见的是个人费用，如果不是为公司业务所需的，也不能用于税务上的费用扣除。

所得税本身在会计理论里虽然也是一种企业的费用，但在税务上一般不能作为一种费用来扣除。

二、集团公司合并报税

世界各国税法大都承认每个有限公司（Corporation）的独立性，其人格有别于股东，不论是个人股东才是公司股东。因此，每个集团公司

---

① Ulrich Schreiber，第 5 页。

的成员都是一个独立的纳税人，独立地申报其收入和费用，独立地评估应纳税金额。但是出于有利于企业发展考虑，一些国家允许集团公司选择将集团作为一个整体合并报税。

选择合并报税，集团公司可以得到的好处包括：

1. 在集团内部，有成员公司亏损也有成员公司盈利的情况下，这些亏损和盈利可以相互抵消，降低集团公司某年整体的应纳税收入。否则，在同一集团公司当中，有些成员公司有亏损而另外一些成员公司还需交税。

2. 集团成员公司之间转让资产，可以不用担心资本增值的实现而导致在资产没有被实际出售给客观的第三方之前，提前交税。

3. 集团成员公司之间分红不会产生股息税。

4. 在某一成员公司产生税务好处（tax benefit）或抵税名额（tax credit）的情况下，可以通过集团公司得到充分利用。采用集体合并报税制度的国家包括：美国、法国、德国、意大利、澳大利亚、西班牙、新西兰、瑞士、荷兰等。

集团公司合并报税（Group taxation）的机制涉及到一些比较复杂的概念，这里只对一些基本特点做一个简单的介绍。

1. 对母公司的资格要求

各国对于选择合并报税的集团公司，一般要求母公司是本国居民公司。一般还要求母公司必须是最终的母公司，即在它之上再没有其他公司有资格提出集团合并报税。

2. 对子公司的资格要求

许多国家要求参加集团合并报税的子公司必须是本国的居民公司，这些国家包括法国、德国、西班牙等。但有些国家，如意大利，允许本国在海外的子公司参加合并报税，可以全球合并报税。在一些国家，如美国、西班牙等，一旦母公司选择合并报税，所有符合要求的子公司都必须参加合并报税。但在其他一些国家，如法国、意大利、德国符合参加合并报税的子公司可选择参加合并，也可以选择不参加。

3. 控股比例要求

集团公司合并报税还必须满足母公司对子公司控股比例的条件。一些国家，如德国和意大利，把这个比例的起点定为50%，即只要母公司持有子公司的股份在50%或以上，该母公司就可以将该子公司并入集团公司合并报税。有些国家对这种控股的比例要求较高。例如，西班牙的起点是75%，美国要求为80%，而法国要求为95%。

4. 合并方法

集团公司合并报税的方法大体可分为两种。第一是全面合并，使集团公司成为一个整体。按照这种方法，集团报税不算成员公司之间的交易，只算与第三方的交易。第二种方法是一种综合法，即在接受现有的各成员公司账目及结果的基础上再进行综合与调整，包括用亏损抵扣盈利，得出集团整体的结果。使用第一种方法的国家包括法国和美国，使用第二种方法的国家有德国、意大利和西班牙。

另外，有些国家，如英国，虽然没有采用一个系统的合并报税机制，但提供具体的规则以便集团公司消除成员之间交易产生的资本增值和利用一个成员公司的亏损抵消其他成员公司盈利。

三、子公司与分公司的报税

子公司（subsidiary）报税

子公司是外国母公司在当地所在国的居民，按所在国的有关收入计算，费用的扣除及其他税务规则都适用于该子公司。子公司最值得注意的是转让定价的问题。跨国公司是通过其成员公司之间交易的价格，把利润从一国转移到另一国（往往是低税国）。这就是为什么世界各国对跨国公司成员之间的转让定价较为敏感。因此，跨国公司在处理转让价格的问题上应持保守态度。过分不合理的转让定价可能导致有关国家的挑战和调整。如果转让价格遭到一国调整，但在另一国得不到相应调整，结果是双重交税。

分公司（branch）报税

分公司的情形是一国公司在另一国通过长久基地（Permanent establishment）从事商业活动，但在该另一国没有正式注册当地的有限公司。由于分公司在当地是以总公司的名义进行商业活动，分公司和总公司在法律上是一个实体，两者之间不可能有交易的合同或协议。因此，计算分公司在当地的利润有不同子公司的特点。概括起来，计算分公司在当地的应纳税利润主要有两种方法：独立核算法和利润分配法。

独立核算法把分公司在税务上视为一个独立的经济核算实体，就像一个子公司。如果分公司在所在国有销售收入，而且其销售只局限于所在国，那么该分公司的利润的计算可以是销售减去相关的成本及费用。如果分公司在所在国的运营不涉及直接销售（如分公司只是为总公司提供一种加工、代理、研究等服务），那么可以客观地评估这种服务的市值，即假如是把这种服务分包给第三方总公司会付出多大代价。计算这种客观的市场价值的方法通常是成本投入加毛利。毛利往往是成本投入的一个百分比。决定毛利比例大小的一个重要因素是生意风险，即如果一个独立的企业从事该业务或活动可能承担的风险。风险越高毛利越高。

如果分公司在从事其商业活动时，总公司为分公司提供了任何服务或产品，在计算分公司的费用和成本时，这些服务及产品的定价应遵循转让价格的客观合理原则。

在独立地核算分公司的收入、费用及成本存在一定困难的情况下，利润分配法可以是一个选择。这种方法是将总公司的总利润在有关国家之间进行一个合理的分配。分配给一个固定经营点的依据可以是资本投入、工资额、销售或其他因素。占这种因素比例越高的经营点，分配到的利润也就越高。

另外，分公司在计算利润时，不论是采用哪种方法，如果分公司给总公司支付利息，这种利息费用可以用以扣除分公司的应纳税收入，但这种扣除必须遵循转让价格客观合理的原则以及有关章节介绍的"资本弱化"规则。

总之，在计算分公司产生的利润时，应将该分公司按照一个独立的企业在同样的条件下从事同样的活动能挣到的利润来计算；考虑的因素包括其从事的职能、资产的使用、相关的风险等。

第十六章　海外信息申报规则

本章介绍的海外信息申报不同于前一章的所得税申报。所得税申报的目的是要企业申报收入、费用、资产负债等金额，算出应纳税收入以便得出一年的应纳税金额，而海外信息申报的目的是要求企业提供有关的资料和信息。两者是不同性质的申报。

一、海外信息申报概论

海外信息申报的规则是要求国际企业提供有关海外资产、海外公司，及与海外关联公司交易的信息及资料。信息申报（information return）只涉及信息与资料，不涉及计算企业需缴纳的税金问题。平时常说的所得税报税或申报（tax return）才是以计算税金为目的。税务申报和信息申报是不同性质的相互独立的申报。

不难看出，海外信息申报对于一国政府督促跨国公司如实报税，反国际避税具有重大的意义。因此，各国在不同程度上都有海外信息申报的规则。

本章将集中介绍加拿大的海外信息申报的机制。读者可以从中了解到国际税务信息申报可能涉及到哪些信息。

对于一个加拿大的居民企业来说，需要申报的主要有三类信息：

- 在海外拥有的被动性投资资产的信息；
- 在海外拥有的隶属公司的信息；
- 与在海外的关联公司交易的信息。

下面就这三类申报做进一步介绍。

二、被动性投资资产的信息

申报内容

通过这类申报的都是纳税人一般不用或很少需要参与经营的投资，即被动性的投资。这类资产可为纳税人产生的是利息、股息、租金等收入。申报这类资产使用 T1135 表；该表将被动投资的海外资产分成 7 大类：

1. 加拿大境外资金（funds held outside Canada）；

2. 非居民公司的股份（不包括隶属公司）（shares of non – resident corporation，other than foreign affiliates）；

3. 借贷给非居民的债权（indebtedness owed by non – residents）；

4. 非居民信托的权益（interest held in non – resident trust）；

5. 加拿大境外不动产（real property outside Canada）；

6. 加拿大境外其他资产（other property outside Canada）；

7. 通过加拿大证券公司账号持有的投资资产（Property held in an account with a Canadian registered securities dealer or a Canadian trust company）。

需要申报这类海外资产的纳税人（reporting taxpayer）包括加拿大的居民有限公司、个人、合伙公司，以及信托。

申报海外被动投资资产金额的起点及例外

被动的海外资产申报的起点是 10 万加元，即按成本计算，如果纳税人被动投资性的海外资产，如存款、房地产、股票等，全部加起来在申报年度任何时候总共不到 10 万加元，那么这些海外资产就不用申报。

值得注意的是，这 10 万加元的起点是看成本，而不是看申报时的市价。所谓成本，在一般情况下就是买价。成本的特点是它的稳定性，不因市场波动而起伏；而市价总是在不断变化的。

企业在海外纯属用于正常生意的资产，也不属于海外申报范围。举例来说，某个人或公司从事国际贸易，为销售方便，在英国拥有一个仓库。由于该资产纯属用于正常业务，所以不属海外资产申报范围。这种情形一般是公司在海外的分公司，即长久基地（permanent establishment）。

申报到期日期

T1135 表必须每年申报，只要纳税人一直拥有需要申报的海外资产。T1135 表到期日与纳税人所得税到期日相同，即个人每年的 4 月 30 日之前申报上一年度的海外资产状况，而有限公司在其财务年度结束后 6 个月内申报。

三、海外隶属公司的申报

申报海外隶属公司是海外信息申报的一个重要组成部分。不同于被动投资性海外资产，海外隶属公司是一种经营决策受申报人控制或至少受其影响的国外经济组织或实体。

海外隶属公司的定义

根据加拿大税法的定义，如果加拿大居民在当年的任何时刻持有某非居民公司股份的 10% 或以上，该非居民公司就是该居民的海外隶属公司。

作为股份的起点，这个 10% 既包括纳税人自己持有的，也包括关联人占有的。按规定，只要纳税人占有 1% 或以上的股份，再加上其关联人占有的股份，达到 10% 或以上，海外隶属的定义就成立。当然，如果纳税人自己就拥有 10% 或以上的股份，那它更属于海外隶属公司。在计算股份的百分比（equity percentage）时，要考虑的是公司股权的总体的百分比，而不用考虑股份类别（如果公司股份由不同类别构成）。

纳税人占有的股份，包括直接也包括间接占有的（如通过一个公司拥有的）。

另外，根据税法，这里的海外隶属公司是指责任有限公司。有限公司的特点是，它是独立于股东的实体，能独立获得自己的权利，并承担自己的责任。正是这一特点，使得公司股东的责任成为有限。

申报海外隶属公司的内容

用于申报海外隶属公司的表格是 T1134 表（Information Return Relating to Controlled and Not – Controlled Foreign Affiliates）。该表由总表和分表构成。

总表内容分申报人信息和集团组织机构信息两大类。集团公司结构的信息包括所有成员公司的名称、国别、相互控股的比例等。

分表用于提供总表列出的每一个隶属公司的详细信息，每一个隶属公司需要使用一个分表申报，即有几个隶属公司就使用几个分表。

分表要求申报的每一个隶属公司的信息包括公司的名称、地址、财务年度起止日期、成为隶属公司的年份、主要商业活动、经营所在国、股份构成、申报人占有的股份比例、申报人与隶属公司的借贷关系、年底的总资产金额、税前收入、应缴纳的所得税、向哪个国家缴纳所得税、分配股息、雇员人数、收入构成（如利息、红利、租金、资本增值、正常业务收入）等。

申报海外隶属公司的其他规则

1. 如果纳税人在海外的隶属公司处于一种非运作状态（inactive or dormant），纳税人不需申报该公司。非运作状态的海外公司的定义是，在申报的财务年度中收入不到 $25000，并且公司的总资产市场价值在

该年从未达到 $100 万。这两个条件必须同时存在，才符合不用申报的条件。

2. 海外隶属公司需每年申报，只要纳税人每年的状况一直不变。申报海外隶属公司到期日期是申报人所得税年度结束后的 15 个月内。这就是说，如果申报人是个人，个人的税务年度是自然年，每年的 3 月底之前申报上上一年度的海外隶属公司状况。举例来说，2009 年 3 月底申报 2007 年度的海外隶属公司情况。有限公司有它自己的财务年度，如果某公司财务年度是每年的 7 月到下一年的 6 月。2007 年 6 月结束的年度的海外隶属公司的申报要在 2008 年 9 月前申报。

3. 在由于控股权转让导致税务年度变化的情况下，如果第一年度不是完整的一年，纳税人可以不用申报这一年的海外隶属公司。

4. 申报时外币应转换为加元。汇率应按交易当时的汇率。如果交易是贯穿一整年，可以使用这一年的平均汇率，如果申报的是年初数字，应用年初的汇率。如果申报的是年底的数字，应用年底的汇率。

四、与海外关联公司交易的申报

这种申报的核心是跨国集团公司成员之间交易的转让定价信息。集团公司成员之间的交易包括跨国公司内部控制的母子公司之间以及不同子公司之间的交易。这类交易在国际税务中是一个很敏感的问题，因为跨国公司往往可以利用其操纵的国际转让定价，从全球战略出发将利润从税率高的国家不合理地转向税率较低国家。世界各国要求跨国公司成员公司向所在国申报这类买卖交易的目的，是要对国际转让定价加以监督。

T106 表（Information Return of Non – Arm's Length Transactions with Non – Residents）是加拿大居民用以申报与海外关联公司的买卖交易的表格。T106 表分 T106 总表和 T106 分表。T106 总表用于提供申报人的基本信息以及对分表数字的总汇。T106 分表是以海外关联公司为单位，用以申报与每个公司的交易。也就是说申报人与几个海外关联公司有交易，就应用几个分表。

总结起来，T106 总表和分表要求提供的信息内容主要包括申报人的商业活动，总营业额，转让价格的制定方法（T106 表将方法分为 7 类），是否有无偿交易，海外关联公司的基本信息，与申报人的关系，申报人与海外关联公司各类交易的买价和卖价的金额。T106 表将与海外关联公司交易的类别分为有形和无形。有形交易主要指的是货物交易；无形交易包括租金、特许经营权、知识产权、各类服务、金融（利息、分红和保险）、借贷交易等等。

申报与海外关联公司的买卖交易的底限是交易总额的 $100 万；这个 $100 万包括一年度与所有的海外关联公司（不论几个）的买和卖的总额。如果纳税人的这个总额不到 $100 万，可不用申报 T106 表。

T106 表以年为单位申报；到期日与申报人所得税到期日相同。

第十七章 国际税务条约网络

虽然国际税务条约是国家之间的条约，但可直接影响到纳税人的利益。在条件满足的情况下，纳税人可以直接向有关税务当局提出适用有关税务条约的条款，以享受该条款提供的税务优惠或好处。我们可以相信一个国家签订的国际税务条约越多越好，网络越大越好，该国居民可在国际上享受越多的税务好处。因此，做国际税务策划不能不考虑到国际税务条约提供的税务规则。

一、国际税务条约对纳税人的意义

国际税务条约是国家之间签订的为了避免国际双重征税而协调缔约国之间征税权及其他税务合作的条约。虽然国际税务条约是国家之间的条约，但可直接影响到纳税人的利益。在条件满足的情况下，纳税人可以直接向有关税务当局提出适用有关税务条约的条款，以享受该条款提供的税务优惠或好处。

因此，我们可以相信一个国家签订的国际税务条约越多越好，该国居民可在国际上享受越多的税务好处。中国已与世界上 100 多个国家签订了国际税务条约，是具有最广泛的国际税务条约网络的国家之一。这对中国公司走出国门从事跨国经营活动十分有利。

国际税务条约的特点

为了正确了解国际税务条约的意义，我们可以把国际税务条约的特点总结为以下几点：

第一，国际税务条约的目的不是为缔约国创造新的征税权，而是限制缔约国的征税权，以避免双重征税。一个国家要想增加新的征税权力，它必须通过国内立法才能实现。

第二，国际税务条约是为缔约国的纳税"人"，创造权利或好处。根据国际税务条约第一条适用范围的"人"的定义不同，这个"人"包括个人（自然人）和有限公司，也可能包括合伙、信托等。纳税人可以直接从国际税务条约的条款中得到免税、优惠税率、减税等好处。

第三，从实施上来看，纳税人需要主动采取行动才能得到条约规定的税务上的好处。没有纳税人的提出，有关政府一般不会主动给予这种好处或优惠。在程序上，国际税务条约的有关条款，也就像国内法的税法条款一样，纳税人可以直接加以利用，如在报税时直接按条约的规定去运用，如免税或减税。如果纳税人与有关国家税务当局有分歧，纳税人可以以税务条约的条款为依据，直接与该国的税局进行交涉，或在该国法庭进行诉讼。只有在极少数情况下，才需两国政府出面协商解决。当然，纳税人应该记住这一点，纳税人有举证责任，不仅需证明有关条款存在，还要证明为什么该条款适用于纳税人的情形。

第四，国际税务条约的效力高于国内法。从本质上说，一国与另一国签订的国际税务条约是属于国内法的一个部分。按有些国家的规定，在与另一国正式签订国际税务条约之后，需要获得议会批准才能成为国内法的一部分。在有些国家，国际条约一旦正式签署，该国际条约就立即成为该国的国内法。

在国内法与国际税务条约相冲突的情况下，一般原则是后者优先。国家之间签订条约的目的就是要协调它们之间的权力或关系，服从国际条约实际上是承诺事先已接受的国际义务；所以一般不被视为损害主权。

当然，在国际实践中，各国会根据具体情况在尊重国际条约具体条款原意或不影响缔约国另一方利益的前提下，对国际条约适用的后果

加以合理限制，以减少本国利益的损失。举例来说，某公司同时是 A
国和 B 国居民，但根据两国税务条约的规则该公司属于 B 国的居民，
即被假定为 A 国的非居民。现假设该公司在 C 国也有收入，而按 C 国
法律，该公司不算是 C 国的居民，所以 A、C 两国的条约不适用于该公
司居民身份的确立。在这种情况下 A 国可以不把该公司完全当非居民
对待，只是对 B 国而言把该公司当非居民；在其他国家税务上把它当
作本国居民，即要求按全球收入纳税（如果 A 国采用全球制）。

国际税务条约的结构

国际税务条约一般是以一定的范本为依据来协商签订的。广泛使
用的有经合组织（OECD）模式和联合国（UN）模式。UN 模式是为发
达国家与发展中国家之间的协商而起草的，特点是注重收入来源国家
的征税权力。OECD 模式则为发达国家之间签订税务条约提供范本。

因此，国际税务条约在内容与章节的结构上大多是一致的。不论是
UN 模式还是 OECD 模式，在形式上都源于一个版本，不同点在一些具
体规则上，前者更注重收入来源国的征税权。

在章节框架上，UN 和 OECD 模式都由七大章（Chapter）构成，在
每“章”的下面是“条款”（Article）。虽然各国都采取这个“章”和
“条款”的范本，但在实际运用中，大多国际税务条约都直接采用“条
款”，而省去了“章”的使用。

国际税务条约的第一章是明确适用范围，包括第一条和第二条。第
一条涉及纳税人的范围；第二条涉及的是条约适用于哪些税种。

第二章涉及定义，包括三个条款，即第三至第五条。第三条涉及一
般用词的定义，第四条是给“居民”下定义。第五条是给“长久基地”
（Permanent establishment）下定义，即确立一国公司是否在另一国“落
脚”（是一国征税的依据）。

第三章从第六条到第二十一条，全部是有关各类收入，规定的是缔

约国之间在各种收入上征税权分配的规则。常见的收入包括不动产收入（第六条），生意收入（第七条），物流、水运及空运（第八条），股息（第十条），利息（第十一条），特许使用费（Royalties，第十二条），资本增值（Capital Gain，第十三条），雇佣工资收入（第十五条），董事费（第十六条），退休金（第十八条），政府服务（第十九条），学生（第二十条）等。

第四章只包含一个条款，即第二十二条：该条涉及资本税。资本税不同于针对收入征收的所得税。后者是根据收入的多少来征税，没有收入就不征税；而资本税是依据公司使用资本的多少来征税，不论收入多少。使用资本越多的公司，交税越多。资本使用的金额一般是通过公司资产负债表上体现的负债（一般不包括流动债务）、股东的资本投入、留成利润等项目来计算。中国与其他国家签订的国际税务条约一般都不涉及资本税，因为中国目前还没有资本税这一种类，所以也不会存在资本税双重征税的问题。

第五章涉及消除双重纳税的两种方法：一个是第二十三 A 条的免税法（Exemption method）和第二十三 B 条的抵税法（Credit method）。免税法是一国对于其居民在境外挣到的收入在符合一定条件下给予免税的待遇，而抵税法允许本国居民用在国外已交或应交的税金在本国抵税。

第六章属于特别条款，包括第二十四条至第二十九条。第二十四条是非歧视（Non - discrimination）条款，要求缔约国不应在税务上，特别是在涉及税务居民规则上，歧视另一国的国民（注意这里用的是国民，即 national）或无国籍的人。第二十五条是两国合作解决具体纠纷的程序。根据这一条款，如果缔约国一国纳税人有税务问题没有按照条约规定的规则得到合理解决，该纳税人可以要求该国税务当局出面，与另一缔约国税务当局协商解决。

第二十六条涉及缔约国信息交换事宜。第二十七条规定双方在税务追款上的协作。第二十八条确定外交及领事人员的税务豁免待遇。第二十九条涉及管辖领域延伸的问题。

第七章包括条约的生效（第三十条）和终止（第三十一条）条款。

国际税务条约适用的范围

规范的国际税务条约的第 1 条和第 2 条都是明确条约适用的范围。第 1 条明确的是条约适用于哪些"人"，即"本条约适用于属于缔约国一方或双方居民的人"。这一条涉及两个值得进一步解释的概念："居民"和"人"。

根据第 3 条的一般定义（General definition），这里的"人"包括自然人、公司、信托、合伙等实体（body）。这里的"居民"是指专门用于税务目的各国国内法给予特别定义的"税务居民"，与各国移民法国籍法意义上的公民、国民、移民身份等没有直接关系。

所以第 1 条的居民是指按缔约国国内法确定的居民，但如果某人可以同时被缔约国双方的国内法定为它们的居民，为避免双重税务居民身份，该人的税务居民身份应按国际税务条约的第 4 条提供的规则，规划为缔约国一方的居民。

国际税务条约的第 2 条是明确税种的范围。国际税务条约一般涉及两种税，一是所得税，二是资本税（Capital tax）。

资本税是依据公司使用资本的多少来征税，不论收入多少。使用资本越多的公司，交税越多。资本使用的金额一般是通过公司资产负债表上体现的负债（一般不包括流动债务）、股东的资本投入、生成利润等项目来计算。由于中国目前还没有资本税，所以中国签订的国际税务条约只涉及所得税。

另外，如果与中国签订税务条约的对方是联邦制国家，那么签约的对方是联邦政府，对方承诺的只是联邦税，税务条约不会自动涉及该国地方政府征收的所得税和资本税。例如，中美、中澳条约明确说明是联邦税。中加税务条约使用了"加拿大政府税收的所得税",而"加拿大政府"(Government of Canada),就是特指加拿大联邦政府,它不代表加拿大境内的任何省政府和市政府。当然,这些联邦国家的一些地方政府(如美国的部分州和加拿大的一些省份)会自愿地接受联邦政府签订的税务条约规则。

二、国际税务条约在避免国际双重征税上起到的作用

国际双重征税(International double taxation)是指一个纳税人的同一笔收入同时被两个或几个国家征税。导致国际双重征税的根源是各国税制的差异。毫无疑问,双重征税对国际经贸活动造成不便或构成一种障碍。因此,世界各国一般都通过国内立法和国际税务条约,采取一些减缓方法来消除双重征税对其居民产生的效果。

从传统上看,国际税务条约主要的目的是消除双重征税,所以国际税务条约也叫国际双税条约(Double Tax Treaty)。在避免双重征税及减缓双重征税的效果方面,国际税务条约起到的作用主要在以下几个方面:

- 统一确立居民身份的规则;
- 限制缔约国的征税权力;
- 提供减缓双重征税效果的方法。

统一确立居民身份规则的效果是要使得每一个纳税人只有一个国家的居民身份。第1条的居民是指按缔约国国内法确定的居民,但如果某纳税人可以同时被缔约国双方的国内法定为它们的居民,为了避免双重税务居民身份,该纳税人的税务居民身份应按国际税务条约的第4条提供的规则,规划为缔约国一方的居民。因此,第4条有关居民身份确立的规则,是国际税务条约最重要的条款之一。

国际税务条约的一个重要特点是,它的目的不为缔约国创造新的征税权力,而是限制缔约国的征税权力,以避免双重征税。一个国家要

想增加新的征税权力，它必须通过国内立法才能实现。有关国际税务条约对缔约国征税权的限制及分配的规则将在下一部分介绍。

在提供减缓双重征税效果的方面，规范的国际税务条约的第 23 条提供了消除双重征税的两种方法。各国采用的方法通常是两种：免税法（Exemption method）和抵税法（Credit method）。到目前为止，中国与各国签订的条约规定的都是抵税法。

1. 免税法（Exemption method）

原则上免税法是一国对于其居民在境外的收入给予免税的待遇，但具体各国在采用免税的方法及适用范围上还不尽相同（另见有关"控股公司机制"及"参与豁免"题目方面的讨论）。

2. 抵税法（Credit method）

抵税法的原则是缔约国允许居民将其在另一国已缴纳的税金抵免在本国的应纳税。如果本国税率高于该另一国税率，抵税法的效果是纳税人还需按本国税率补交差额。

除上述两种方法外，扣除收入法也可以起到减缓双重征税的效果。这一方法是将已在国外缴纳的税款作为一种费用来扣除应纳税收入，以达到降低在本国应纳税金额。

总的来说，这些减缓措施或方法只是用以减缓双重征税对本国居民产生的效果，而不是解决导致双重征税的根本原因，即各国税制的差异。同时，想达到完全消除双重征税的效果，也是很难实现的。

三、国际税务条约对各类收入征税权的分配

划分征税权的三种形式

为避免双重征税，缔约国通过国际税务条约承诺对各自征税权的限制，确定缔约国之间征税权的划分。这种划分主要体现为三种形式：

第一种是规定对某种收入缔约国一国享有排他的征税权，即另一

国不得征税。这种征税权划分，国际税务条约规范的说法是某种收入 "Shall be taxable only in"。常见的这类收入包括一国公司的营业利润 （只要在另一国没有长久基地），从事国际海运和空运的利润，国际税 务条约没有涉及的收入等。对于这些收入，居民国享有排他的征税权。

第二种征税权划分形式是，对收入来源国税率的限制，为居民国征 税留有余地。对于这种征税权的划分，国际税务条约规范的说法是对于 某种收入，首先肯定居民国可以征税，然后说明收入来源国也可以征 税，但后者征税的税率不能超过一定的税率。常见的这类收入包括股 息、利息、特许使用费等。

第三种征税权划分的形式只是确定收入来源国的征税权，而不对 其税率加以限制。在这种形式下，居民国的征税余地会非常有限。如果 居民国为消除双重征税采用抵税法（Credit method），只有在其税率高 于收入来源国的情况下，才有一定的征税余地（即纳税人在将外国税 抵免以后按居民国税率还需补交）。在这种形式下划分征税权的收入包 括分公司利润，不动产产生的收入，与不动产有关的资本增值，公司高 层薪水、董事费等。

规范的国际税务条约的第 6 条至第 20 条提供的都是各类收入在缔 约国之间如何分配的规则。值得企业注意的主要有以下条款。

营业利润（Business profit）

国际税务条约第 7 条所指的营业利润是指一国企业在另一国直接从 事商务活动的所得。这里的所谓"直接"是指不是通过在当地注册的 子公司进行经营的间接方式。

对于这类营业利润的征税基本规则是：一国企业的利润不论其来 源何处，只有该国有征税权，除非该企业在另一国有长久基地（permanent establishment）。

一国企业在另一国通过长久基地经商的情况下，该另一国可对该企业的营业利润征税，但可征税的只局限于由该长久基地产生的利润。

在计算由该长久基地产生的利润时，应将该长久基地按照一个独立的企业在同样的条件下从事同样的活动能挣到的利润来计算；考虑的因素包括其履行的职能、资产的使用、相关的风险等。

海运和空运

根据国际税务条约第 8 条，企业从国际运输的海运或空运中获得利润的征税一般规则是，只有有关企业的总部或管理实际发生的所在国享有征税权；但如果产生利润的海运或空运仅仅是在一缔约国境内不同地点之间的运输，那么该缔约国对于这种利润享有征税权。

关联企业（Associated enterprises）

第 9 条要求跨国公司的转让定价符合公平客观的市场价格。在跨国公司通过其操纵的转让定价不合理地转移利润的情况下，国际税务条约的这一条允许缔约国对有关企业的利润按公平客观的原则（Arm's length principle）重新评估，并以此为依据征税。

股息（Dividends）

规范的国际税务条约第 10 条涉及一国的公司支付股息给属于另一国居民的股东的征税规则。按照这一条，支付股息的公司的居民所在国可以根据不同的股东类别征收不同税率的股息税。通用的规则是，如果股东是另一国的公司并且拥有支付股息的公司的 10% 或以上的股份，那么股息税的税率不应超过 10%。至于其他类别的股东，如果是另一国的居民，股息税的税率不应超过 15%。

这种对收入来源国征税设定上限的规则，实际上起到的是将征税权在缔约国之间分配的作用。现假设某 A 国公司在 B 国有一个子公司。按 A 国和 B 国税务协定，当 B 国公司向 A 国公司支付股息时，B 国可以征收 10% 的源泉扣缴税。现再假设按 A 国税法，A 国公司对于这类股息收入需在 A 国缴纳 20% 的所得税，但根据 A 国和 B 国税务协定，A 国公司可以将其在 B 国缴纳的上述 10% 源泉扣缴税用以抵免在 A 国应交的所得税，而实际只需在 A 国再补交 10% 的税。这样征税权的分配结果是 A 国和 B 国都分别向 A 国公司征收 10% 的股息税，而 A 国公司作为 A 国居民应交的 20% 所得税没变。

这里的股息税只涉及公司从税后的利润中分配给股东的股息收入，所以纳税人是股东，不涉及针对公司营业利润征收的公司所得税。

在股息税征税规则方面，中国与不同的国家签订的税务协议规定的规则也不尽相同。例如按照中美协定，对于一国公司给另一国居民支付的股息，不分接受股息的股东类别，公司所在国都按不超过 10% 的税率征税。中英新签订的税务协议规定，对于占有公司股份 25% 或以上的股东股息税率不超过 5%。

利息（Interest）

按照国际税务条约的一般规则（第 11 条），在利息产生于一缔约国并支付给另一缔约国居民的情况下，前缔约国可以对这种利息征税，但税率不应超过 10%。

特许使用费（Royalties）

特许使用费是一方为使用另一方的知识产权，如版权、商标、专利、设计、程序、计划、秘方、方法等，而支付的费用。中国与他国签订的条约的一般规则（第 12 条）是在一国企业支付特许使用费给另一国企业的情况下，前缔约国可以按不超过 10% 的税率来征税。

资本增值（Capital gain）

资本增值是指从出售资本资产（capital property）中获得的利润。

所谓资本资产是一种财产而纳税人拥有它目的是为了使用它或持有它，靠它产生收入，如靠房产挣取租金收入，通过持有债券挣取利息收入，持有股份挣取股息收入，而不是通过买卖这种财产本身来获利。纳税人通过一买一卖从中获利的货物或财产本质上属于库存，不是资本。

国际税务条约第 13 条是缔约国之间对资本增值征税权划分的规定。根据这一条，主要的有关规则可以总结以下几点：

1. 对于不动产的资本增值，不动产的所在国可以征税。这就意味着出售资产的纳税人的居民所在国也可以征税。只不过是，如果前一国征税高于或等于后一国，那么后一国就再没有征税余地了，因为为了避免双重征税，缔约国承诺允许纳税人将在另一国缴纳的有关税金在本国抵税。

2. 对于出售公司股份的资本增值，如果该股份反映的主要是不动产的价值，那么征税规则与上述第 1 点相同。

3. 对于出售用于国际运输的飞机和船只及相关的资产而获得的资本增值，只有该运输公司的实际管理的所在国（即该公司的居民国）有征税权，即缔约国的另一国承诺不征税。

4. 如果被出售的资产是一国公司在另一国的分公司用于生意的动产（即长久基地的生意资产），对于资本增值的征税规则与上述第 1 点相同。

5. 对于上面没提到的其他资产，包括无形资产、公司股份的资本增值，只有出售方的居民国有征税权。当然这一规则是由 OECD 模式提供的，有些税务协议只是笼统地规定，资本增值产生于哪个国，该国可以征税。

四、UN 模式和 OECD 模式的主要差别

国际税务条约一般是以一定的范本为依据来协商签订的。广泛使用的有经合组织（OECD）模式和联合国（UN）模式。虽然 UN 模式和

OECD 模式存在一系列的差别，但最值得注意的差别是前者比较注重收入来源国的征税权。OECD 模式是由 OECD 供其成员国，即发达国家之间使用的范本，而 UN 模式是 UN 为发达国家和发展中国家之间的税务条约提供的范本。

在发展中国家与发达国家之间，就国际经贸活动而言后者较活跃些，所以跨国到前者经商投资的活动更多。换句话说，从国际税务条约的双边关系来看，跨国经商的国际公司的居民国往往是发达国家，而收入来源国（即东道国或经营的所在国）往往是发展中国家。不难看出，UN 模式注重收入来源国的征税权，目的是要求发达国家做出让步，让发展中国家获得更多征税权，保障发展中国家的权益。

UN 模式在注重收入来源国的征税权方面，主要体现在长久基地（Permanent establishment）的定义上。国际税务条约第 4 条和第 5 条分别明确居民和长久基地的定义，是因为两者都是各国对纳税人征税的依据。

UN 模式在长久基地的定义上注重收入来源国的征税权，值得注意的主要有以下三个方面。

第一，在建筑、组装、安装等工程或监督活动持续时间的长度上。根据第 5（3）（a）条，UN 模式规定持续 6 个月就构成长久基地，而 OECD 模式需要持续 12 个月以上才构成长久基地。

持续时间越短，对收入来源国（及经营活动的所在国）越有利，因为越短越容易构成长久基地。所在国可因此获得征税权。为了消除双重征税，居民国（即企业总部所在国）承诺就有关企业从中所得给予免税或抵税待遇，这实际上是就有关收入放弃了它的征税权。

值得注意的是，随着近年来越来越多的中国公司外出承揽工程项目，这样容易构成长久基地的规则越来越成为对中国政府征税权的一种限制。这就是为什么中国政府近年来新签订或修改的国际税务条约（如中英、中法等）都采用了持续 12 个月的 OECD 规则。

第二，在使用当地代理的问题上，OECD 模式第 5（5）条只规定了一个情形应被视为有"从属代理"的长久基地，即如果一国企业在另一国使用当地代理而该代理在当地以该企业名义进行活动并且有权代表该企业在当地批准合同。但是，在 UN 模式第 5（5）条除上述情形应被视为长久基地外，还另加一种情形也应被视为有"从属代理"的长久基地的存在。这一情形是如果该代理在当地以该企业名义进行活动，虽然不代表该企业在当地批准合同，但经常性地为该企业保存管理库存并从中以该企业名义发货给顾客。

第三，在涉及提供服务的长久基地的定义方面，根据 UN 模式的第 5（3）（b）条，如果一国企业在另一国聘用人员提供服务，包括咨询服务，并且这种服务活动在任何 12 个月的期间里，累积起来超过 6 个月以上就构成长久基地。OECD 模式没有将提供服务列为一个独立的项目来特别处理。一国企业在另一国提供服务是否构成长久基地，OECD 模式将其与其他商业活动同样对待。

第三部分
国际反避税规则

第十八章 国际转让定价的客观原则

企业的税务策划与政府的反避税规则往往是相辅相成的。针对跨国公司进攻性的税务策划及各类避税行动，世界各国政府相应制定了不同形式的反避税规则，来反击对税法的滥用，防范钻税法空档，并确保政府征税基础不受侵蚀和削弱。因此，反避税规则是国际税务的一个重要构成部分。

一、反避税规则概论

基于上述原因，任何税务策划方案和任何生意模式都要考虑到可能涉及的反避税规则（Anti - Avoidance Rules），经得起所在国的反避税规则的经验。反避税规则的来源主要是国内法，而各国的反避税包括一般反避税规则和具体反避税规则（General Anti - Avoidance Rule）。

具体反避规则是与一般反避规则相对的。具体反避规则是政府明确地针对具体的某类交易或情形制定的规则。对于那些人们还没意识到的避税交易或空档，法律通过一般反避条款来防范。

常见的具体反避规则包括：受控海外公司（Controlled Foreign Corporation，CFC）规则，资本弱化（Thin Capitalization，TC）规则，反创造债务规则（Anti - Debt Creation Rules），反双重居民身份和反杂交规则（Anti - Dual Resident and Anti - Hybrid Rules），反避税天堂规则（Anti - Tax Haven Rules），反倾销外国隶属公司规则（Foreign - affiliate - dumping rule），国际股东借款规则（Shareholder loan rules），反非居民低息或无息贷款规则，反非居民将股息转换成资本增值规则，反制

造外国税抵免税金规则（foreign – tax – credit – generator – rules）等等。

一般反避规则针对的是在立法时还没预见到的或其他避税行为，灵活地适用于具体反避规则不适用的场合。一般反避规则在大多数国家都是以正式立法的形式存在，但在少数国家（如美国）只是以案例法形式出现。

二、国际转让定价客观原则的特点

转让定价是关联公司之间交易的定价。这类交易在国际税务中是一个很敏感的问题，因为跨国公司往往可以利用其操纵的国际转让定价，从全球战略出发将利润从税率高的国家不合理地转向税率较低国家。国际转让定价的客观原则（The arm's length principle）是指，国际集团公司成员之间的转让定价必须反映的是公平客观的市场价格，就像两个没有关联关系的交易双方愿意接受的价格。这是制定转让价格的基本原则。

国际转让定价的客观原则适用于关联人之间的交易。一般来说，关联关系主要涉及的是控制关系，特别是国际控股集团公司内部的成员公司，包括母子公司关系和不同子公司之间的关系。

因此，从制定规则国家的角度来说，国际转让定价的客观原则是一个既适用于进入方向（in – bound）经贸活动又适用于外出方向（out – bound）经贸活动的反避税规则。

国际转让定价的客观原则的另一个特点是对纳税人举证责任的要求较严。各国税局对证明转让定价方法合理性的文件都非常重视。考虑到准备这类文件的专业性及工作量，转让定价可能会是跨国公司在国际税务遵从方面代价最大的一部分付出[1]。为支持确定转让定价的客观依据，纳税人需保留有关文件证据。例如，如果纳税人采用的是可比的

---

[1] Arthur Cockfield & David Kerzner，第 48 页。

非控制价格法，在查税时纳税人需提供的文件应该包括集团公司成员对外销售有关产品的报价、发票、收款等文件证据，以支持所谓的"非控制价格"的真实性。

在本书后面介绍的"澳大利亚雪佛龙（Chevron）公司税务案"里，上诉人公司 CAHPL（澳洲居民）从其子公司（美国居民）获得高利贷受到澳洲税局的挑战，但由于 CAHPL 既未能用 CUP 方法（下面对这一方法有说明）证明贷款利率没超过客观的市场利率，又不能证明税局的评估及罚款属于过分，法院的判决最终驳回了 CAHPL 的上诉。

纳税人从该案应该吸取的教训是多方面的，其中包括：

● 证明关联人之间的转让定价客观性和合理性的责任在纳税人身上。在转让价格处于制定阶段，纳税人需做研究，确定定价方法。必须按交易的特点从国际通用的方法中选择一个最适合的方法。同时要准备足够的文件证据来支持定价方法。

● 在贷款方面，确立利率客观的首选方法应该是 CUT/CUP。为了证明贷款利息的客观性和可比性，纳税人应收集市场上同类贷款条件的信息或协议等文件证据。

● 关联公司之间的贷款协议规定的条件，包括利率，应该能反映现实世界的贷款条件，不能另搞一套不伦不类的条件，使得一种比较规范的交易变得缺乏可比性。如果对于同一类的贷款在市场上的通常做法是包含担保或抵押条款，那么关联人之间的贷款也需要有类似的条款。在缺乏可比性的情况下，很难证明利率是客观的。

总的来说，国际转让定价的问题如此容易引起纠纷，不仅一国公司可能与该国税局存在分歧，而且该国税局与另一成员公司所在国的税局也有可能各执己见。在这种情况下，有关国家之间应按照国际税务条约提供的程序，包括仲裁，来解决纠纷。

为了寻求税务管理上的稳定性和预见性，不少国家税局为企业提供所谓的"事先裁决"（advance ruling）服务，即企业在制定了转让价格之后，但还未实施之前，可向税局提出沟通，试图获得税局的认可。一个转让定价的方案或任何税务上的做法或税务策划，在获得税局的正式认可之后，只要纳税人是按认可的方案执行的，税局就不能反悔。

三、OECD 提倡的转让定价方法

在国际转让定价方面，最有权威的是经合组织（OECD）为其成员制定的规则（OECD Guidelines）。OECD 规则不仅广泛适用于 OECD 成员国之间的税务关系，而且已得到越来越多的非成员国的认同。

OECD 模式分两种方法：

- 传统交易法（traditional transaction methods）
- 交易利润法（transactional profit methods）

传统交易法包括三种：

- 可比非受控价格法（comparable uncontrolled price method，CUP）
- 转销价法（resale price method）
- 成本加成法（cost plus method）

OECD 模式建议，传统交易法比交易利润法可靠，应尽可能作为首选。只有在使用时有具体问题的情况下，才选用后者。

可比非受控价格法

这种方法被认为是最客观最可靠的定价方法，因为它的定价依据是：

- 纳税人（公司）或集团公司内部成员对外售价（内部比较）；
- 集团公司以外的市场上的同样产品在类似条件下的客观售价（外部比较）；
- 纳税人（公司）或集团公司内部成员对外买价（内部比较）；

- 集团公司以外的市场上的同样产品在类似条件下的客观买价（外部比较）。

转销价法

在纳税人从集团公司内部成员购买产品的情况下，转销价法是先查看该纳税人对外转销有关产品的价格，再减去一个可比的毛利，就是有关产品的客观买价。确定可比的毛利，需查看：

- 集团公司成员对外的可比的转销价毛利（内部比较）；
- 外面市场上客观交易的可比的转销价毛利（外部比较）。

成本加成法

这种方法是先确定为生产某产品或提供某种服务所花的实际成本，再加上一个可比的毛利。可比的毛利的确定是要看：

- 集团公司成员对外交易的可比的毛利（内部比较）；
- 外面市场对外交易的可比的毛利（外部比较）。

交易利润法包括：

- 分利法（profit split method）；
- 交易净利法（transactional net margin method，TNMM）。

分利法

分利法的第一步是确定集团公司有关成员内部从某一交易中获得的总利润，再在内部成员之间分配。这里的利润是指在去掉一般费用之后，计算利息费用及应纳税金额之前的金额。

交易净利法（TNMM）

这一方法是将纳税人从与一集团公司内部成员的交易中获得的净利与客观的市场上独立公司类似交易中进行比较，并且确定净利的依据是看成本、销售或资产。

虽然这一方法使用的是净利，但仍然需要可比较的成本及转销售信息，所以 OECD 模式建议在成本及毛利信息现存的情况下，应该使用成本价毛利法或转销价法。

第十九章 受控海外公司规则（CFC）

受控海外公司（Controlled Foreign Corporation，CFC）规则或 CFC 机制是一套国内法制定的具体的反避规则，目的是要防避本国居民（包括公司、个人、信托等）利用在海外被他们控制的公司来避税或延税。因此，从制定规则的国家角度来说，CFC 规则是一个针对外出方向（out‑bound）经贸活动的反避规则。

一、CFC 概论

CFC 规则的产生背景是，根据各国的所得税法，公司与股东是不同的纳税人；公司的利润只有在分派股息（即分红）时，股东才将股息算进收入纳税。这就为本国居民在海外受控的公司带来避税的机会。他们可以将资产及收入转移到他们的海外公司，并利用他们控制的位置，无限期地拖迟海外公司的分红以达到无限期地延税避税的目的。

因此，CFC 规则针对的就是利用这种结构的避税，CFC 规则采用的处理方法是立即征税，即在海外公司利润产生之年，本国的居民股东（如果是公司就是母公司）被要求将海外公司的利润按股权比例立即算进收入在本国纳税，不能等到分红。当海外公司分红实际发生的时候，不再算是应纳税收入。世界上一些主要国家都采用了 CFC 反避规则，只是一些小国或地区没有采用。

CFC 反避机制包含多方面的规则，但核心的部分可归纳为三个方面：

1. CFC 的定义

一般是采用形式上的本国居民 50% 以上的控股，但有些国家采用的是实际控股的概念。

2. CFC 机制针对的收入类别

这方面的规则是确定海外公司的哪些收入是反避税的对象，一般不包含积极的生意收入。

3. CFC 机制针对的国家或地区

4. 立即算进收入在本国纳税的处理方法

在上述第四个方面，即在处理方法方面各国都是大体一致的。在条件满足的情况下，本国居民股东会被要求立即将海外公司的利润按股份比例算进当年收入在本国纳税。计算年份的一般规则是，海外公司的某财务年度年终日是属于哪一年份，本国居民股东需将该年度利润按比例算入哪一年份收入纳税。举例来说，如果海外公司的财务年度是 7 月 1 日至次年 6 月 30 日，而本国居民股东的年度是 1 月 1 日至 12 月 31 日，那么本国居民股东需将海外公司 2018 年 7 月 1 日至 2019 年 6 月 30 日年度的利润按股份比例算入其 2019 年 1 月 1 日至 12 月 31 日年度收入。

由于国与国之间在上述第一至第三方面，即在 CFC 的定义，反避税的收入类别及针对的国家/地区上存在一些差异，下面就这三方面的规则做进一步的讨论。

二、CFC 的定义

CFC 的定义可以涉及许多方面的成分，主要的有控制（Controlled）的定义及股权构成的限定。

控制的定义

控制一般是以占有公司股份的 50% 或以上为定义，但也有其他概念确立控制的存在。例如，根据英国的 CFC 规则，如果英国的居民股东处于一个能够按他们的意愿决定一个海外公司的事务的位置，那么该公司就是被他们控制①。

加拿大相应的机制是 CFA，即 Controlled Foreign Affiliate。CFA 机制除采用50%以上股份的定义外，还采用了所谓的法律控制（De jure Controlled）的概念，即如果一个或一个以上加拿大居民拥有一个海外公司足够的股份来决定该公司董事会多数成员，那么这种情形构成控制②。

股权构成的限定

按照许多国家的税法，即使是本国居民的股份对海外公司构成控制，这本身并不意味着适用 CFC 规则的 CFC 定义的成立；本国居民股权构成的限定条件也必须同时满足。所谓股权构成是指需要多少股东才能处于控股位置。在控制海外公司的是多个本国居民的情况下，CFC 规则对本国居民股权构成的限定起到两个方面的作用：一是确定 CFC 定义是否满足，二是在 CFC 定义满足的情况下，确定 CFC 规则是否适用于具体的股东。

世界各国 CFC 规则对本国居民股权构成的限定主要体现在两个方面：一是对股东个数上限的限定，二是对居民持股比例下限的限定。

CFC 规则通过对本国居民股东人数或个数上限的规定，决定 CFC 定义是否满足。这一规则的基本逻辑是，控制海外公司的股东人数越少，越容易实现有效的控制。当一个公司控股的股东超过一定人数或个数时，从每个股东的角度来说，他们任何的一方都左右不了公司的事务，集体谋合避税的可能性不大。

因此，一些国家对本国居民股东的人数或个数设上限的限定，一般是五个（不算关联人）。按照这一规则，即使本国居民全部股份相加的

① Deloitte, *Guide to Controlled Foreign Company Regimes*，第86页。

② Deloitte, *Guide to Controlled Foreign Company Regimes*，第10页。

总和可以构成对一海外公司构成控制，但由于股东人数或个数较多，股份构成如此分散，以致在这些本国居民当中的任何五个股东的组合，都达不到占有该公司 50% 或以上的股份，或不能构成实际控制，那么 CFC 的定义就不能成立。

举例来说，某国的居民共占一个海外公司股份的 54%，处控股位置，但占有这 54% 股份的是 6 个股东（公司或个人），而且它们之间的股份构成是各占 9%。这就是意味着它们当中的任何五个股东的组合相加的股份都达不到该海外公司 50% 的股份。在这种情况下，需要控股的股东个数是 6 个，超出了 5 个的上限，所以 CFC 的定义不能成立。在计算这 5 个股东的股份时，一个股东的股份包括它（或他或她）直接和间接（如通过他的子公司）拥有的，也包括与该股东有关联关系（如亲戚）股东的股份。

采用这种 5 个股东上限的国家包括美国、澳大利亚、加拿大等①。

对股权构成限定的另一方法是对居民就海外公司持股的比例设立下限；这个下限对于一个具体居民股东来说，是决定 CFC 规则是否使用该股东的起点。

换句话说，一个本国居民股东只在持有一个海外公司的股份比例达到一定起点的条件下，才有义务承担 CFC 规则有关的责任，CFC 的定义就这个居民而言才能成立。

假设一个国家的 CFC 规则将这个起点设定为 10%，那么该国任何的一个居民（公司或个人）可以持有一海外公司不到 10% 的股份（包括该居民直接和间接拥有的和关联人拥有的股份），而不用担心履行 CFC 规则下的义务。

采用这种股份比例下限的国家一般都是将持有海外公司股份的 10% 作为起点。这些国家包括加拿大、澳大利亚、中国、日本、美国

---

① McCarthy Tetrault，第 26 页。

等①。但也有例外，如日本的起点是5%，英国的起点是25%②。

三、CFC 针对的收入及所在国

只是 CFC 定义满足一般还不足以触发 CFC 规则的适用，还必须满足另一个条件，即根据国家的不同，CFC 针对的收入或者是 CFC 针对的国家或地区。也就是说，在一些国家，例如美国，如果一个居民符合 CFC 的定义，同时该海外公司是获得投资收入，那么 CFC 规则适用于该居民；但如果是积极的生意收入，那么 CFC 规则不适用，不论该海外公司所在国是哪里。在另外一些国家，如意大利，如果一个居民符合 CFC 的定义，同时该海外公司是在公布的反避税的国家或地区，那么 CFC 规则适用于该居民；否则 CFC 规则不适用。

CFC 针对的收入类别

世界各国的 CFC 反避机制大多是针对所谓的被动的投资收入，如利息收入、股息收入等，而不是针对需要积极经营管理的生意收入，如制造、贸易、建筑等。各国反避税针对被动的投资收入是因为投资人一般不需要待在一个特定的地点去管理而可以挣到这种收入。一些投资公司只是名义上位于海外，但他们实际的经营活动及使用的资产都可能在本国。因此，他们有动力在"避税天堂"或其他低税地区在形式上设立海外公司享受免税或低税待遇。这对大多数国家来说是一种对它们"征税基础的侵蚀"（Erosion of tax base）。

各国的税制对本国居民海外的积极的生意收入往往是采用鼓励的政策。积极的生意往往是需要人员在特定的地区进行经营管理和操作运行。本国的公司在海外挣到的积极生意收入代表的是它们在海外开拓市场，创造生意机会而获得的收益，所以不被视为会削弱本国的征税

---

① Deloitte, *Guide to Controlled Foreign Company Regimes*，第5、第10、第12、第38、第71页。
② Deloitte, *Guide to Controlled Foreign Company Regimes*，第68、第71页。

基础。

虽然各国 CFC 机制在区别对待被动的投资收入和积极的生意收入的政策上大体一致，但在两者区分方法及表达方式上不尽相同。大部分国家采用的方法是按收入或业务的性质，明确列出哪些是积极的生意，或哪些是被动的资产。

以加拿大为例，税法将海外公司的积极生意收入定义为除投资生意（investment business）以外的任何生意的收入。换句话说，只要不是投资生意收入，都是积极生意收入。投资生意是指那些主要靠资产本身（property）获利的生意。其收入包括利息、股息、租金、特许金等，也包括通过保险、融资、买卖投资产品（如股票、证券、外汇、物业等）活动获得的收入。

美国做法与加拿大类似，列出什么收入是属于 CFC 规则管辖的收入[①]。被列举的收入包括保险收入、股息收入、利息收入、出租收入、特许使用费收入、资本增值等。

与加拿大、美国的做法相反，法国的 CFC 规定是明确什么是积极的生意收入，凡是不属于积极的生意收入的都是被动的投资收入，即反避税的对象[②]。

除了上述列举法为收入定性以外，一些国家采用较为严格的测试法（Test），任何收入只有通过一种测试，才能免于 CFC 规则的适用。在采用测试法的国家中，日本的测试最严格，包括四个要素：（1）积极的生意。（2）实质性，即海外公司在注册国有固定的经营场所。（3）在当地行使管理和控制。（4）在海外的交易主要是与无关联人或实体的交易，或是当地有业务。一种收入只有满足这四条才能免于 CFC 规则的适用[③]。

---

①　Deloitte，*Guide to Controlled Foreign Company Regimes*，第 10 – 11、第 71 – 72 页。

②　Deloitte，*Guide to Controlled Foreign Company Regimes*，第 22 – 23 页。

③　Deloitte，*Guide to Controlled Foreign Company Regimes*，第 39 页。

英国的测试包括三个部分：（1）非税务上的动机；（2）不在英国本土的运作；（3）业务可在海外独立运作，即不需动用在英国本土的资产①。

海外公司所在地的定位

一些国家的 CFC 机制反避税的对象，是那些位于免税或低税的国家或地区的海外公司，海外公司的所在地是决定 CFC 规则是否适用的一个因素或条件。

在这个问题上的一个直接做法是将一些免税或低税国家或地区列在一个黑名单上。即使一个本国的居民拥有一个被其控制的海外公司，但如果该公司的所在国不在黑名单上，那么这个居民及其海外公司不受 CFC 规则的管辖。

被列上黑名单的主要是那些免税或低税并且与主要西方国家没有签订税务条约及信息条约的国家或地区；其中相当部分是一些被称为避税天堂的加勒比的岛国。意大利是采用黑名单方法国家的代表，根据新的形势意大利政府会不时地更新黑名单上的国家及地区②。另外，澳大利亚采用的是"白名单"，一般能上这个白名单的国家只有几个，包括加拿大、法国、德国、日本、新西兰、英国和美国③。位于白名单的海外公司都不是 CFC 规则反避税的对象。

除利用黑白名单的方法外，还有些国将海外公司所在地的实际交税税率（Effective tax rate）作为定位标准来区分国家和地区。只有在本国居民控制的海外公司位于一个"低税"国家或地区的情况下，该海外公司才成为 CFC 规则适用的反避税的对象。

在采用低税作为定位标准的国家中，中国是以本国实际税率的

---

① Deloitte, *Guide to Controlled Foreign Company Regimes*，第 69 页。
② Deloitte, *Guide to Controlled Foreign Company Regimes*，第 36 页。
③ Deloitte, *Guide to Controlled Foreign Company Regimes*，第 5 页。

50%为界限①，即凡由本国居民控制的海外公司位于一个低税的国家或地区，而这个国家或地区的实际税率低于本国税率的50%，那么该海外公司是适用 CFC 规则的对象。

根据《企业税法》第四十五条，中国公司对其设立在低税国家或地区受控公司的利润，并非由于合理的经营需要而不做分配的，应按比例计入该公司的当期收入，而不是等到分配时再计入收入纳税。这就是说，中国的 CFC 规则不分收入的性质是积极生意的收入，还是被动的投资的收入，反避的对象是设立在低税的国家或地区的公司。所谓低税国家或地区是指那些实际税率低于中国企业所得税税率25%的50%（即12.5%）的国家或地区（《企业税法实施条例》第一百一十八条）。

---

① Deloitte，*Guide to Controlled Foreign Company Regimes*，第12、第22页。

第二十章　资本弱化规则

资本弱化（Thin Capitalization，TC）规则是一国采用的一套限制外国在该国投资的公司利用过分的债权利息减税的具体的反避规则。因此，从制定规则的国家角度来说，TC 规则是一个针对进入方向（in-bound）经贸活动的反避规则。世界上大多数国家都实施了这一政策。

一、TC 的定义

TC 规则产生的背景是，在股权和债权的关系上，外商投资企业可以选择一个比较合理的比例。选择较大的债权，即将大部分投资当作对公司的贷款（而不是当作股本），可能为投资方带来相当的税务上的好处。具体来说，在公司产生利润的情况下，贷款的利息可以作为费用扣除，从而减少在所在国应交的所得税。

虽然各国资本弱化机制的目的都是一致的，即限制外国公司过分的利息费用，但在具体规则上，各国的规定还存在一定的差异。值得注意的主要是三个方面：一是资本弱化的定义，即具体怎样才算是资本太软；二是 TC 规则适用的债主；三是对超额利息的处理。

资本弱化的定义决定在什么情况下才算是资本太软，才会导致 TC 规则的适用。大部分国家采用一个数字比例，如：债权与股权（Debt to equity）的比例。假设某国采用债权与股权的比例是 3∶1，这就意味着债权的金额不能大于股权金额的三倍。假如一个公司股权是一百万元，那么债权不能超过三百万元。如果债权超过三百万元，超出部分的利息不能用于扣除。

　　常见的检验一个公司的资本太软、债权太大的数字比例有三对，即债权与股权、债务与资产、利息与利润。

债权与股权（Debt to equity）

　　从投资股东的角度来看，债权与股权之比是一个比较能直接反映一个公司的债权是否太高的比例，因而得到大部分国家的采用。股权一般包括未分配利润、股本及其他股东投入。常见的比例是 1.5∶1（如法国①、加拿大②等），1∶1（如比利时③），3∶1（如荷兰④、日本⑤等）。

债务与资产（Debt to asset）

　　从一个公司本身的财务角度来看，债务与资产之比是一种能有效地反映公司是否负债过高的比例。这里的债务笼统地说是指带有利息的债务，不包括一些短期的欠款，如业务上的应付账款。资产是指公司的净值（市值或账面值）。澳大利亚和新西兰就是两个采用这一比例的国家。按照这两个国家的 TC 规则，凡债务超过资产 75% 的都属于超标的债务⑥。

利息与利润（Interest to taxable income）

　　这一比例是将企业申报扣除的利息费用与该企业的应纳税收入或利润进行比较。从政府征税的角度来看，这一比例比较能直接反映一个公司是否债务过多，利用利息费用扣除过分。这里的应纳税收入一般是指税前，并且还没扣除折旧和利息之前的所得。德国和意大利就是采用

---

① Ernst & Young LLP, *Thin Capitalization Regimes in Selected Countries*，第 12 页。
② Subsections 18（4）–（8），*Income Tax Act of Canada.*
③ Raffaele Russo，第 222 页。
④ Ernst & Young LLP, *Thin Capitalization Regimes in Selected Countries*，第 26 页。
⑤ Ernst & Young LLP, *Thin Capitalization Regimes in Selected Countries*，第 23 页。
⑥ Ernst & Young LLP, *Thin Capitalization Regimes in Selected Countries*，第 1、第 31 页。

利息与利润之比的代表国家，它们的税法规定可扣除的利息费用不能超过应纳税收入的30%[1]。

另外，美国和英国都没采用一个死硬的比例来限制利息费用。它们采用的一般原则是债务是否过高，应根据一个公司的具体情形及行业特点而定，只要合情合理就不受 TC 规则的干预。在美国一般遵循的规则是，债权与股权的比例一般不超过 1.5:1[2]，而在英国这个比例一般不超过 1:1[3]。

TC 规则适用的债主

一般来说，TC 规则适用的情形是负债公司与债主之间是关联关系（Related）。常见的公司之间的关系包括一公司被另一公司控制，几个公司同属一个集团公司，几个公司被同一个人控制等。采用关联关系来决定是否适用 TC 规则的国家包括法国、德国、日本、荷兰、美国、英国等。在这些国家里，只要债主是客观的第三方，就不用担心 TC 规则的问题。

加拿大的 TC 规则只适用于来自特定的非居民股东的贷款，不适用于来自第三方贷款，不论贷方是加拿大居民还是非居民，也不论贷款是否由关联方担保。所谓特定的非居民股东是指拥有公司股份 25% 或以上的股东。这 25% 的起点包括关联人的股份。

另外，也有少数国家将 TC 规则适用于任何关系的债主。例如，意大利规定一个公司的利息费用都一律不超过收入的 30%，不论债主是第三方或是有关联的。新西兰的债务与资产的比例限制也适用于所有的债主。

---

[1] Ernst & Young LLP, *Thin Capitalization Regimes in Selected Countries*，第 16、第 20 页。

[2] Ernst & Young LLP, *Thin Capitalization Regimes in Selected Countries*，第 43 页。

[3] Ernst & Young LLP, *Thin Capitalization Regimes in Selected Countries*，第 39 页。

二、对超额利息的处理

TC 规则的目的是要拒绝超标的利息，不允许由过分的债务产生的利息费用扣除。这是各国 TC 机制共同的目标，但在怎样处理被拒的利息的问题上，各国的政策不尽相同。概括起来，有以下两大做法：

第一种处理方法是，超标利息费用只是不能用以所得税上的扣除，但在性质上对非居民还是利息收入。因此，有关公司应该按利息收入来处理源泉扣缴（Withholding tax）。换句话说，在源泉扣缴适用的情况下按利息税率来做。如果利息是免于源泉扣缴，非居民债主可收到全部的利息收入。

在采用 TC 规则的国家中，大部分都按这一方法处理被拒的利息，包括澳大利亚、法国、德国、日本、荷兰、新西兰、英国、美国等[①]。在这些国家超标的利息只是在超标之年被拒，被拒的利息带往（Carry forward）到未来符合指标的年份（即符合债权与股权，债务与资产，或利息与利润的比例的年份）用以扣除。

第二种处理方法是，支付给非居民债主的利息不仅不能用以扣除，而且还被视为是股息的分配，因而会导致股息收入源泉扣缴（Withholding tax）。这就使得这种被拒的利息是永久性的，不能带到未来年份使用。在适用源泉扣缴的规则上，利息收入的待遇不同股息收入。一般来说，利息收入的待遇优惠于股息。利息收入的扣税利率一般低于股息收入，在有些国家本国居民向非居民支付利息不用源泉扣缴。

从 2012 年开始加拿大实施新的 TC 规则，不仅将债权与股权的比例由 2:1 改为 1.5:1，而且还将超标的利息的处理方法由原来的保持利息性质改为被视为股息的分配［加拿大所得税法第 18（4）－（8）条］。这一改变从非居民债主的角度来说，使得原来属免税的利息收入变成

[①] Ernst & Young LLP, *Thin Capitalization Regimes in Selected Countries*，第 10、第 14、第 18、第 25、第 27、第 34、第 40、第 45 页。

需被扣税的股息收入。

另外，还有一种导致利息被拒的情形是，欠非居民债务的利率过高，超出同类贷款的客观市场利率。对于这种高于客观市场利率部分的利息，各国采用的一般也是拒绝扣除并视为股息的处理方法。

第二十一章　其他具体反避税规则

前面介绍的 CFC 和 TC 规则是世界各国较为普遍采用的反避税机制。此外，一些国家采用了其他的具体反避税规则。从制定规则国家的角度来说，这些规则包括针对进入方向（in - bound）经贸活动，外出方向（out - bound）经贸活动，以及双向都适用的反避规则。

一、针对进入方向经贸活动的反避规则

反非居民将股息转换成资本增值规则

对一个国家来说，这一反避税规则针对的是一非居民将其在该国子公司的利润转换成免税的资本增值的情形。为说明这一规则使用的情形，现假设 A 国公司拥有 B 国公司的股份，如果 B 国公司分配股息给 A 国公司，那么 B 国公司应为之做源泉扣缴（withholding tax）。假如 A 国公司不从 B 国公司获取股息，而是将其拥有的股份转让给与其关联的在 B 国的另一个公司而获得资本增值，那么这种资本增值就有可能在 B 国是免税的，如果按 A 国与 B 国之间的税务条约对于这种资本增值的征税权归 A 国。

因此，B 国对这种避免股息源泉扣缴税的行为应采用反避规则，以恢复 B 国应该征收的源泉扣缴税。这种反避规则原则上是将 A 国公司从转让上述 B 国公司股份所得作为股息来处理并收取源泉扣缴税。

这种股息（即假定股息 deemed dividends）的具体金额是"非股权的对价"（non - share consideration，）超出 A 国公司在 B 国公司的实投

资本（paid up capital）的部分。在这种股份转让交易中，A 国公司可能获得的对价（consideration，即售价）可能包括对方的股份（share con-sideration，即股份交换）、资金、库存、应收款、债权、不动产等实物或资产。"非股权的对价"是指 A 国公司获得的除对方股份以外的资金或其他资产。

现假设 A 国公司在 B 国公司股份的实投资本为 100 万美元，它将该股份转让给 B 国的另一公司的（即对价）是后者的股份另加 150 万美元。在这一例子里，非股份的对价为 150 万美元，因而假定股息为 150 – 100 = 50 万美元。

加拿大税法引进了这种反避规则（第 212.1 条）。

对非居民低息或无息贷款

在一国居民公司借钱给非居民而非居民不是股东（或与股东无关联）的情况下，如果适用的是合理的市场利率，那么这不成问题。但如果这种借款是无息或是低息借款，那么该公司所在国会按规定的利率来计算非居民应该承担的利息金额并将其算入该居民公司的收入由该公司承担由此产生的应纳税。

反创造债务规则（Anti – Debt Creation Rules）

在母公司要增加对其子公司债权的情况下，可能采用的一种方法是让子公司向母公司借钱，然后用借来的钱给母公司分红或向母公司赎回部分股本。这就是所谓的创造债务，是发生在关联公司之间的被视为避税的做法。作为一种反避税的手段，有些国家专门制定了反创造债务的规则。这一规则的核心内容是，如果一个公司从有关联关系的公司借钱，其目的是用于购买本公司或另一关联公司的股权，那么由此产生的利息费用是不能用以扣除的。法国和德国都制定了这种规则①。

反倾销外国隶属公司规则（Foreign – affiliate – dumping rule）

从一个国家本国的角度来说，外国隶属公司是指外国公司在本国的子公司（受控和非受控的）。外国隶属公司倾销（dumping）是指非居民母公司将其拥有的一个非居民子公司的股权（shares）或债券（debt）转让给本国的子公司。这种因为母子公司关系的人为的产权转让被视为"倾销"。

举例来说，A 国公司在 B 国有一个子公司，在 C 国也有一个子公司。A 国公司将其拥有的 B 国子公司的股份或债券转让给 C 国子公司。为了向 A 国公司支付买价，C 国子公司可能向外借款，也有可能是动用自己的内部资金。在这个例子里，A 国公司与 C 国子公司之间的交易对 C 国可能产生以下税务效果。

• 如果 C 国子公司是靠向外借债付款给 A 国公司，那么 A 国公司实际上是人为地强加债务给 C 国子公司，这被称为"债务倾销"（debt dumping）。这样对 A 国公司有两个好处：一是 A 国公司通过这种方法免税从 C 国子公司获得资金；二是利用这笔债务，C 国子公司可以在 C 国申报利息费用。

• 如果 C 国子公司是动用自己的内部资金付款给 A 国公司，那么这一交易可让 A 国公司绕开应向 C 国缴纳的股息税而动用或收回 C 国子公司的利润。这被称为"盈余剥除"（Surplus stripping）。

基于上述原因，C 国政府应制定相应规则来应付外国隶属公司倾销的避税问题。

反倾销外国隶属公司的规则主要包括两个方面。

第一，如果 C 国子公司是靠向外借债付款给 A 国公司，那么这种付

---

① Raffaele Russo，第 227 页。

款会被视为 C 国子公司支付给 A 国公司的股息（假定股息，deemed divi-dends），因而 C 国子公司有义务做源泉扣缴（withholding tax）。这种假定股息的金额是向外借债的本金（principal）超出 A 国公司（或其关联公司）在 C 国子公司股份的实投资本（paid - up capital）部分的金额。

举例来说，假设 C 国子公司借债本金是 150 万美元，而 A 国公司在 C 国公司的实投资本为 100 万美元，那么假定股息为 150 - 100 = 50 万美元。假设源泉扣缴的税率为 10%，C 国要征收 5 万美元的税金。这就是 A 国公司为这一"倾销"交易需花的代价。

第二，如果 C 国子公司是动用自己的内部的资金付款给 A 国公司，那么这种付款也会被视为是 A 国公司收到的假定股息，这种假定股息的金额是转让给 C 国子公司的股权（和债权）的成交价，超出 A 国（或其关联公司）在 C 国子公司股份的实投资本（paid - up capital）部分的金额。

举例来说，假设 A 国公司将 B 国子公司的股份以 150 万美元的价格转让给 C 国子公司，而 A 国公司在 C 国子公司的实投资本为 100 万美元，那么假定股息为 150 - 100 = 50 万美元。C 国子公司应为这 50 万美元做源泉扣缴。

加拿大在 2014 年就采取了反倾销外国隶属公司规则（加拿大所得税法第 212.3 条），但有关该规则的适用，税法规定了一些例外，即一些不适用的情形，例如非居民公司在加拿大的子公司购买另一非居民公司的股份是因正常业务扩展的需要，或是因正常的公司改组的需要等等。

二、针对外出方向经贸活动的反避规则

反制造外国税抵免税金规则（foreign - tax - credit - generator - rules）

这一规则针对的情形是一国公司利用混合投资工具（hybrid instruments）制造外国税，用以抵免在本国的应纳税（foreign tax credit），但该公司并没有实际缴纳所涉及的外国税。

适用这一规则的前提是混合投资工具的存在。混合投资工具是一种投资的形式，而这种投资在一国被视为债权，而在另一国被视为股权（或所有权）。混合投资工具往往由购回协议（a repo agreement）产生。

本书最后一部分介绍的"加拿大4145356有限公司（皇家银行子公司）税务案"提供的是混合工具运用的一个成功实例。在该案里皇家银行子公司在美国投资4亿美元，而按照美国的税务规则，这笔资金因为重新买回协议（a repo agreement）的存在被当作贷款（债务），而在加拿大被当作股本（equity）。

加拿大税法于2013年正式引进了反制造外国税抵免税金的条款［税法91（4.1）－（4.7）条款］。根据这些条款，凡加拿大公司在海外利用混合工具产生的外国税都一律不能用以抵免在加拿大的应纳税。

三、双向均适用的反避规则

国际股东借款规则（Shareholder loan rules）

国际股东是指一国公司是另一国公司的股东，即母公司与子公司的居民国不同的情形。国际股东借款规则涉及的是一国的母公司从其在另一国的子公司拿钱，但不是以获取股息的名义，而是以向后者借款的形式。母公司利用借款的形式动用子公司的资金，可以避免由分配股息产生的税务后果，包括子公司所在国的源泉扣缴税（如果该国采用源泉扣缴）和母公司所在国对股息收入征收的所得税（如果该国这种股息征税）。

因此，母公司所在国和子公司所在国有可能都采用针对这种股东借款的反避税规则。子公司所在国采用的规则往往是将这种借款的金额全部视为股息，即假定股息（deemed dividends），其效果是要求子公司补交源泉扣缴税。

从母公司所在国的角度来说，对于这种"向上流"（upstream）的借款可能采用的反避规则，也是将这种借款当作假定股息来处理，如果这种股息在该国本来应算是应纳税收入。有些国家对来自海外的股息收入不征税，而有些国家对来自海外子公司积极生意收入的股息给予免税待遇（如，participation exemption 和 exempt surplus）。在这些海外股息免收税的情况下，母公司所在国没有必要采用针对这类股息收入的涉及"向上流"借款的反避规则。

反双重居民身份和反混合规则（Anti – Dual Resident and Anti – Hybrid Rules）

这些规则的目的是要防止跨国公司为同一亏损在两个国家申报，以达到双重减税的目的。一种可能双重申报亏损的情形是，一个公司同时被两个国家视为它们的税务居民。在该公司被两国同时要求报税交税的情况下，它就有可能在两边用亏损减税。因此，美国的税法规定，如果一个公司的亏损已在另一国申报利用，那么在美国该公司就不能再用以减税[1]。

除利用双重税务身份来双重利用亏损外，跨国公司还利用杂交融资方式（Hybrid financing instrument）和杂交的公司实体（Hybrid entities）来在不同的国家申报同一类费用，以达到避税的目的。有关杂交融资的方式和杂交公司实体，第二十九章有关融资的国际税务策划章节将有介绍。英国专门制定了一套规则，防止相关的避税做法[2]。

反避税天堂规则（Anti – Tax Haven Rules）

有些国家专门制定规则来针对利用避税天堂的问题。这种反避税

---

① Raffaele Russo，第 228 页。
② Raffaele Russo，第 228 页。

天堂的规则侧重在两个方面。一是对于本国公司与避税天堂交易的费用及成本在税务上都不予以承认，不能用以扣除，除非能证明这种交易是真实的交易，并且交易的对方在避税天堂有真正的业务。采用这种反避税天堂规则的国家，如意大利、西班牙，一般都公布并更新一个避税天堂名单①。

反避税天堂的另一个做法是，对那些向避税天堂的公司支付股息、利息、特许使用费、服务费等的付款，都加高源泉扣缴（Withholding tax）税率。

---

① Raffaele Russo，第 228 页。

第二十二章　一般反避规则

前面介绍的反避税规则具体针对的是那些常见的避税交易或做法。对于那些在立法时还没预见到的或其他避税行为，许多国家都采用了所谓的一般反避规则（General Anti - Avoidance Rule），灵活地适用于任何其他应该适用的反避场合。一般反避规则在大多数国家都是以正式立法的形式存在，但在少数国家（如美国）只是以案例法形式出现。

各国对一般反避规则适用的限制

各国采用一般反避规则是出于防止滥用税法、确保财政收入的需要，但在西方国家它的合理性一直是具有争议性的。反对者认为，在一个民主、法制、自由的社会里，任何社会的成员及企业有权自由地计划安排他们的经济生活。在法律规则不明确，或存在空档的情况下，国家应该根据新出现的避税现象通过立法补洞，不断完善法律，而不应该采用一个广泛适用的条款来重新定性一种经济行为。否则，法制就不再具有预见性和稳定性，人们的自由计划安排生活的权利就没有保障。

在这种背景下，一般反避规则在实际生活中的运用受到很大的限制。从司法的角度来看，政府方面（即税局）要在法庭赢得一个以一般反避规则为依据的税务案，不是一件容易的事。各国法庭对这一规则的限制基本上都是建立在同样的原则上，即必须通过一个由三个要素构成的测试，虽然不同国家采用的是不同的说法。这三要素是：

（1）出于税务而非业务动机；

（2）纳税人得到了税务上的好处；

（3）违背税法有关条款精神。

这三个要素缺一不可，即只有这三个条件同时满足了，税局才能以一般反避规则为依据来将一交易或系列交易定性为避税行动，才能拒绝纳税人试图得到的税务好处。值得注意的是，法律将确立上述三点的起初举证责任强加在税局身上。

出于税务而非业务动机

要将一般反避规则适用在一个具体的交易或系列的交易，税局必须确立这种交易的目的是为了税务而不是为了生意或业务目的。也就是说，在生意上是没有意义的，没有必要的。

在这一要素上，加拿大案例法的说法是"没有真正的商业目的"（Bona fide purpose）。比利时称之为"不是为了合理的经济上的需要"（Legitimate financial or economic needs）。法国的说法是"不符合企业的利益"（Contrary to the interest of the business）。意大利使用的词汇是"缺乏合理的经济理由"（Without valid economic reasons）。瑞士使用"不正常的，人为的，没有商业依据的"（Abnormal, artificial and has no commercial basis）[①]。

在履行其举证责任时，税局要确立这一点是较困难的。

纳税人得到了税务上的好处

实际上这一要素是不言而喻的，因为如果纳税人从事某一交易的目的是为了税务上的好处（如减税、免税、延税或增加退税），这种好处应该相当可观，值得去努力。从税务角度来说，如果纳税人没有得到税务好处，税局也不会在意，也不存在税务纠纷。

---

① Raffaele Russo，第208－210页。

违背税法有关条款的精神

这一要素的意思是说，纳税人通过某一交易或系列交易，并利用税法的某一条款得到税务上的好处，是违背该条的原意、精神或目的的，实际构成对法律的滥用。荷兰的案例法称为违反税法的宗旨和目的（Violate the purpose and objective of the tax legislation）。用加拿大、澳大利亚、法国等国的说法是"滥用税法"（Abuse of law）[①]。

根据上述三要素的分析，我们可以得出的结论是，一般反避规则能否适用于一交易的关键是看企业从事该交易的动机或目的。一般来说税局要确立的一个交易没有商业目的而只是出于税务动机是有一定难度的。只要企业能回应表明交易是正常的商业运作，一般反避规则就不能适用，哪怕是在税务上能得到好处。

加拿大最高法院于 2011 年 12 月宣布的有关李嘉诚的公司（Copthorne）败诉的判决，就是一个涉及一般反避规则适用的问题。

Copthorne 避税案情实际发生在 20 世纪 90 年代初；后来一直处于税务审计/评估及上诉阶段。该案涉及到的避税情节可用以下三点概括：第一，Copthorne 避税涉及的是所得税法第 87（3）条。根据该条的本意，在两个公司合并的情况下，如果是母子公司，合并后新公司的投入股本（Paid－up Capital，PUC）只算原母公司的 PUC（即应该取消子公司 PUC）；而如果是姊妹公司合并，那么新公司的 PUC 是两公司 PUC 的相加。PUC 的计算之所以重要是因为公司可以免税将 PUC 退还给股东（PUC 属税后钱）。第二，Copthorne 合并的两公司本属母子关系，但经过一系列交易之后，变成姊妹公司。这样，在两公司 PUC 相加之后，新公司将部分 PUC 免税"退还"给了非居民股东。第三，加拿大税局动用税法第 245 条提供的一般反避规则，按母子公司合并规则将"退

---

① Raffaele Russo，第 208－210 页。

还"给非居民的超出 PUC 部分，视为非居民应纳税的股息收入，并按 15% 税率评估出 800 多万加元的税款（Withholding tax），另加罚款。

在上诉到最高法院之前纳税人已先后在加拿大税务法院以及联邦上诉法院败诉；税局方面成功地通过了上述三要素的测试。

加拿大最高法院受理的案件都具有相当的选择性（需要批文，即 leave）；而为什么要选择接受 Copthorne 的上诉呢？该案的"争议"或"意义"又在哪呢？为回答这些问题，我们需要了解税法第 245 条适用的历史及现状。税法第 245 条自 20 多年前写进税法以来，一直是一个有争议的条款。支持者认为税法是人制定的，无论考虑得怎样周到或完善，难免会出现漏洞；因此使用这个"堵漏洞"条款是很有必要的。反对者认为这一条款会被税局滥用，影响法制的稳定性和预见性。言下之意是只要纳税人有本事找到漏洞，就应允许；漏洞只能通过新的立法再堵。这种分歧也反映在司法实践中。

在最高法院已受理的三个涉及税法第 245 条的案例中，前两个判决一个是有利于纳税人，一个是不利于纳税人；而 2009 年的第三个判决出现法官之间的分裂，导致行内人士对第 245 条的可行性产生进一步的疑问。就是在这种背景下，最高法院发现 Copthorne 案是适用第 245 条的一个完美的案例，因而决定加以利用，以此解决所有疑问。这就是为什么这次最高法院以 9 个大法官一边倒的判决（9 个大法官没有一个持异议）来明确地支持第 245 条的适用。判决下达之后，行内人士称该判决是条理清晰、逻辑性强、立场明确、有说服力。

第四部分
国别税制及欧盟特点

第二十三章　美国税制

前面两个部分横向分析了各国税制的基本构成，包括反避规则。这一部分将通过这种分析税制构成的框架，具体来看几个具有代表性国家的税务特点。美国是超级经济大国，所以论国别税制有必要先从美国着手。

公司税率

美国的公司税分联邦和地方的公司税。联邦公司税率是递增税率，应纳税收入（taxable income）在 18333333 美元或以上的税率为 35%，100000 美元或以下的税率为 15%；应纳税收入在 100000 美元与 18333333 美元之间的，税率为 15%—35%。在适用上述不同的税率时，一个有控股关系的集团公司的应纳税收入按一个公司来算，而不是按单个的成员公司算。

上述的税率还只是联邦公司税，大部分地方政府（州与市）也征收公司税。地方公司税率一般是在 10% 以下。所以，一个公司的所得税将联邦与地方税相加，高的可达 40% 以上。可以说，美国是西方国家中公司税负较高的国家。

公司形式及税务特点

美国的商业实体大体上可分为个体（Sole Proprietorship）、合伙（Partnership）和有限公司（Corporation），但在这个框架下，还有其他形式。一个特别的是有限责任的商行（Limited Liability Company,

LLC）。LLC 不是正式的具有独立的法律人格的有限公司（Corporation），但在经商过程中在法律上享受有限责任的待遇；在税务上 LLC 不是独立的所得税的纳税人，其所有收入和费用都分摊到业主身上。如果一个 LLC 只有一个业主，那么在税务上它相当于个体；如果 LLC 由几个业主构成，那么在税务上会被当作合伙来处理。所以，LLC 是一个过渡性的（pass‑through）实体，上述的公司税率不适用于 LLC。

除 LLC 有其特点外，美国的公司税还区分 S 公司（S Corporation）和 C 公司（C Corporation）。在法律上两者都具有独立的法律人格及其他有限公司的特征，但在税务上，C 公司是常规的公司纳税人，按正常的公司规则纳税；而 S 公司一般都是小生意，有权选择成为过渡性的实体，即在公司层面不交公司税，将收入和费用分摊到股东身上，由股东交税。这样的好处是避免公司及股东双重交税，同时又享受有限公司的待遇。一个公司要成为税务上的 S 公司，须向税局（IRS）提出，并且满足一些条件，如股东不超过 100 人，股东必须是美国公民或移民，股东不能是 C 公司，其他 S 公司、LLCs、合伙等。

另外，美国的集团公司可以选择合并报税。

公司居民身份

美国税法将在其境内按美国法律注册并设立的公司都称为国内的（domestic）公司，而国内公司就是美国的居民公司。不同于许多其他国家，美国一般不以公司的"实际管理"（effective management）的发生地作为公司居民身份的决定因素。这就是说，如果一个在美国按美国法律成立的公司，不管它实际管理（如董事会开会）是发生在美国还是发生在美国境外，都是美国的国内公司，即美国居民。如果一个公司是在美国境外按外国法律注册，美国税法不管它的管理是否发生在美国境内，一般都会把它当作外国公司对待。只在极少数特殊情况下，美国税法可将一个外国公司在税务上当作国内公司对待。例如，按照美国税法第 7874（b）条款，如果一个美国公司被一个外国公司并购，而合并后，美国公司的原股东占新公司股份的 80% 或以上，那么该外国母公司会被视为美国的国内公司。

征税基础

国内公司按全球收入纳税；全球收入包括来自其在境外的子公司（subsidiaries）和分公司（branches）的收入。国内公司在境外的子公司的利润分两种，一是从事积极生意的收入，二是被动的投资收入。如果美国国内公司在境外的子公司是从事积极的生意，对于由此产生的利润，美国政府可以等到子公司分派股息给美国公司时再征税。美国母公司如果一直不从海外子公司得到股息，就可以一直不交税。

对于海外子公司从事被动的活动而获得的利润，国内母公司需在当期算入收入在美国计税，不论海外子公司是否分派股息。同样，国内公司在境外分公司的收入，需算入国内公司当期收入在美国纳税，不论利润是否转移到美国境内。

外国公司在美国境内从事商业活动而在美国获得收入需在美国交税。这种收入被称为"实际相关收入"（Effective Connected Income，ECI）。这是对外国分公司的征税情形。也就是说，外国公司直接在美国从事商业活动，但没在美国注册成为独立法人，即以"长久基地"的分公司形式。在外国分公司将利润转移出境的情况下，美国还需征收 30%（除非有关的国际税务条约规定较低的税率）的分公司盈利税（branch tax）。

对股息收入的征税

在一个国内公司从另一个国内公司获得股息收入的情况下，前者在计算应纳税收入时可以将该股息收入扣除。如果接受股息的公司占分派股息公司的股份在 20% 以下，扣除率为 70%（即另 30% 仍需算入收入纳税）。如果是占 20% 以上但没控股，扣除率为 80%。控股集团公司成员之间分红的股份可以 100% 免税。

对资本增值（capital gain）的征税

美国的国内公司获得的资本增值，需算进收入纳税，税率与其他正常的业务收入税率一样。资本亏损只能用以扣除资本增值，不能扣除其他盈利。

外国公司获得的资本增值在美国一般是免税，除非资本增值是来源于出售在美国的房地产与其有关的权益，或是与在美国从事商业活动有关的资产。

外国税抵免（foreign tax credit）

美国的外国税抵免机制的特点是允许公司纳税人使用国外直接和间接缴纳的所得税抵免美国的应纳税。所谓直接缴纳的是指美国公司在收到外国的股息、利息、特许使用费等收入时被源泉扣缴的税金，以及美国公司通过分公司或过渡性实体直接在外经商而向外国政府缴纳的所得税。

间接缴纳的所得税是指美国公司在海外的隶属公司为其业务盈利在所在国缴纳的公司所得税。这种间接缴纳的外国税可以用以抵免在本国的应纳税的规则是美国外国税抵免机制比其他国家优惠的一面。

另外美国还允许在美国直接经营（如分公司）的外国公司在向美国政府报税时抵免在外国缴纳的与美国经商有关的所得税。

控股公司机制（holding company regime）

美国是西方国家少有的没有采用控股公司机制的国家。

前面提到，在公司税方面美国采用的是全球制，但是美国对其海外公司的收入，采用其他方式给予优惠。

1. 对积极生意收入允许延税。
2. 可以抵免海外公司间接缴纳的所得税。

源泉扣缴（Withholding tax）

美国公司在支付股息、利息、特许使用费等收入给非居民时都需源泉扣缴，税率一般是30%。如果接受收入的国家与美国签有国际税务条约，可按协议规定的税率扣缴。有些支付给非居民的利息收入是免于源泉扣缴的，这些利息包括银行存款、政府债券、ECI利息、证券投资债务利息（interest on portfolio debt obligations）等。

反避规则（Anti – avoidance rules）

美国的受控海外公司（CFC）规则适用的起点是10%股份。控股的定义是50%。

资本软化（thin capitalization）规则采用的是债权与股权之比，比例一般为1.5∶1。另一个限制是利息费用不超过应纳税收入的50%。超标的利息部分可以用于未来年份。

国际税务条约网络

美国与世界上60多个国家签订了国际税务条约；但美国是联邦制国家，这些协议的签约方是美国的联邦政府，因而这些协议在原则上只对美国联邦政府及联邦税有效力。当然，这对涉及美国的国际税务策划并不构成一个大的问题。第一，国际税务条约所包含的税务原则对美国各州的税法仍然有大影响。实际上美国的相当部分州都已在自愿的基础上接受了美国政府与世界各国签订的国际税务条约。第二，在美国公司税中，联邦政府35%的所得税是"大头"。各州的公司税率一般在10%以下，有的州甚至不征收公司所得税。

公司"倒流"现象（tax inversion）

在公司税方面，美国不仅公司税率高，而且是西方国家中少有的采用全球制的国家（worldwide system），即对美国公司的海外隶属公司的收入，不论是被动的投资收入还是积极的生意收入，都加以征税。相比之下，西方大部分国家对其公司收到的海外股息采用所谓的"参与豁免"（participation exemption）制或其他机制给予免税待遇。因此美国的公司一般都有离开美国的动力，这种动力反映在美国特有的"税务倒流"（tax inversion）的现象上。

"税务倒流"现象始于20世纪八九十年代，一般是指美国的一个公司与一个比它小的外国（往往是低税国家）公司合并，结果反而是美国公司被收购，成为后者的子公司或者成为在该外国新成立的公司的子公司。在正常情况下的合并或并购应该是大公司并购小公司，而且小公司往往是被并购到大公司的国家。所以美国的这类合并在人们看来是出于税务上的动机，因而被称为"税务倒流"。

自20世纪90年代以来，美国公司的"税务倒流"现象有愈演愈烈之势。于是美国税法于2004年引进了公司承担税务责任的反"税务倒流"的第7874条款。这一条款对美国公司"税务倒流"做了两个方面的限制。一个是针对在美国公司被并购到外国公司之后，原美国的股东仍然占有合并后新公司股份60%以上但不到80%的情形，即第7874（a）条款；另一个是针对合并后原美国公司的股东仍占有新公司股份80%或以上的情形，即第7874（b）条款。

简单地说，如果第7874（a）条款的适用条件满足（主要是合并后原美国股东仍然占有新公司股份60%以上但不到80%），那么在十年内，美国被并购公司每年的应纳税收入不能低于从资产交易中获得的增值或收入（inversion gain）。效果是某些抵税金（credits）和资本亏损不能用以扣除。

　　如果第 7874（b）条款的条件满足（主要是合并后原美国公司的股东仍占新公司股份 80% 或以上），那么美国税法会将合并后的外国公司视为美国的国内公司，即美国的居民。显然，如果第 7874（b）条款适用，那么美国公司通过"倒流"在税务上得不到任何好处。这对于那些美国公司被太小的公司吞并而"倒流"到国外的合并可以起到阻止的作用。但美国的一些公司还是发现即使是在第 7874（a）条款适用的情况下，美国公司被吞并而成为外国公司的子公司，在税务上还是比不"倒流"划算。

　　美国公司"倒流"不等于完全摆脱了美国的税务。被吞并的美国公司（即合购后的子公司）仍然是美国的国内公司，它在海外的现有的子公司仍然是在它旗下的集团公司系统。这些子公司分配股息还需通过分配给该美国公司才能实现。美国政府对"倒流"的公司及其海外子公司的利润仍有征税权，"倒流"本身并没改变现有的与美国的税务关系。

　　以 Burger King（BK）与 Tim Hortons（TH）合并为例。在 BK"倒流"到加拿大成为加拿大公司"餐馆品牌国际"（Restaurant Brands International，RBI）的子公司后，总部位于美国迈阿密的 BK 仍是美国公司，从管理美国境内和境外 BK 品牌的利润还是归美国，需在美国交税。

　　然而"倒流"可为美国公司带来的税务好处和机会是巨大的。

　　1. 合并后的外国母公司可以在它旗下开发新的品牌或其他知识产权、新的商机或发展新的子公司。这些新的知识产权、商机或子公司可以在国外享受低税，与美国无关。

　　2. 由于公司"倒流"的国家往往是采用"参与豁免"的国家，所以母公司可以从新设立的子公司免税获得股息。

　　3. 可以通过外国的母公司与美国公司进行集团内交易，通过转让定价将美国公司的利润转移出美国，在美国进一步省税。一种常见的做法是母公司给在美国的子公司贷款，这样美国公司可以申报利息费用，降低应纳税收入。这种做法被称为"earning stripping"（利润剥除）。

4. 美国公司现有的海外子公司及知识产权，在离岸税代价不太大的情况下，也可以转让给合并后的外国母公司。

美国公司"倒流"案例

2014 年美国的快餐连锁店 Burger King（BK）与比它小的加拿大咖啡连锁店 Tim Hortons（TH）合并，却成为一个加拿大公司的子公司。因此，这个并购被普遍认为是一例"税务倒流"（tax inversion）。

BK 和 TH 合并的方式，原则上是两个公司的股东将其股份转让给一个在加拿大新成立的公司——餐馆品牌国际（Restaurant Brands International，RBI），并换取这个新成立的公司股份。合并的结果是，原 BK 和 TH 股东拥有 RBI，RBI 拥有 BK 和 TH。原在 BK 占 71% 股份的 3G Capital 公司占新公司 RBI 的 51% 股份。合并后，BK 和 TH 仍然是两个独立运营的连锁生意，BK 的总部仍然是设立在美国的佛罗里达州，TH 的总部还是继续在加拿大的安大略省，新成立的 RBI 与 TH 总部共享一个地址。合并后 RBI 可以享受加拿大的税务待遇。

结论与建议

根据美国公司税的税率，征税基础的全球制（worldwide system），缺乏控股机制（holding regime），以及公司"倒流"现象，我们可以得出的结论是，美国的公司负税较重，对于跨国公司来说，美国不是适合设立控股公司的国家。

当然，考虑到美国的市场大，有生意机会，外国公司如果需要在美国做生意可以在美国设立子公司或分公司，并在符合美国转让定价管理的前提下，将利润转移到低税国家或地区。

根据美国新上任总统川普宣布的新政，美国将会大幅度降税及进行有利于商业发展的税制改革。这必将会给其他西方国家在增强它们税制竞争力方面带来压力。

第二十四章　中国税制

在本章我们将按本书的国际税务基本构成的框架，分析中国的税制特点。

公司税率

根据《中华人民共和国企业所得税法》（以下简称《企业税法》）第四条，企业所得税税率为 25%，但这只是一般通用的税率。在特定的情况下（如从事农、林、牧、渔、水利、环保、交通、能源、科技等政府鼓励行业的企业，以及在特定地区成立的公司等），公司可以享受较优惠的税率。

公司居民身份

根据《企业税法》第二条，两类公司是中国的居民公司（或企业）：一是依法在中国境内注册成立的公司，二是不在中国成立但"实际管理机构在中国境内的企业"。企业税法的实施条例把"实际管理机构"定义为："企业的生产经营、人员、账务、财产等实施实质性全面管理和控制的机构。"

征税基础

中国采用全球征税制，即居民公司按全球收入纳税，而非居民只为其在中国境内的收入纳税。

对股息的征税

居民公司从另一居民公司获得的股息收入，在符合一定条件的情况下为免税收入（《企业税法》第二十六条第二项），而从其海外隶属公司获得股息收入，仍然需要算进收入在中国纳税；但在海外已交的所得税金，可以抵免在中国的应纳税额（另见下面的"外国税抵免"）。

对资本增值的征税

中国公司获得的资本增值需将全额算入收入纳税，税率与其他正常业务收入的税率一样。《企业税法》第六条要求企业将"转让财产收入"算入应纳税的总收入。转让财产收入的应纳税所得额是"收入全额减除财产净值后的余额"（第十九条第二项）。

外国税抵免（Foreign tax credit）

中国税法允许中国公司将其在外国缴纳的所得税用于抵免在中国的所得税应纳税额（《企业税法》第二十三条）。可以抵免的税只限基于该外国收入在中国应缴纳的所得税额，并且不能超过这种所得税额。超过的部分可以用于未来年份的抵免，有效期为五年。对于中国公司收到的来自其海外隶属公司的股息收入，可用于抵免的税额除外国征收的股息源泉扣缴税外，还包括股息收入包含的间接缴纳的所得税，即分配股息的海外公司为其利润在当地缴纳的公司所得税（《企业税法》第二十四条）。根据中国国务院公布的《企业税法实施条例》第八十条，符合申报这种间接缴纳的所得税的条件是，中国公司占有分配股息海外公司的20%以上的股份。

控股公司机制（holding company regime）

中国没有采用参与豁免及控股公司机制，在这方面，中国的税制与美国相同，即在公司税方面中国采用的是全球制，但是对海外公司的收入，采用其他方式给予优惠。

- 允许利润留在海外延税（除非 CFC 规则适用）。
- 可以抵免海外公司间接缴纳的所得税。

源泉扣缴

中国企业或机构在向非居民支付股息、利息、特许使用费等收入时，需实行源泉扣缴。股息的税率一般是 20%，但如果接受股息收入的一方是非居民公司，税率为 10%，除非中国与对方国之间的税务条约规定的税率更低。利息收入和特许使用费收入源泉扣缴的一般适用的税率是 20%，但如果接受收入的是非居民公司，税率为 10%，除非有关税务条约规定有更低的税率。

如果非居民是在中国提供技术服务，对于这种服务费的源泉扣缴金额是利润的 25%。

反避税规则（Anti – avoidance rules）

中国的反避税规则包括转让定价规则、资本软化规则、受控海外公司规则，以及一般反避规则。

转让定价（Transfer pricing）

《企业税法》第四十一条涉及转让定价，但该条没有区分居民与非居民企业。这就意味着转让定价的独立交易原则，同样适用于居民企业之间的交易。在关联之间的业务往来方面，中国税法强调它们之间的控制关系。根据《企业税法实施条例》第一百零九条，关联方是指与企业有下列关联关系之一的企业、其他组织或者个人：

（一）在资金、经营、购销等方面存在直接或者间接的控制关系；

（二）直接或者间接地同为第三者控制；

（三）在利益上具有相关联的其他关系。

根据《企业税法》第四十一条，企业与其关联方交易必须符合独立交易的原则。根据《企业税法实施条例》第一百一十一条，税局可接受的转让定价方法是 OECD 提倡的方法，包括：

（一）可比非受控价格法，是指按照没有关联关系的交易各方进行相同或者类似业务往来的价格进行定价的方法；

（二）再销售价格法，是指按照从关联方购进商品再销售给没有关联关系的交易方的价格，减除相同或者类似业务的销售毛利进行定价的方法；

（三）成本加成法，是指按照成本加合理的费用和利润进行定价的方法；

（四）交易净利润法，是指按照没有关联关系的交易各方进行相同或者类似业务往来取得的净利润水平确定利润的方法；

（五）利润分割法，是指将企业与其关联方的合并利润或者亏损在各方之间采用合理标准进行分配的方法；

（六）其他符合独立交易原则的方法。

为了证明转让定价的合理性，企业需保留完整的支持文件，以便税局审查。根据《企业税法实施条例》第一百一十四条，这些支持文件包括：

（一）与关联业务往来有关的价格、费用的制定标准、计算方法和说明等同期资料；

（二）关联业务往来所涉及的财产、财产使用权、劳务等的再销售（转让）价格或者最终销售（转让）价格的相关资料；

（三）与关联业务调查有关的其他企业应当提供的与被调查企业可比的产品价格、定价方式以及利润水平等资料；

（四）其他与关联业务往来有关的资料。

资本软化规则（Thin Capitalization）

根据《企业税法》第四十六条，中国的资本软化规则只适用于企业与其关联方的借贷关系，使用的是债权与股权之比，一般来说是2:1。超过这个比例债权的利息费用不能用以扣除，中国的资本软化规则也适用于居民企业之间的关系。

受控海外公司（CFC）规则

根据《企业税法》第四十五条，中国公司对其设立在低税国家或地区受控公司的利润，并非由于合理的经营需要而不做分配，应按比例计入该公司的当期收入，而不是等到分配时再计入收入纳税。这就是中国CFC反避规则的原则规定。在受控海外公司的控股定义方面，构成控制的可以是控制海外公司50%以后的股份，也可以是对海外公司的实际控制（《企业税法实施条例》第一百一十七条）。中国的CFC规则不分收入的性质是积极生意的收入，还是被动的投资收入，反避的对象是设立在低税的国家或地区的公司。所谓低税国家或地区是指那些实际税率低于中国企业所得税税率25%的50%（即12.5%）的国家或地区（《企业税法实施条例》第一百一十八条）。

在对居民持股比例要求方面，一般需满足的条件是居民直接或者间接单一持有外国企业10%以上有表决权股份，且由其共同持有该外国企业50%以上股份，但如果中国居民在股份、资金、经营、购销等方面对该外国企业构成实质控制，也算是控制条件的满足。

一般反避规则

中国的一般反避规则体现在《企业税法》第四十七条。该条规定"企业实施其他不具有合理商业目的的安排而减少其应纳税收入或者所得额的，税务机关有权按照合理方法调整"。

国际税务条约网络

中国有广泛的国际税务条约网络，已与世界上 100 多个国家或地区签订了国际税务条约。

虽然国际税务条约是国家之间的条约，但可直接影响到纳税人的利益。国际税务条约可为缔约国的居民创造权利或好处。在条件满足的情况下，纳税人可以直接向有关税务当局提出适用有关税务条约的条款，以享受该条款提供的税务优惠或好处。

因此，我们可以相信一个国家签订的国际税务条约越多越好，该国居民可在国际上享受越多的税务好处。中国已与世界上 100 多个国家签订了国际税务条约，是具有最广泛的国际税务条约网络的国家之一。这对中国公司走出国门从事跨国经营活动十分有利。

结论与建议

从跨国公司国际税务策划的角度来看，有几点值得注意。第一，中国企业税法对于一系列的国家鼓励的行业给予税务优惠，有些税率为 15%，有些更低。这是国际公司值得考虑与利用的。第二，中国的公司税率为 25%，在世界各国之中不算高但也不低，可算是中等水平。对于在中国运行的跨国公司来说，仍然有动力在低税或免税国家或地区设立子公司与在中国的成员公司进行交易，通过国际转让定价，将利润转入并积蓄在低税或免税国家。第三，由于中国对企业采用的是全球征税制，没有采用"参与豁免"（Participation exemption），没有引入"控股公司机制"（holding company regime），所以对于跨国公司设立全球或区域的控股公司或总部缺乏吸引力。

从政府征税的角度来看，有两方面值得一提。第一，中国对居民公司从其境内的公司获得的股息收入予以免税，而对其海外公司的股息收入还需征税。第二，在计税时允许企业抵免向外国政府缴纳的税款。

在这方面，中国与美国采用的是同样的制度，即全球制。但是美国与中国有两个不同的特点：一是美国公司税高，仅联邦税率就是 35%。这就意味着美国公司在把海外公司利润通过股息形式收回美国时，在抵免外国税额后，一般还会有余额向美国政府补税；二是在受控海外公司（CFC）规则方面，美国税制分积极生意收入和被动投资收入，反避对象是后者，即从事被动投资活动的海外公司的收入应计入当期收入纳税。

中国是按税率划分国家或地区，即只有那些位于税率低于 12.5%的国家或地区的公司才受 CFC 规则的管辖，其收入才计入中国的当期收入。这意味着，中国海外公司只要不是位于这些国家或地区，不论是从事积极经营的生意或是被动投资生意，其收入都可以无限期地留滞在海外延税。

基于上述原因，中国采用某种形式的"参与豁免"，建立有效的控股公司机制，在国际上树立欢迎跨国公司来中国设立全球或区域的控股公司的形象，不仅有利于吸引外资，有利于增强中国公司在国际市场的竞争力，也有利于中国公司即时把海外利润打回中国。

从政府征税角度来看的另一个问题是公司及资产离岸税的机制。随着中国经济的不断国际化，越来越多的中国公司走出国门，在境外经商投资，包括国际并购。这里涉及潜在的中国公司及资产脱离中国征税权的问题。在有关离岸税章节，我们将一国对企业资产的征税权分为四类：

1. 对"运营资产"的"常规收入"的征税权；
2. 对"投资与无形资产"的"常规收入"的征税权；
3. 对"运营资产"的"资本增值"的征税权；
4. 对"投资与无形资产"的"资本增值"的征税权。

根据规范的国际税务条约确立的原则，居民国对这四类都有征税权。前三类的征税权由收入来源国和居民国分享，即来源国先征税，然后由居民国征税但需允许其居民用外国税抵免在本国的应纳税（如果来源国税高于居民国，后者就没有征税余地）。第四类征税权为居民国专有（如果股权价值主要反映的不是不动产）。居民身份的变化和国际重组都可能潜在地导致资产产权离开中国。

　　因此，中国在涉外税务的这一方面，应进一步明确或完善公司及资产离岸税的税务机制，以保护中国的征税基础（tax base）。

第二十五章　加拿大税制

公司税率

加拿大的联邦和省份都有公司税，都公布有两个税率。一个是优惠税率，适用于加拿大居民占有股份在 50% 或以上的非上市公司，且只适用利润在 50 万加元以下的部分（以上的部分适用一般税率）。二是一般税率，适用于其他情形。加拿大联邦政府的公司优惠税率为 10%，一般税率为 15%。各省的优惠税率为 3%—5%，一般税率为 11%—16%。

在华人集中的两个省份安大略省和不列颠哥伦比亚省（BC 省），省税的优惠税率分别是 4.5% 和 2.5%，省税的一般税率分别是 11.5% 和 11%。将联邦税和省税相加，安大略省公司的优惠税率为 14.5%，一般税率 26.5%，BC 省公司的优惠税率为 12.5%，一般税率为 26%。

公司居民身份

在加拿大（包括联邦，各省及地区）注册成立的公司都属于加拿大税务居民（少数 1965 年之前注册的公司有些例外）。

在案例法方面，也有将在国外注册的公司视为加拿大事实居民的情况。在这些案子里，法院主要看的是经营管理是否发生在加拿大境内，考虑的问题包括公司的董事住在哪国，一般在哪开会，决策是在哪国做出的，等等。

所得税的纳税人

加拿大所得税的纳税人包括三类：个人（individual），有限公司（corporation），以及信（trust）托；这"三种人"负有报税交税的责任。合伙公司不是所得税独立的纳税人。在申报所得税方面，合伙公司需将其有关的收入、费用等按比例分摊给各合伙人（如个人/公司），再由他们自己各自申报。

有限公司包括在联邦政府，也包括在省/地政府注册的有限公司。

信托是通过法律文件建立的一种经济关系或实体；在这种关系中，委托人（settlor）将资产委托给受托人（trustee）进行控制、管理或处理，受托人按委托人的意思让受益人（beneficiary）获得受益。人们建立信托可能出于许多不同的目的；有些是家庭信托，还有一些信托是吸收零散资金进行投资的工具。个人死亡后，其遗产也属于一种信托。

征税基础

加拿大居民公司原则上应为其全球收入在加拿大纳税，一个例外是加拿大税法对于加拿大海外隶属公司从事积极生意而获得的利润（即所谓"免税盈余"exempt surplus）给予免税待遇。从征税基础角度来看，"豁免盈余"制类似在商业上实行区域制（territorial system）。这种对境外利润的免税规则具有两大优势：（1）使得加拿大公司在国际市场更有竞争性；（2）有利于加拿大公司将其在境外挣到的利润转移到加拿大本土。

非居民公司在加拿大境内经商应按"长久基地"（Permanent establishment）的规则在加拿大交税，即以分公司形式交税。在分公司将利润转移出境时，需另按25%（或按有关税务条约规定的税率）缴纳分公司税（branch tax）。

对股息的征税

加拿大税法对于加拿大居民公司从其他加拿大居民公司获得的股息收入，原则上予以免税待遇。对于加拿大公司从海外公司获得的股息收入，加拿大税法规定了三种处理方法：应计法（accrual method）、延缓法（deferral method）、豁免法（exemption method）。

按照应计法，海外收入在加拿大属应纳税收入；并且纳税人申报海外收入的年份，是收入实际产生之年。也就是说，一旦收入在海外实际产生，就立即算入纳税人当年收入，并在加拿大报税，不论收入是否已分配到纳税人手里。在国外已交的所得税，纳税人可以申报外国税抵免（foreign tax credit），即用来减扣在加拿大应缴纳的所得税。应计法适用的情形主要是 FAPI 收入，即加拿大居民公司通过其控制的海外隶属公司挣到的非积极生意收入（在下面有进一步介绍）。

按照延缓法，海外股息收入在加拿大属应纳税收入，但报税的时间不是根据收入在外国产生的时间，而是根据股息收入被分配到纳税人手里的时间。换句话说，只要纳税人没有实际得到收入，就可以一直不用申报。为收入在国外已交的所得税，纳税人在报税时可以申报外国税抵免。延缓法适用的情形是 CFC 规则不适用但豁免法也不适用的情形。

按照豁免法，不论是在股息收入产生时，还是在分配到纳税人手里时，都不用在加拿大交税。由于是免税，对于这类收入也就不存在由外国税顶税金的问题；纳税人不论是否在国外已交所得税，也不论已交多少，都不能在加拿大申报外国税抵免。豁免法适用于下面介绍的"豁免盈余"（exempt surplus）；"豁免盈余"是加拿大控股公司机制的核心概念。

控股公司机制（holding company regime）

加拿大是适合国际公司设立控股公司的国家，所得税法为国际控股公司的运作在税务上提供了优惠与方便。许多美国公司在加拿大设立控股公司或"倒流"（inversion）到加拿大。加拿大式的控股公司机制的核心是所谓的"免税盈余"（exempt surplus）规则，即加拿大公司从其海外隶属公司的"免税盈余"分配出的股息，在加拿大享受免税待遇。

加拿大"免税盈余"规则对国际公司来说的优势是，不论海外隶属公司所在国的税率的高低，不论所在国是否给予免税优惠，也不论加拿大母公司是直接或间接地持有该海外隶属公司的股份，只要是"免税盈余"就可以享受免税。"豁免盈余"是指加拿大有限公司的海外隶属公司（包括控股的）从事积极生意挣到的利润，并且该海外隶属公司经营所在国与加拿大有税务关系。因此，"豁免盈余"的定义需满足的条件包括：

- 纳税人是加拿大有限公司；
- 海外公司必须是海外隶属公司；
- 海外公司从事的必须是积极生意；
- 所在国必须与加拿大有税务关系。

有关海外隶属公司的定义，原则上如果加拿大居民在当年的任何时刻持有某非居民公司股份的 10% 或以上，该非居民公司就是该居民的海外隶属公司。

海外隶属公司的积极生意是指除投资生意（investment business）以及被假定为非积极生意以外的任何生意。换句话说，只要不是投资生意，并且不被税法假定为非积极生意，都是积极生意。投资生意是指那些主要靠资产本身（property）获利的生意。其收入包括利息、股息、租金、特许金等，也包括通过保险、融资、买卖投资产品（如股票、证券、外汇、物业等）活动获得的收入。有关投资生意有一个例外，这个例外就是，即使按上述规定，某海外隶属公司从事的生意属于投资生意，但如果该公司雇用了五个以上（不包括五个）的全职（full time）员工，并且主要业务不是与其关联人进行，那么这种生意，也被视为积极生意。

在生意性质的问题上，还有假定的非积极生意的概念。海外隶属公司的有些生意，如按上述积极生意的定义，本来属于积极生意，但出于保护加拿大的利益，税法假定其为非积极生意。这些生意包括：向加拿大居民出售财产（property），贷款给加拿大居民挣利息，担保加拿大的风险等。此外，如果海外隶属公司从事某种服务业务，而这种服务收费可以被其加拿大的母公司（或加拿大母公司关联人）用于减扣加拿大的生意收入，那么这种服务业务也被假定为非积极生意。

所谓与加拿大有税务关系的国家和地区，是指与加拿大签有正式税务条约，或者与加拿大签有全面交换税务信息协议（Comprehensive Tax Information Exchange Agreement）的国家和地区。

利息收入

在对利息征税方面，加拿大从 2008 年 1 月 1 日开始不对非居民的真正的利息收入进行征税。所以，利息的付款人（如银行）不用做源泉扣缴。现在，需纳税的利息收入主要是那些"参与性债务利息"（Participating debt interest）。参与性债务利息不是严格意义上的利息，因为它依靠的是企业或投资的成功；因而有利润分配的成分。

资本增值

对于公司实现的资本增值，50% 的增值为应纳税收入，按正常公司税率计税。另 50% 的增值为免税收入。资本亏损只能用以抵减当年的或其他年份的资本增值。

外国税抵免（foreign tax credit）

加拿大公司为其海外收入向外国政府缴纳的所得税可以用以抵免

在加拿大的应纳税额。可以抵免的税额只限于由这种收入产生的加拿大应纳税额。超出的部分不能用以顶扣由另一国收入或国内收入而产生的加拿大所得税，即在计算收入和顶税金方面，国与国之间分开算，不相互顶扣。外国税如果涉及股息收入，可以抵免的是直接与股息本身有关的税金，不包括海外隶属公司为其利润所交的公司所得税（即间接缴纳的税金不能用以抵免）。

源泉扣缴

加拿大对非居民收入实行源泉扣缴。第 13 部分税（Part XIII Tax）是加拿大所得税法的第 13 部分规定的由非居民缴纳的税种，被称为"第 13 部分税"或"非居民税"。非居民常见的应纳第 13 部分税的收入包括：股息、租金、特许使用费、利息、退休金等。

加拿大对应纳"非居民税"收入征税的税率一般是 25%，除非根据国际税务条约加拿大给予有关国家居民更优惠的税率。一般来说，从收入中已减扣的税金是最终的，不会再补税，也不会再退税；纳税人也没必要再为这部分收入报税。但对于有些收入，非居民纳税人可以选择报税，以达到退税的目的。

反避税规则

加拿大的反避规则包括具体和一般通用的规则。

资本软化（Thin Capitalization）规则

加拿大的资本弱化规则只适用于来自特定的非居民股东的贷款，不适用于来自第三方贷款，不论贷方是加拿大居民还是非居民，也不论贷款是否由关联方担保。所谓特定的非居民股东是指拥有公司股份 25% 或以上的股东。这 25% 的起点包括关联人的股份。

从 2012 年开始加拿大实施新的 TC 规则，不仅将债权与股权的比例由 2:1 改为 1.5:1，而且还将超标的利息的处理方法由原来的保持利息性质改为被视为股息的分配（加拿大所得税法 18（14）-（8）条）。这一改变从非居民债主的角度来说，使得原来属免税的利息收入变成需被源泉扣缴的股息收入。

受控海外公司（CFC）规则

受控海外公司（CFC）规则，在加拿大是所谓的"受控海外隶属公司"（controlled foreign affiliate），即 CFA 规则。CFA 规则涉及"海外应计资产收入"（foreign accrual property income）即"FAPI"，指的是加拿大受控海外隶属公司挣到的，在加拿大应按照"应计法"（accrual method）交税的资产收入。

按"应计法"交税，就意味着在海外公司利润产生之年，加拿大的居民股东被要求将该海外公司的利润按股权比例立即算进收入在本国纳税，不能等到分红。当海外公司分红实际发生的时候，不再算是应纳税收入。有关 FAPI 规则，有一底限，即 5000 美元。如果 CFA 的 FAPI 不到 5000 美元，不算 FAPI。

受控海外隶属公司的定义包括"海外隶属公司"部分和"受控"部分。根据加拿大税法的定义，如果加拿大居民在当年的任何时刻持有某非居民公司股份的 10% 或以上，该非居民公司就是该居民的海外隶属公司。

作为股份的起点，这个 10% 既包括纳税人自己持有的，也包括关联人占有的。

在决定了一个海外公司是加拿大某居民纳税人的海外隶属公司之后，如果该公司是受以下任何一组人的控制，那么受控海外隶属公司的定义就可以成立：

1. 该纳税人；或
2. 该纳税人和其他四个（或以下）加拿大居民；或

3. 四个（或以下）加拿大居民，不包括该纳税人；或

4. 该纳税人的关联人；或

5. 该纳税人及其关联人。

海外应计资产收入（FAPI）即 FAPI，主要包括两类：

1. 投资生意收入；

2. 本属于积极的生意收入，但这种生意被税法认为会减弱加拿大国内税收基础。

投资生意收入是指被动性的不需积极经营的主要靠资产的收入，如利息、股息（不包括来自海外隶属公司的股息）、租金、特许使用费等。被加拿大税法视为会减弱加拿大国内征税基础的生意，包括向加拿大居民出售货物，贷款给加拿大居民挣利息，担保加拿大的风险等。

另外，如果海外隶属公司从事某种服务业务，而这种服务收费可以被其加拿大的母公司（或加拿大母公司关联人）用于扣除加拿大的应纳税收入，那么这种服务业务也被假定为非积极生意，有关收入属于FAPI。同时，这有一个例外。为了鼓励出口，加拿大税法允许加拿大公司在海外设立隶属公司，作为海外销售或市场推广公司（sales/ marketing company）来为加拿大公司推销产品，而这种服务收入不被视为FAPI。

一般反避规则

加拿大虽然有一般反避规则，但其适用受到很大的限制。采用一般反避规则是出于防止滥用税法、确保财政收入的需要，但其合理性在加拿大一直是具有争议性的。反对者认为，在一个民主、法制、自由的社会里，任何社会的成员及企业有权自由地计划安排他们的经济生活。在法律规则不明确，或存在空档的情况下，国家应该根据新出现的避税现象通过立法补洞，不断完善法律，而不应该采用一个广泛适用的条款来重新定性一种经济行为。否则，法制就不再具有预见性和稳定性，人们

的自由计划安排生活的权利就没有保障。

在这种背景下，一般反避规则在实际生活中的运用受到很大的限制。从司法的角度来看，政府方面（即税局）要在法庭赢得一个以一般反避规则为依据的税务案，不是一件容易的事，因为需要确立三个方面的事实：出于税务而非业务动机，纳税人得到了税务上的好处，以及违背税法有关条款精神。这三个条件必须同时满足。

要将一般反避规则适用在一个具体的交易或系列的交易，税局必须确立这种交易的目的是为了税务而不是为了生意或业务目的。也就是说，在生意上是没有意义的，没有必要的。在使用一般反避规则方面，举证责任在税局。

国际税务条约网络

加拿大已与90多个国家签订国际税务条约，算是有较为广泛的条约网络。

结论与建议

从整体上看，加拿大的税制就像它的社会政策及国际关系，比较温和中立。在税率上与其他国家相比，不算高也不算低。

在采用的公司形式及税务特点、公司居民身份确定的标准、征税基础、控股公司机制、外国税抵免、源泉扣缴、反避税机制等方面，与其他国家大同小异，基本上与大多数国家保持一致。

考虑到加拿大采用的控股公司机制，上述的其他税务特点，以及一些非税务的因素（如社会稳定、多元文化政策、温和的国际形象、一定规模的经济与市场等），加拿大是比较适合设立国际控股公司的国家，特别是作为跨国公司在美洲的总部所在地。

第二十六章　欧盟税务特点

　　欧盟自由统一的经济体是世界最大的经济体。欧盟有 20 多个成员国，虽然每个成员国各自制定自己的税法，但各国的税法都必须与欧盟的基本法保持一致。欧盟基本法高于各成员国的国内法[①]。在经济上欧盟基本法反映的是"基本经济自由"（the fundamental economic freedom），即货物的自由流动（Free Movement of Goods），人员的自由流动（Free Movement of Persons），选择经商地点的自由（Freedom of Establishment），自由提供服务（Freedom to Provide Services），以及资本与付款的自由流动（Free Movement of Capital and Payments）。

　　这些基本自由是个人与实体（包括法人，如有限公司）享有的权利，当受到侵犯时，受害人可以直接以自己的名义采取法律行动加以保护。当然这些权利适用的前提是涉及过境（即成员国之间）的经济行为，不适用于纯属一国国内的事务。

　　在上述诸多的自由权利中，与跨国公司跨国经营最有关的是选择经商地点的自由。这种自由包括在成员国之间自由选择公司居民身份所在国，可自由选择在任何成员国设立办事处，分公司和子公司不受到限制。这里的所谓不受到限制是指不应强加没必要的代价和税务。简单来说，欧盟的规则是要让欧盟公司在欧盟地区经营就像在一个国家境内一样自由。

　　在国际税务方面，值得注意的有成员国之间就股息、利息、特许使

---

　　① Ulrich Shcreiber，第 99 页。

用费免除源泉扣缴税及推迟资本增值的实现。这些税务规则体现在各种欧盟法规（EU Directive）里[①]。

免除股息源泉扣缴税（Withholding tax on dividends）

根据欧盟的有关法规（Directive），欧盟一国的子公司可以免税分红给在欧盟另一国的母公司。这种免税（即不用源泉扣缴）分红的税务规则在欧盟以外的国家一般只适用于一国国内的公司之间，因而有利于欧盟资本的自由流动，有利于成为单一的欧盟市场及经济体。

免除利息及特许使用费的源泉扣缴税（Withholding tax interest and royalty）

欧盟的利息及特许使用费法规（I + R Directive）将成员国之间支付利息及特许使用费的源泉扣缴税视为一种经济自由的障碍，因而加以免除。其基本规则是，如果利息及特许使用费的支付方式和接受方都是同一集团公司的成员，并且都是欧盟成员国的居民公司，那么源泉扣缴税就可以免除。在传统上，利息及特许使用费的源泉扣缴一般不适用于支付方或接收方都是同一国的公司，因为同一国的公司不存在把利润转移到国外的问题。因此，这一免税规则的实施是欧盟走向统一市场的一个重要步骤。

公司合并法规（Merger Directive）

在一国公司将资产（有形的或无形的）的所有权转移给另一国公司的情况下，不论换取的是资金还是该另一公司的股份，该转让公司的所在国会按该资产的市值对该转让公司进行征税。这种对资本增值的征税，被称为离岸税。

---

① 欧盟网页：ec. europe/taxation_ customs/business/company – tax_ en。

一般来说，在资产转让公司和接受公司都是同一国并且转让资产换取的是后者的股份的情况下，转让公司可以选择按资产的账目价值进行转让，以推迟资本增值的实现。

欧盟的合并法规也有类似的推迟资本增值实现的规则，这种规则主要体现在两个方面：一是公司的合并、分立及资产转让，二是股份交换。然而，欧盟合并法规具有很大的局限性，因为它建立在被转让的资产脱离不了有关成员国的征税权的基础上。也就是说，即使某一资产所有权被转让给另一国公司，但前一国仍然有机会对该资产行使征税权，资产的免税转让只是推迟实现市值。

因此，在公司的跨国合并、分立及资产转让方面，按照欧盟合并法规，能通过转让资产进行重组的情形是，被转让的资产只能是转让公司的分公司，并且该分公司是位于转让公司的所在国。换句话说，在资产转让完成之后，该分公司变为外国公司在转让公司所在国的长久基地（Permanent establishment）。

举例来说，A 国的 A 公司将其在 A 国的分公司的资产转让给在 B 国的 B 公司，从而获得 B 公司发行的股份。在该交易完成之后，该分公司的资产及生意归 B 公司拥有，即成为 B 公司在 A 国的长久基地，而 A 公司拥有 B 公司的股份。在这一交易中，涉及该分公司的资产及生意可以不按市值转让，即暂时不实现资本增值。在这种情况下，A 国之所以允许在其境内的资产所有权被转让给 B 国的公司，而不实现资本增值，是因为被转让的资产并未脱离它的征税权，它对其境内的长久基地仍有征税权。

欧盟合并法规也为欧盟成员国之间通过股份交换进行合并提供了推迟资本增值实现的机会。简单地说，股份交换是，在一方面兼并公司从被兼并公司的股东手中获得被兼并公司的多数股，而在另一方面，被兼并公司的股东获得兼并公司的股份。

欧盟之所以为这种股份交换推迟资产增值的实现，是因为它不涉及现金交易，而且股份是按对等价值交换的，因而对交易涉及的成员国的征税权不构成威胁，被交换股份的资本增值的实现只是迟早的事。

从上述讨论来看，欧盟合并法规对于成员国的征税权并未带来太多的限制。它的适用只局限于分公司资产的转让和股份交换形式的公司改组，它的目的不是为了全面取消成员国各自的资产离岸税，所以在消除资本自由流动的障碍，实现统一的欧盟资本市场方面能起到的作用是有限的。

结论与分析

欧盟各国在企业税方面，基本上还是各自为政，保持各自的税务体系，包括税率，征税基础等基本征税规则；只是为跨国经营免除了成员国之间的股息、利息、特许使用费的源泉扣缴税，并且为国际并购推迟了资本增值的实现。这种税务上的便利有利于欧盟内部跨境的商务活动及欧盟经济的发展。

第五部分
国际税务策划战略与方法

第二十七章　国际税务策划的
分类及三大战略

前面章节介绍的是国际税务规则；而这些规则是国际税务策划的依据。对于企业来说，研究、发掘和了解有关国家的税务规则的目的，是为了做好税务策划。本章及第二十八章至第三十二章是将这些规则运用在国际税务策划里。

一、国际税务策划的种类

国际税务策划的目的与条件

国际税务策划是通过研究，发掘和了解有关国家的税务规则，并利用不同国家的税务上的差异以及政府给予的税务优惠，来规划或设计一个行动计划或方案，以达到公司的税务目的。跨国公司通过国际税务策划要达到的整体目的有两个：一是节省税务开支，二是履行税务遵从（tax compliance）。

在会计学里，税务被视为一种公司的费用，节省税务开支可以增加公司市值。跨国公司之所以可以通过国家税务策划来实现节省税务费用，是因为有一个有利的国际环境。这个环境是世界各国都在相互竞争，通过降低和保持低税率及其他优惠税务政策，如主动放弃对非居民利息收入的征税，采用以"参与豁免"为核心的所谓"控股机制"等，吸引外资来投资和开办公司，以夯实各自的就业及征税基础。这为国际公司的税务策划及投资决策提供了有利的选择机会。

前面提到，国际税务策划利用的是不同国家的税务差异以及政府给予的税务优惠，但这些差异及优惠不是跨国公司创造的，而是各国政府出于竞争原因主动提供的，因而国际税务策划加以利用完全符合所在国税法的法律精神和本意。

国际税务策划的种类

跨国公司通过国际税务策划要达到的整体目的有两个：一是节省税务开支，二是履行税务遵从。因此，按整体目的来划分，国际税务策划可分为两类：

- 以省税为目的的策划
- 以税务遵从为目的的策划

当然，实际生活中的国际税务策划大都是以省税为目的的。

就节省税务开支而言，按国际税务策划涉及范围的不同，国际税务策划又可分为：

- 项目性的策划
- 战略性的策划

以节省税务开支为目的的策划

前面提到，税务被视为一种公司的费用，节省税务开支可以增加公司市值。节省税务的形式可以是获得降税、免税或延税。通过国际税务策划，可以节省的税务包括：跨国公司经营所在国的所得税，所在国的源泉扣缴税，中间环节公司的所得税，以及跨国公司总部居民国的所得税。

降税或免税能为企业带来的价值是不言而喻的；延税也是有意义的。举例来说，在纳税人的居民国采用全球制（worldwide system）的前提下，纳税人可以通过其在境外设立的有限公司，从事商业活动；挣到的盈利，只要不把盈利转移回国，可以暂不交税，起到延税的作用（除非 CFC 规则的适用）。延税就可以增加公司价值，增加在海外的资产价值。哪怕将来转入本国交税也是值得的。

以履行税务遵从为目的的策划

国际税务策划目标一是实现税务上的好处，二是要履行税务遵从以避免税务风险，如补税、罚税、罚利息等。为了做到税务遵从，要规划和投入适当资源去了解有关风险，了解税务规则，例如，怎样避免由转让定价、长久基地、居民身份、反避规则等导致的税务后果。所以，税务遵从也存在策划问题。做到税务遵从，减少税务风险也可以为企业产生价值。

项目性策划

国际税务策划可分为项目性的策划和战略性的策划。国际税务项目性的策划是指对为执行具体生意项目的税务策划。一个常见的项目性策划是公司形式的策划。例如一国公司为了在另一国承揽一个工程项目，决定是在所在国成立一个公司形式还是以分公司形式，是以具有独立人格的法人或是"流动实体"。

以分公司的形式就是在商业活动的所在国不设立子公司，而是以总公司的名义在当地建立长久基地（Permanent establishment）。分公司的一个优势是在分公司出现亏损的情况下，总公司可以在本国用以抵消利润，起到节省税务开支的作用。

另外，对于分公司利润，还存在一个分公司税（branch tax）的问题。如果利润留在分公司所在国，不存在这个问题，但如果把利润转移出国，有些国家就要求缴纳分公司税。例如，加拿大税法规定了10%的分公司税。这个10%的分公司税相当于子公司的股息税（如果该外国公司在当地注册了子公司）。

另一种常见的项目性的税务策划是在融资方式方面的选择，如是选择一般常规方式还是混合工具方式；对一种固定资产的投入，是以租赁或是购买形式；为了在海外并购公司，是本国公司直接并购或是在所在国一个新公司并购；等等。

二、国际税务策划的三大战略

前面提到，国际税务策划可分为项目性的策划和战略性的策划。战略性策划包括三大定位与转移，即居民身份定位与转移，资产定位与转移，利润定位与转移。

居民身份定位与转移

所谓居民身份是指跨国公司的总部，即控制全球运行的母公司的居民身份。母公司所在国或所在地之所以重要，是因为一个公司的价值主要体现在 EPS（earnings per shares）上，而 EPS 的计算是以母公司的税后所得为基础。

所以，在选定母公司所在地时，要选择在税务上有优势的国家或地区。本书的第二十八章将进一步介绍母公司，即控股公司的作用及位置选定需考虑的因素。这方面一般考虑的因素是，在母公司的居民国采用全球制（worldwide system）的前提下，集团公司利用在境外低税国省税起到的作用（除非居民国本身税率较低），最多只是推迟交税。所以，要根本上改善税务状况，母公司可采用的一个方法是改变自己的税务居民身份。

公司居民身份的税务策划可能涉及的是最初的公司居民国的选定，也可能涉及公司居民身份的转移问题（可能是由于新的形势或新的管理部门或其他原因）。

一个公司离开一个国家成为另一国的居民，就有可能在前一国面临公司离岸税的问题。决定一个公司的税务居民身份有两大依据：

- 形式上的依据：如公司注册成立所在地，法律上公司总部所在地等。

● 事实上的依据，如公司的实际管理所在地，董事会一般开会所在地等。

因此，如果一国的公司将其法律上的注册地点（Legal seat）或经营管理的地点改变到另一国，那么该公司会被视为离开了前一国，放弃了前一国的居民身份，即公司离岸。公司离岸的税务效果是将该公司拥有的全球资产的征税权由前一国转移给后一国，所以可能存在离岸税的问题（第十四章有详细介绍）。

值得一提的是，这一部分涉及的居民身份是控制全球运行的跨国公司母公司的居民身份，不是母公司股东（个人或公司）的居民身份。股东的居民身份可能是在全球的任何一个地方，而不直接影响跨国公司的运作。只要跨国公司的价值能得到增长，股东就有机会实现其股份的价值。

资产定位与转移

简单地说，这部分的国际税务策划是将能产生高利润的资产定位在低税国家，或是从高税国家转移到低税国家，例如，将知识产权的所有权、股权、工厂等转移到低税国家。资产转移也面临税务后果，如资本增值的实现。同时，国际集团公司的成员之间内部转让资产，应反映客观市场价值的转让定价原则。

利润定位与转移

跨国公司利润管理的重点是通过有效地转让定价尽可能把利润转移到低税率国家或地区，以达到降低集团公司整体实际交税税率（effective tax rate）的目的。第二十九章至第三十二章介绍的就是不同行业的利润转移的技巧与方法。

利润转移策划的基本原理或模式是，将某一行业或业务细分为不同的功能并在位于不同国家的成员公司之间合理分工，然后将利润转移到位于低税国家的成员公司。

这一模式包括以下步骤或成分：

• 将业务按不同的功能或职责进行合理地细分，分成两个或几个具体功能的公司。一个生意如果不能被合理地分开，那么利润就不能有效地转移。

• 将高利润职能的公司设立在低税国家或地区。第二十九章有介绍哪些国家或地区适合设立这类公司。

• 通过客观地转让定价将利润转移到该位于低税国家或地区的公司。

• 确认这种利润转让能经得起反避税规则，如转让定价客观原则、居民规则、长久基地规则等等的检验。

举个例子说明，从事国际批发业务的公司可将其业务分为销售和采购两个不同的功能；在销售当地国设立销售公司，在低税国家设立一个负责全球的采购公司，并通过客观地转让定价将利润转移到后者。这种基本模式广泛适用于融资与并购、知识产权的分工与经营、加工与制造、贸易与销售等行业或情形。

转让定价的利用

对于一个跨国公司来说，转让定价起到的一个重要作用是将高税国家成员公司的利润转移到低税国家的成员公司。虽然世界各国对转让定价进行严格的监督，要求转让定价遵循一定的规则，但跨国公司在决定转让定价的客观性和可比性时，具有一定的灵活性。特别是在交易的产品或服务具有一定特殊性的情况下，可操作的空间较大。

转让定价的底线是公平合理，以客观的市值为依据，但这不妨碍转让定价发挥转移利润的作用。所以，跨国公司可以不用担心在高税国家投资，只要能有效地运用转让定价转移利润。

有关转让定价应遵循的原则的讨论，见第十八章。

第二十八章　控股公司

前面提到，公司居民身份的定位及转移是国际税务战略性策划的一部分。公司居民身份最重要的是跨国公司总部控制全球运行的母公司，即控股公司（Holding Company）的居民身份。在选定控股公司所在地时，要选择在税务上有优势的国家或地区。本章将进一步介绍控股公司的作用及位置选定需考虑的因素。

一、控股公司的作用与基本机构

控股公司的作用

对于一个跨国集团公司来说，控股公司把几个或多个公司组合起来，是一个建立合理的公司结构的工具。建立一个合理的公司结构不仅是为了有效的经营管理，而且也是实现企业税务目标的需要。控股公司在管理上的作用包括：

（1）控股公司将两个或多个公司组合起来，使之成为一个集团。在一个集团系统内，控股公司就是母公司（parent company），而其他被控制的成员公司被称为子公司（subsidiaries）。控股公司的所在地，往往是集团公司总部（headquarters）。

（2）从控股的结构上看，一个跨国公司除在一国有控制全球的总部外，还可以在海外设立控股公司把同一业务或同一地区的子公司组合起来，成为业务性的或区域性的集团公司，形成多层次的控股结构。

（3）如果一国母公司直接控制在海外另一国的几个子公司，要通过重组在该另一国设立一个控股公司并把这几个子公司联合起来组成一个新的集团，可以通过股份交换的方法来实现。举例来说，一国的 A 公司在 B 国拥有两个 100% 控股的子公司。A 公司在 B 国设立 BH 公司作为控股公司，然后将该两个子公司的全部股份转让给 BH 公司，同时换取 BH 公司发行的全部股份。交易完成后，BH 控制在该另一国的两个子公司，A 公司控制 BH 公司。

（4）从字面上看，控股公司起到的只是被动地控股作用，但实际上控股公司的控股活动可以与其他业务（如融资贷款、知识产权管理等）有效地结合在一起。

（5）控股公司结构可以用于管理同一业务领域的公司或同一地域上的区域公司，可以用于收购新的公司或拓展新的生意机会，或者用于融资、财务、税务等目的。

就税务而言，海外控股公司的用途主要有几个：

（1）利用一个子公司的亏损抵消另一公司的利润。

大多数允许集团公司合并报税的国家只允许本国公司合并；海外子公司的亏损不能抵消本国公司的利润。因此，母公司在海外同一国拥有几个子公司的情况下，需要一个控股公司把这几个子公司组合起来形成一个可合并报税的集团，以便该集团成员的亏损得到有效的利用。

（2）用以收购海外公司

国际公司在收购海外公司时，往往需要融资，一般是通过从第三方贷款，因而会产生利息费用。这种利息费用一般不能在收购方公司本国利用，因为用于购买股份的利息费用的扣除会受到限制。同时，被收购公司不能利用这种利息费用，因为货款只涉及它的股份，不涉及它的业务运作，并且被收购公司不是贷款人。因此，一个解决问题的方法是在被收购公司的所在国设立一个控股公司，由该控股公司借钱来进行收购，有关利息费用可以通过在所在国的控股公司和被收购的子公司合并报税时加以利用。

控股公司的基本结构

如果控股公司的作用只是单独的控股，那么控股公司的基本机构见图 25 – 1。

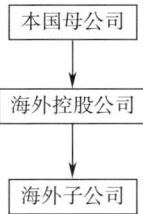

本国母公司

↓

海外控股公司

↓

海外子公司

图 25 – 1　模式一

如果控股公司的控股活动可以与其他业务（如融资贷款、知识产权管理等）有效地结合在一起，其机构见图 25 – 2。

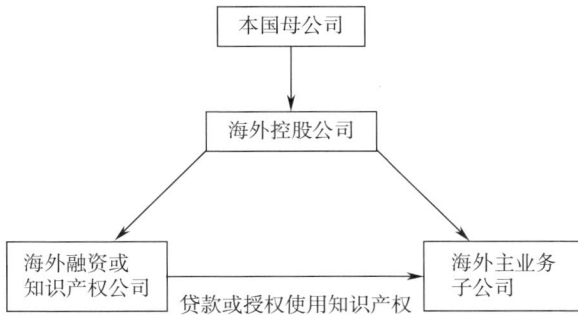

本国母公司

↓

海外控股公司

↙　　　　　　↘

海外融资或　——————→　海外主业务
知识产权公司　贷款或授权使用知识产权　子公司

图 25 – 2　模式二

二、跨国公司所在国的选择

选择控股公司所在国或地区需要考虑的因素，包括税务的和非税务的两类因素。

选择控股公司所在地需考虑的非税务因素

选择控股公司所在国或地区需要考虑的非税务的因素包括：

1. 政治及社会的稳定

所在国政治及社会的稳定对于一个跨国控股公司的重要性是不言而喻的。

2. 成熟健全的公司法制度

在集团公司内部系统，控股公司是位于不同国家的隶属公司的母公司，但在法律上是当地所在国的法人（legal person），即根据所在国的公司法创造的具有独立人格（如可以被诉或起诉他人）的法律实体。所以，在选择控股公司的所在国或地区时，应考虑到当地是否有与国际接轨的成熟及健全的公司法制度，同时还要注意选择有信誉的律师行提供专业的法律服务，使得控股公司注册及运行符合法律规范。

3. 地理位置及交通方便

本书第七章提到，在许多国家公司居民身份可以由实际管理所在地决定。看一个公司管理实际发生在哪个国家是看公司董事会在哪开会，重要的经营管理决策是在哪决定的。因此，控股公司的所在国应便于董事会成员的到达及董事会的召集。如果有迹象表明一个公司的董事会习惯性地在另一国家召开会议，那么，该另一国可以认为该公司是它的居民。对于一个控股公司来说，应尽量避免这种挑战。

4. 其他非税务考虑因素

包括当地的经济规模（越大越好），运作成本的高低，管理上的方便，会计制度及财务申报的要求，基础设施的方便，银行、会计等专业服务，金融/外汇管制上的便利及风险等。

选择控股公司所在地需考虑的税务因素

选择控股公司所在国或地区需要考虑的税务的因素包括：

1. 对本国公司的海外股息收入的征税规则

因为一个控股公司的主要商业职能是控股活动（holding activity），即控制各地的子公司，所以作为母公司它的主要收入会是从这些子公司分红得到的股息收入。这就是为什么在这方面我们首先要考虑的是所在国在税务上怎样对待本国公司从海外获得的股息收入。

在这方面有利于设立控股公司的国家或地区可归为两大类：一是对于海外收入（不论是股息收入还是其他收入）都一律给予免税待遇。香港就是采用这种"区域制"（territorial system）税制的代表。二是对海外股息收入仍需征税，但税率较低的国家（见第五章企业税率的讨论）。三是有条件地给予海外股息收入免税待遇，即所谓的控股公司机制（holding company regime）。

控股公司机制是指一国采用的在税务上适合或鼓励跨国公司在该国设立总部（即母公司）的一套规则；其中核心部分是一般被称为"参与豁免"（participation exemption）的规则；加拿大称为"豁免盈余"（exempt surplus）。简单地说，"参与豁免"制对于本国公司在境外获得的股息收入及从出售其境外股份获得的资本增值给予免税待遇。

大多数西方国家采用这一机制，这些国家包括加拿大、澳大利亚、英国、西班牙、爱尔兰、荷兰、比利时、奥地利、德国、法国、意大利、日本、丹麦等。

至于什么情形符合适用"参与豁免"制，各国规定了各种各样的条件或要求，但主要有三个方面值得注意：

（1）一是海外公司（分配股息的公司）商业活动的性质，一般国家规定只有从事"积极生意"活动的才能享受"参与豁免"制，那些从事被动投资活动的（如靠货款挣取利息收入的）不符合条件。

（2）二是本国公司（接受股息的公司）占有海外公司的股份比例。一般是规定需占10%或以上，但有些国家要求更低。

（3）三是本国公司对海外公司的股份持有时间的长短。有些国家规定需要持有 12 个月才享受"参与豁免"。

在这些方面的要求，有些国家的规定较高，而有些国家要求很低。例如，塞浦路斯的税法规定，它的公司只要拥有外国公司的 1% 或以上的股份，从该外国公司分配到的股息就可以享受免税待遇。在持有外国公司股份的时间长短上，没有要求。卢森堡对其居民公司享受"参与豁免"的要求要高些。该国税法规定，要符合"参与豁免"的条件，卢森堡公司必须持有外国公司股份的时间至少在 12 个月以上，并且需拥有该外国公司至少 10% 的股份。

在资本增值免税方面，一般来说在符合"参与豁免"条件的情况下，如果有关外国公司的股份被出售，从中获得的资本增值也享受免税待遇。有些国家，如塞浦路斯，对该国公司在境外出售股份得到的资本增值，不加以征税，也没有什么条件要求。

2. 公司所得税税率

考虑这一因素的原因是，如果控股公司的商业活动除控制其隶属公司的股份外，还有为集团公司成员提供融资贷款、授权使用知识产权、提供特别咨询服务等，那么控股公司的收入除股息外还会有利息、特许使用费、咨询费等业务收入，因而需要考虑所在国针对这些收入的税率。当然，如果控股公司的作用只是控股本身，一般可以不用考虑这一因素。

股息收入与其他业务收入在税务上的差别，主要表现在两个方面：

第一，股息在收入的性质上被视为税后或部分税后收入，因而各国的税法一般都给予一定的优惠待遇（或是免税或是低税率）。利息、特许使用费等业务收入是税前收入，需按所在国正常公司税率计税。

第二，控股公司从子公司获得股息收入是因为母子公司的关系；但它的其他业务收入（如利息等）是产生于一般公司之间的业务关系（如借贷关系）。这种业务关系可以是任何集团成员公司的业务关系，也可以是与集团以外公司的业务关系。如果业务关系发生在集团公司内部，那么有关交易需遵循转让定价的客观原则；而子公司分红给母公司不存在转让定价的客观原则的问题。

显然，考虑公司所得税税率要选择低税或者免税的国家或地区。符合这方面要求的也有两类，一类是采用区域制的国家或地区，如中国香港。这些政区对外来收入，不论是股息还是利息、特许使用费等，一律免税。另一类是公司税本身就较低的国家，不论是境内还是境外收入。例如，塞浦路斯一般适用的公司税率是 12.5%。

3. 分配股息的源泉扣缴税

源泉扣缴税是控股公司的所在国规定的该国居民公司在向非居民股东分配股息时，必须代扣代缴的税款。源泉扣缴税之所以是一个考虑因素是因为一国居民在另一国设立控股公司，最终还要从该境外公司获取回报，以股息、利息、特许使用费（Royalty）等形式。因此，寻找设立控股公司最佳国或地区的国际公司当然希望避开源泉扣缴税太高的国家或地区。

在这方面符合条件的国家或地区也包括两类：一类是对非居民不适用源泉扣缴的国家或地区，如中国香港。另一类是与世界大部分国家签有国际税务条约的国家或地区。一般来说，国际税务条约规定的源泉扣缴税率为 5% ~ 10%，如果接受股息的是公司。在没有国际税务条约的前提下，源泉扣缴税率一般为 25% ~ 30%。

另外，根据欧盟规则（EU Directives）欧盟成员国之间相互免除对于股息、利息、特许使用费收入的源泉扣缴税[1]。

4. 国际税务条约网络

上面提到，在有关国家之间签有税务协议的情况下，源泉扣缴税率可以大幅度降低。这是国际税务条约给纳税人直接带来的许多好处的其中一个。因此，在选择控股公司地点时，考虑的因素应包括该国或地

---

① 　Raffaele Russo，第 100 页。

区已与多少国家签订了国际税务条约，是否在世界上建立了广泛的国际税务条约网络。传统的避税天堂（Tax Heaven），如一些加勒比岛国，越来越失去吸引力，是因为它们缺乏这种国际税务条约网络，再加上一些国家把它们列入反避税的黑名单。

5. 当地的反避税的 CFC 规则

CFC（Foreign Controlled Corporation）规则是一国的一套反避规则，针对的情形是本国居民将资产及收入转移到他们控制的海外公司，并利用他们控制的位置，无限期地拖迟海外公司的分红以达到无限期地延税避税的目的。因此，CFC 规则采用的应付方法是立即征税，即在海外公司利润产生之年，本国的居民股东（如果是公司就是母公司）被要求将海外公司的利润按股权比例立即算进收入在本国纳税，不能等到分红。当海外公司分红实际发生的时候，不再算是应纳税收入。世界上一些主要国家都采用了 CFC 反避规则，只是一些小国或地区没有采用。

跨国公司选择在某国设立控股公司的一个重要目的是要利用该控股公司积蓄集团公司的利润，因而有必要考虑当地国是否有 CFC 规则，考虑控股公司从各海外公司获得的收入是否成为反避税对象。

在采用 CFC 规则方面，世界各国之间的差别很大。有些国家完全没有 CFC 规则；而在采用 CFC 规则的国家当中，有些国家针对的是被动的收入类别，有些国家针对的是海外公司所在国或地区，而有些是按税率划分国家。总的来说，在选择控股公司地点时，应考虑当地国是否有 CFC 规则，如果有，应进一步了解具体适用的规则，确定该 CFC 规则是否适用于即将设立的控股公司。

6. 其他税务因素

其他需考虑的税务因素包括：

（1）当地国家或地区对控股公司的费用扣除规则，特别是对利息费用是否有任何限制，例如，资本弱化规则。如果投资控股公司的资金或部分资金是来自从第三方的贷款并产生利息费用，需考虑这一因素。

（2）与上一因素有关的是当地对控股公司向海外支付利息，是否存在源泉扣缴的问题。

（3）当地对非居民出售当地公司股份的资本增值是否征税，如果不能免税，怎样征税，税率是多少。

（4）当地国或地区是否是控股公司股东国的反避税规则的对象。

适合设立控股公司的国家和地区

根据上述各种税务的和非税务的考虑因素，适合设立控股公司的国家和地区可分为两类：一类是对海外股息收入免税的国家，另一类是对海外收入不征税或税率很低的国家或地区。

1. 对海外股息收入免税的国家

属于这类的是那些采用控股公司机制（holding company regime）的国家，如加拿大、澳大利亚、爱尔兰、英国、瑞士、塞浦路斯、比利时、荷兰、西班牙等。

2. 对海外收入不征税或税率很低的国家或地区

这类国家或地区包括中国香港、新加坡、中国澳门、塞浦路斯、毛里求斯等。

第二十九章　国际融资

国际公司常常通过成员之间的业务往来，如提供融资服务、产品管理、库存管理、特许使用权等，来转移利润，为位于高税国家的成员公司省税，以降低集团公司整体实际纳税税率。利润转移是国际税务战略性策划的一部分。本章将介绍国际公司在融资方面转移利润以及利用利息作为费用扣除的技巧与方法。

一、融资公司的运用

融资公司（finance company）的作用

跨国集团公司内部贷款，可能产生利息收入及相关的所得税。在这种情况下，通过在税率较低的国家或地区设立专门的融资公司来进行融资或贷款活动，往往可以降低集团公司整体的实际交税税率。

举例来说，母公司借钱给子公司，可以选择以母公司名义直接贷款给子公司，但如果母公司居民国税率太高，可以选择在一个低税国家或地区设立一个专门做融资的公司，让这个融资公司挣到利息收入。这样的效果是把位于高税国子公司的利润转移到低税的融资公司。

选择转移利润的低税国家或地区

选择低税或免税国家或地区设立公司来转移利润，不同于选择低税或免税国家设立控股公司。控股公司结构转移和积蓄的是子公司税后的利润，通过集团成员公司之间交易的转让定价转让的利润是税前利润，因而从接受利润成员公司的角度来说，是一般运作的业务利润或盈利；在纳税方面，适用的是一般的公司税率。

因此，在选择设立这类公司的国家或地区时，考虑的因素与设立控股公司的地点有所不同。非税务的因素应该与控股公司相同，税务因素可包括：

1. 公司税率的高低。

很明显，这方面的要求是低税或免税。符合这一要求主要有两类国家或地区：一是对于海外收入一律不征税的地域制（territorial system）国家或地区；二是公司税率本来就较低的国家或地区，不论收入来自境内还是境外。

2. 源泉扣缴是否适用于当地公司向海外公司支付利息、股息、特许使用费等。

3. 当地国家或地区是否有广泛的国际税务条约网络。

4. 当地国家或地区是否是集团公司成员所在国的反避税对象。

5. 当地国家或地区是否采用资本软化（Thin Capitalization）反避税规则。

6. 对非居民出售股份的资本增值是否征税。

符合上诉条件适合设立公司转移利润的国家或地区主要有两类：一类是对海外收入不征税（即采用地域制）的国家或地区，例如，中国香港。另一类是一些公司税率较低的国家或地区，如塞浦路斯、爱尔兰、毛里求斯、中国澳门、新加坡及部分东欧国家。这些国家或地区的公司税率一般都是百分之十几，并且与世界上不少国家签有国际税务条约。

传统的避税天堂大都不适合设立融资公司，因为他们很少与别国签有国际税务条约。因此别国的公司在支付利息时需交较高的源泉扣缴税。

利用融资公司值得考虑的因素

1. 如果母公司居民国对于来自境外子公司的股息征税，那么在低税国家设立融资公司，只能达到延税而不是省税的目的。

2. 在融资公司的贷款资金来源是向集团外借钱的情况下，那么母公司需要确认按本国税法，母公司借钱产生的利息费用是否能在税务上用以扣除，如果母公司对融资公司的投入采用股本投入的形式（即是股权而不是债权）。

3. 如果按照使用贷款的子公司所在国或地区的税法，在该子公司支付利息给融资公司时，需交源泉扣缴税，那么根据税率的高低，在低税国设立融资公司的税务好处会被这种源泉扣缴税降低或完全抵消。

融资公司与 CFC 机制

跨国公司通过设立融资公司来省税、延税已引起各国及国际组织的关注及担忧，但各国看待这个问题的角度及实施的政策不尽相同。一些主要的西方国家并没将它当作反避税的对象。例如，美国、加拿大等国的 CFC/CFA 规则都不适用于融资公司。这些国家不反对融资公司结构，因为它有利于本国公司在境外收购或成立子公司，能增强它们的国际竞争力。在政策上鼓励输出可以为本国公司创造更多生意机会。

二、公司的股权与债权比例

债权与股权的选择

国际通行的规则是股东对其公司的投入，只有是在借贷（债权）的情况下，公司付利息给股东才会产生利息费用，可减轻公司应纳的所得税。就股东对公司投入的股本（股权）而言，股东对其投入获取回报的形式，是通过分红获得的股息，一般的规则是公司只能拿税后钱分配股息，所以公司分配股息起不到减税的作用。不过，对于这种一般规则也有例外，如巴西和比利时对于公司分配股息也按象征性的利率在一定范围内允许将股息做费用抵扣①。

所以，母公司对子公司的投入以债权形式较省税，但利息费用的扣除在子公司所在国往往受"资本软化"规则的限制。

股权与债权比例的调整

在母公司对子公司的投入全部是采用股本的形式或子公司对母公司的欠债已全部还清给母公司的情况下，如果母公司要将部分股权改为债权，可采用几种方法进行。

一种方法是，子公司向母公司借钱然后给母公司分红或向母公司赎回部分股本。如果采用这一方法我们需要考虑的税务因素包括：

1. 按子公司所在国的税法，为上述目的借钱而产生的利息费用是否可以用以扣除应纳税盈利，降低所得税。

2. 为上述分红，是否存在源泉扣缴税（withholding Tax）的问题。

3. 按母公司居民国的税法，母公司收到这种分红，是否引发交税的问题。

另一种将股权改为债券的方法是母公司在子公司所在国又新设立一个控股公司，将其对子公司拥有的全部股份卖给新设立的控股公司，而该新公司购买子公司股份的资金来自向母公司借钱。

采用这一方法同样要考虑一些税务问题，包括：

1. 新设立公司的借款利息是否可以作为费用扣除。

2. 这种股份转让是否会产生税务后果。

3. 在子公司所在国由一公司变为两个公司，该国税法是否允许合

---

① Raffaele Russo，第 107 页。

并报税或允许两个公司将来免税合并。

另外，还应该注意的是一些国家采用"反避税规则"（Anti‐avoidance rule）来制止这种人为地制造债权的做法。

最后，在母公司与子公司使用不同货币的情况下，母公司给子公司贷款就存在一个以哪种货币为准作为借债还债的依据问题。国际上的一般做法是以子公司国的货币为准[①]。

贷款利息能否作为费用扣除的问题

国际通用的一般原则是凡用于生意目的的借款利息费用都可以扣除，但在具体运用上，世界各国的做法不尽相同。有些国家把公司的运行作为一个整体来看待，公司借钱只要是用于公司的任何方面的运作，有关利息费用都可以扣除。但有些国家要具体看借钱直接的用途；如果借钱的直接用途是为了分红或赎回股本，那么不被认为是用于公司的正常业务，所以这种借钱产生的利息费用不符合扣除的条件。所以，在做税务策划时要研究所在国税法的具体规则。

三、混合实体与混合工具的运用

混合融资工具（Hybrid financing instrument）

混合融资工具的利用是指跨国公司利用接受融资的国家与提供融资国家之间，对于同一种融资方式在税务处理上的差异来实现税务上的好处[②]。

利用混合融资工具的一种情形是，A 国的税法将公司法里的股权当债权来处理，其结果是该国公司的分红可以当利息费用来扣除。在这种情况下，如果 B 国采用"参与豁免"规则（另见专门章节的说明），那

---

① Raffaele Russo，第 114 页。
② Raffaele Russo，第 124 页。

么 B 国的母公司就有可能免税从 A 国的子公司得到分红收入。对于 B 国的母公司来说，它对 A 国子公司的股权投资，子公司可以用利息费用减税。而在其本国（B 国）又可以免税得到分红收入。

国际税务业界常举的例子是在澳大利亚一些类别的可赎回优先股（Redeemable preferred shares）按公司法是股权，但税法把它当债权来处理[1]。因而股息的分配可以当作利息费用抵税。如果拥有这种优先股的公司是外国公司，而且该外国采用"参与豁免"规则，那么该外国公司就有可能免税从澳洲公司获得分红。

从投资国的税法角度来看，也有可能出现与另一国规则的差异，为混合融资工具的使用提供机会。例如，按德国的税法，如果一个公司对另一公司的投资带有参与后者利润及生意的增值分配的权利，那么这种投资会被视为股权投资，从中收益可享受"参与豁免"的待遇[2]。如果德国的公司贷款给其境外的子公司，该子公司就有可能将贷款利息作为费用在所在国抵税，而该德国公司可以免税获取利息收入。

本书最后一部分介绍的"加拿大 4145356 有限公司（皇家银行子公司）税务案"提供的是混合工具运用的一个成功实例。在该案里皇家银行子公司在美国投资 4 亿美元，而按照美国的税务规则，这笔资金因为重新买回协议（a repo agreement）的存在被当作贷款（债务），而在加拿大被当作股本（equity）。

混合公司实体（Hybrid entities）

混合公司实体的利用是指跨国公司利用不同国家之间对于同一公司形式在税务处理上的差异，来实现税务上的好处。这种税务上的差异主要表现在一国税制把一公司形式当作独立的纳税实体，而另一国税制把它看成一个"透明实体"（Flow – through or transparent entity），即

---

[1]　Raffaele Russo，第 126 页。

[2]　Raffaele Russo，第 126 页。

这种实体本身不是纳税人，它的收入和费用都会分摊给其成员（Members）或业主（Owner）。

常见的透明实体包括个体公司，合伙公司，收入信托（Income Trust），无限责任公司（Unlimited Liability Corporation，ULC），美国的 S Corporation，Limited Liability Company（LLC）等。利用这种税务上的差异，跨国公司就有可能将贷款利息费用在透明公司的居民国和业主公司的所在国同时抵税，即一笔费用，两头减税。

本书最后一部分介绍的"加拿大 4145356 有限公司（皇家银行子公司）税务案"也为混合实体的运用提供了一个成功实例。在该案里皇家银行子公司与美国银行子公司合作的合伙公司，在美国被当作独立纳税人（在美国可以选择），而按加拿大税法被当作透明实体。

各国税法对外国公司形式的处理方法

世界各国公司法规定的公司形式及特点国与国之间不尽相同，各国的税法对不同的公司形式也规定了不同税务处理方式。这为一国在税务上如何处理另一国公司，造成一定的复杂性。概括起来，世界各国针对外国公司形式有三种处理方法[①]：

（1）参照法

按照参照法，在确定对外国公司的税务处理方法时，先按该外国公司的公司形式特点，参照本国公司法来确定其公司形式；即先套用本国公司法确立公司形式，再按本国税法做相应税处理。参照法是国际最常用的方法。

（2）独立人格法

这一方法将外国的任何公司、团体、组织一律当作具有独立人格的法人来处理，即被视为一个独立的纳税人公司（Corporation）。意大利

---

① Raffaele Russo，第 134 页。

是采用这一方法国家的代表。

（3）选择法

对于外国公司形式的处理，采用选择法的国家允许本国的成员公司选择一种方法。美国就是选择法国家的代表。美国的"打勾制"（Check the Box System）就像考试选择题一样，允许美国公司通过打勾选择。

混合公司实体的运用模式

最基本的混合实体的模式是，A 国母公司在 B 国设立子公司，该子公司在 B 国被视为独立的纳税人，但在 A 国可被视为透明公司。因此，母子公司可以分别在 A 国和 B 国同时申报一笔利息费用。

这种模式也可以反过来运用，即该子公司在 B 国被当作透明公司，但在 A 国是独立的纳税人。上述提到，意大利将任何国外公司当作独立的纳税人。现假设意大利公司从银行贷款在美国设立一个透明公司作为子公司从事业务。在意大利税法眼里，该子公司是一个独立的美国纳税人，没有直接在意大利的纳税义务。但为在美国设立子公司从银行贷款产生的利息（即为投资而贷款产生的利息），该意大利公司可以在意大利作为费用报税。

在美国方面，由于该子公司是透明公司，该意大利公司必须在美国为其子公司的生意直接承担纳税义务。因此，该意大利母公司在向美国政府报税时，又可将贷款利息费用用于扣除在美国的应纳税盈利。

加拿大的"无限责任公司"（ULC）

加拿大有三个省份（Alberta，Nova Scotia，British Columbia）有"无限责任公司"（Unlimited Liability Corporation，ULC）。根据正常的概念，Corporation 本身是有限责任公司的意思，但前面明确加上无限责任的限定，ULC 又变回无限责任了。因而 ULC 的股东或背后的业主需为 ULC

造成的任何风险、伤害或损失承担无限责任。这些都是公司法方面的特性。在税法方面，加拿大税法把 ULC 当作独立的纳税人对待，因为加拿大所得税法的纳税人包括三类：Individual，Corporation，Trust。而 ULC 算是 Corporation（虽然 Corporation 在大部分的情况下是有限责任）。在美国的税法里，ULC 属于透明公司（Flow – through 或 Disregarded entity），即 ULC 不是独立的所得税纳税人，在税务上其收入和费用都直接算到 ULC 股东身上。ULC 背后的股东才是真正的纳税人，为 ULC 承担报税纳税的义务。美国税制的这一规则与公司法保持了一致；既然股东需为公司承担无限责任，而税务也是一种责任，那么 ULC 股东需为公司直接承担税务责任。

由于美加之间在这一税务上的差异，不少美国公司对加拿大的投资都是利用加拿大上述三省的 ULC 公司形式。较流行的做法是美国公司先在加拿大设立 ULC，然后再利用 ULC 在加拿大设立或收购子公司或购置其他资产。作为资产或子公司的控股公司，ULC 本身一般不会产生盈利，但美国公司为在加拿大设立或收购子公司的贷款（从第三方，如银行）的利息费用，可以按透明公司的规则在美国用于税务申报。同时，在加拿大的子公司，即该贷款实际使用的一方，在加拿大也可以申报利息费用抵税。

实际上，上述加拿大三省是有意采用怪里怪气的 ULC 公司形式，目的就是要利用美加税务上的差异，迎合美国公司进入加拿大的需要，吸引美国公司去这些省份投资设立公司。

四、其他融资税务策划技巧与方法

国际并购融资（Merger &Acquisition）

跨国公司在境外从事合并和收购的交易，如果需要从第三方（如银行）贷款，有关的国际税务策划主要涉及的是利息费用的扣除问题。

从收购方的国家角度来看，有些国家或地区对于这种融资产生的利息给予有限的扣除或完全不允许扣除。其主要原因是这种交易收购的是境外公司的股权，而实质性的商业活动是在境外进行。

如果收购方居民国的税务政策是这样的，那么收购公司应考虑有关利息费用能否在被收购方公司的所在国用于扣除。由于国际收购的对象是被收购公司的股权，即股东之间的交易，而不是用于被收购公司的经营，所以收购融资的利息不是被收购公司的费用，不能用于被收购公司的扣除。

在这种情况下的通常做法是，在被收购公司的所在国另设立一个新的收购公司来从事收购。这种利息费用，可以通过新设立的收购公司与被收购公司合并报税加以使用。当然，这一方法不是在所有的国家都行得通（例如，不是所有国家允许集团公司合并报税）。跨国公司在做国际收购时，应对具体国家的税制做充分的研究。

资产融资（Asset Financing）

融资的主要形式是提供资金，但也包括通过租赁的方式（Leasing）为企业提供设备或其他固定资产。会计原理将租赁分为两大类：运作租赁（Operating lease）和融资租赁（Finance lease）。运作租赁的租期一般较短，租赁的费用就像房屋租金一样，是承租方的一种运作费用，不直接影响其资产负债表。资产折旧归出租方。

融资租赁顾名思义，本质上是一种以融资方法购买固定资产。融资租赁的租约期间一般等于或接近固定资产使用的寿命时间。因此，承租方给出租方定期缴纳的所谓"租金"，本质上是为购买资产的一种分期付款。根据融资租赁这些特点，国际通用的会计规则是将融资租赁的固定资产作为承租方的（不是出租方）的资产来处理，同时由承租方做资产折旧。承租方在资产负债表上还需做的一个项目是将应付但还未付的全部租金体现为长期负债。

　　上述是国际通用的处理租赁的会计规则，但在税务规则上，世界各国之间仍存在差异。这种税务上的差异，有可能使得在一国的公司作为出租方申报资产折旧，而在另一国的承租方也可以申报涉及同一资产的资产折旧。这就为跨国公司做国际税务策划提供了机会。

第三十章　知识产权

知识产权（Intellectual Property）在许多企业的价值中占有相当的比重。因此，知识产权方面的国际税务策划对这些公司意义重大。本章将介绍知识产权在产生、管理及转让阶段的税务策划。前面提到，国际税务战略性的策划包括三个方面，即居民身份、资产以及利润的定位和转移。知识产权在产生和管理阶段的策划属于利润的定位和转移的问题，知识产权转让的策划涉及资产的定位和转移。

一、知识产权的产生

知识产权的概念

知识产权属于无形资产，包括的形式较广，常见的有商标、股权、专利、名称、技术秘诀（Know－how）、品牌、软件、设计、配方等。

就一个跨国公司的价值而言，如果知识产权占有一定的比重，那么知识产权的所在国及税率对该跨国公司的税后收益会有相当的影响。有些跨国公司的业务在很大程度上靠的是它的品牌及配方（如可口可乐），有的公司靠的是它的软件（如 Windows），对于一些大银行、保险公司、连锁店来说，名称对它们的业务起到关键作用。

跨国公司由于它们的国际性，有机会决定知识产权所有权的所在国，即决定由其在哪一个国家的成员公司拥有知识产权。在做这一决策时需考虑的因素是多方面的，包括税务因素、对知识产权的保护、政府的管理等。在税务上考虑的是所在国的税率的高低以及费用扣除的规则。

知识产权的税务策划可分为三个不同的阶段：产生、管理以及转移①。

知识产权的产生

对于一个国际集团公司来说，有机会选择它在世界上任何一个国家的成员公司拥有其知识产权，不论有关知识产权实际上是在哪个国家产生的。

用产品专利来说明这一点。产品专利是通过公司的研发活动获得的，因此，如果一个国际集团公司想让它在 A 国的成员公司拥有某种专利，它可以采用两种方法：一种是让 A 国成员公司从事研发并拥有专利；另一种是 A 国成员公司出资将研发项目承包给 B 国的成员公司。B 国公司只是作为一种业务具体从事研发工作，从 A 国公司赚到研发活动本身的合同利润，而拥有专利所有权的是出资方 A 国公司。

由于 A 国公司和 B 国公司都属于同一集团公司，所以两个公司之间的合同价格归属转让定价的管辖范围，即需遵循客观原则，才可能经得起 A 国和 B 国税务部门的检验。这方面的定价模式可以是：成本 + 毛利。由于 B 国公司只是按合同干活，不承担风险，所以毛利也不应该太厚。

知识产权产生阶段的核心问题

在知识产权产生阶段，税务策划主要是围绕着这样一个相对矛盾的问题；一方面要充分利用产生或创造知识产权的费用扣除来省税，而在另一方面又能使有关的知识产权的所有权落入低税国家或地区。在税务策划方面，充分利用费用与享受低税率两者往往是相互矛盾的；所以核心问题是怎样在两者之间找到平衡。

一个项目的费用往往是在税率较高的国家才能较大地发挥扣除省税的

---

① Raffaele Russo，第 171 页。

作用。如果一个公司的项目费用太高，以致造成项目亏损，那么该项的费用或亏损可以用以抵减公司的其他盈利。公司所在国的税率越高，费用能带来的好处越多；这种费用在税率较低或免税的国家里能起到的作用就较为有限，甚至完全没有任何用处。知识产权产生阶段的税务策划需要解决的就是这一矛盾。概括起来，这一问题的决策有三种基本模式：

1. 在高税的国家或地区开发知识产权，同时知识产权的所有权也留在该高税的国家或地区。在税务上这一模式的优势是有关开发费用能得到充分利用。

2. 通过合同承包形式将知识产权的开发与所有权分离，即由跨国公司在低税国家的成员公司出资发包开发知识产权，最终拥有知识产权的所有权。这一模式的优势是，由知识产权产生的盈利将一直享受低税待遇。

3. 知识产权在高税国家或地区开发并拥有之后，再转移到低税的国际或地区。这种转移在有些国家会有限制。

各国对研发的鼓励政策

世界各国对在其境内从事的研发项目大多采用鼓励政策，这种鼓励政策除税务上的费用的正常扣除以外，还包括额外的抵税退税（Tax credit）和津贴。因此，在选择上述模式时应把政府鼓励政策的因素考虑进去，综合平衡。

以加拿大的鼓励项目为例，其研发税务奖励的全称是"科学研究与试验开发税务奖励项目"（Scientific Research and Experimental Development Tax Incentive Program）。这是加拿大联邦政府出资最大的奖励在加拿大境内从事工业研发的项目，由联邦税局（CRA）主理。

可以获得税务奖励的研发项目，必须是那些能产生新的产品，改进现有产品或生产过程，并且研发必须是在加拿大境内进行的。一个项目可获的奖励金额的大小及形式，要根据"合格的研发开销"（qualified

SR & ED expenditure）的金额。"合格的研发开销"分两个部分构成，一个是日常开销（current expenditure），如工资、材料、一般用品、合同分包开销等。另一部分是资本开销（capital expenditure），即固定资产，如设备等。

研发税务奖励项目为企业带来的好处可以总结为两个方面。一方面，"合格的研发开销"像其他正常的生意开销，可以用以扣除收入；另一方面，这同一"合格的研发开销"可以为企业挣到"投资抵税额"（Investment Tax Credit），并且这"投资抵税额"是可退回给企业的，如果在抵免应交的税款后还有剩余。

可以申请研发税务奖励项目的包括各类有限公司、个人、合伙及信托。"投资抵税额"计算规则如下：

• 如果企业是加拿大控股私有公司（CCPC），"投资抵税额"的金额是"合格的研发开销"的300万加元以内部分的35%，另加超出300万加元部分的15%。

• 其他类别有限公司、个人、合伙及信托，统一按研发开销的15%计算，不论研发开销金额的大小。

投资顶税金的使用包括两种形式，即顶税和退税。如果企业是CCPC，可以首先用以顶税。如果该公司没有税上交，或应交税金额小于顶税金额，剩下的顶税金可以获得退税。可退税的金额是：100%的日常开销部分的顶税金，另加40%的资本开销部分的顶税金。

二、知识产权的管理与转移

知识产权的管理

知识产权管理阶段税务策划的中心问题是知识产权使用方式的问题，即拥有知识产权的公司自己直接使用，如用于自己制造的产品，或是通过收取特许使用费（Royalty）让集团公司内其他成员公司使用。

在做出选择时，应考虑的因素很多，在税务上主要包括：

1. 拥有知识产权的公司的实际交税税率。所谓实际交税税率是指在综合考虑公司所得税税率，从政府研发鼓励政策得到的好处，以及知识产权的折旧（开发或购买知识产权的成本）之后的实际交税的税率（Effective tax rate），而不是简单的公司所得税税率。

2. 决定实际交税税率的主要是公司所得税税率，但不少国家将公司收入分为积极生意收入和被动投资收入，而对前者采用优惠税率。如果拥有知识产权的公司将知识产权用于生意，那么从中获得的利润属于积极的生意收入。那种靠持有知识产权，出让使用权给其他公司而从中收取的特许使用费（Royalty）很有可能被视为被动投资收入，适用较高的公司所得税。

3. 国际税务条约规定的有关国家之间源泉扣缴税（Withholding tax）税率。一般的国家对于本国公司向外国公司支付知识产权的特许使用费时，都规定有源泉扣缴税。因此有关国家之间税务条约规定的源泉扣缴税税率是值得考虑的因素。

4. 当拥有知识产权的公司作为子公司把利润转移到母公司时，母公司所在国是怎样处理这种利润的，如是否享受免税，延缓纳税，还是立即纳税。

5. 知识产权所在国和母公司所在国是否存在一些带有限制性的税务政策，如反避税条款，对于有关费用抵税的限制等。

选择拥有知识产权的低税国家与上一章"国际融资"提到的应该考虑的因素相同，因为都选择低税或免税国家设立公司来转移利润。这些因素包括：

- 该国的公司税率；
- 源泉扣缴；
- 国际税务条约网络；
- 该国是否是其他国家的反避税对象；

　　● 该国对非居民出售股份的资本增值的征税。

　　跨国公司往往是将其拥有知识产权的成员公司设立在税率较低的国家或地区包括新加坡、中国香港、瑞士、塞浦路斯等。

知识产权的转移

　　知识产权在产生阶段，所有权所属国的选定较为容易，但在选定所属国之后再要将所有权转移到另一国可能会面临较大的税务困难或代价。这里涉及的主要税务问题是这种所有权的转移会导致资本增值的实现及相应的纳税。使得问题复杂的是知识产权的市场价值比较难以评估，所有权在集团公司内转让时，如果转让定价不合理，可能会导致成员公司各自所在国税务部门的挑战，成为不稳定因素。

　　几种可能的转移途径[①]：

　　1. 在另一国成立一个新的经营知识产权的公司，现拥有知识产权的公司将知识产权的经营使用权出让给该新成立的公司，换取定期支付的特许使用费。对于现拥有知识产权的公司来说，这一交易起到资产价值冻结的效果。由于它不再享有知识产权的使用权，所有权逐渐失去价值最终转让时，不会带来太大的税务上的代价。

　　2. 在另一国设立独资或合资的公司，将知识产权作为投入，换取新公司的股权。在有些国家这种以资产投入换股权（而不是现金）的交易在符合一定条件的情况下不会立即实现资本增值。这实际起到延税的作用。

　　3. 国际公司将知识产权转移到海外的分公司供其正常业务使用。由于总公司与分公司属于一个实体，它们之间的资产转移不属于所有权的转让。等到时机成熟，国际公司可将分公司的运作在本地转成子公司，最终完成知识产权所有权的转移。

---

　　① Raffaele Russo，第 181 页。

第三十一章　制造业

制造业国际税务策划涉及的是利润转移问题。本书在第二十七章提到，利润转移策划的基本原理或模式是，将某一行业或业务细分为不同的功能并在位于不同国家的成员公司之间合理分工，然后将利润转移到位于低税国家的成员公司。

将这一模式运用在制造业里，是将传统的工厂职能分解为单纯的制造活动和产品的经营活动，而将这两种不同的功能分配给两个不同的企业承担，即生产厂家和产品业主（Principal），两个活动的利润尽量让位于低税的产品业主公司赚走。

制造或生产模式

产品的制造或生产模式是指厂家在经营过程中的管理职能、资产所有权、生意风险等方面特有的关系及特点。传统的生产模式的特点是生产厂家拥有生产厂房、设备设施、原材料、半成品及所有库存，自己决定生产什么产品、规格、数量，并负责市场开发与销售。

现代流行的国际生产模式主要有两个[①]：

- 合同生产（Contract manufacturing）
- 付费生产（Toll manufacturing）

合同生产涉及厂家和产品业主（Principal）两者的关系，即产品是前者按合同为后者定做的。前者承诺生产，后者承诺购买。付费生产也

[①]　Raffaele Russo，第 184 页。

是涉及厂家与产品业主两者的关系，也是前者为后者生产，但不同的是生产的原材料都是属后者拥有的，即后者对生产过程中原材料、半成品、成品都拥有所有权，并对之承担风险。这种生意模式类似来料加工。相比之下，在合同生产模式关系中产品业主只是在产品成为最终产品时才拥有所有权，才为其承担风险。

厂家与产品业主之间收入的分配

在传统的生产模式里，生产厂家享有经营产品的全部利润但同时承担全部的亏损风险。

在合同生产及付费生产的关系中，都存在一个厂家与产品业主之间的收入分配问题。这种收入的分配是通过它们之间的交易价格来实现的。从国际税务的角度来看，如果厂家和产品业主都是一家跨国公司的成员公司，那么它们之间的交易要遵循转让定价的有关规则。转让定价的基石是公平合理的客观原则。一个产品的公平合理的价格要反映厂家起到的作用及承担的风险。

就付费生产模式而言，厂家提供的基本上是一种生产或制造服务，承担的风险极为有限。因此，这种服务的定价方式应该是综合成本另加相当于利息的回报；不会有太高的利润。这里所谓的综合成本包括厂家的各项投入，如设备设施、厂房、人工等。合同生产的情形与付费生产差不多，只是承担较多一点的风险，因而回报会相应高一点。

产品业主所在国的选择

在合同生产与付费生产模式下，生产厂家承担较低的风险，因而利润也会是有限的。在一个跨国集团公司内，经营产品的大部分利润往往被分配到产品的业主公司（Principal）。因此，业主公司所在国税率高低成为影响集团公司整体实际交税税率的重要因素。就像前面讨论的融资公司和知识产权公司一样，跨国公司在选择产品业主公司所在国时，一方面要求税低，另一方面要求所在国对外有较广泛的国际税务条约网络，以便享受多边的国际税务条约提供的保护与优惠。符合这些条件的国家及地区包括塞浦路斯（Cyprus）、瑞士、新加坡、中国香港、阿联酋等。

构成"长久基地"（Permanent establishment）的风险

在跨国公司的税务策划中，将传统的生产模式的一个商家分为两个商家：生产厂家和产品业主，并将大部分利润分配给位于低税国家或地区的后者。这种税务策划如果在操作过程中不小心可能会受到生产厂家所在国的挑战。这里涉及的问题是生产厂家是否构成产品业主的长久基地。如果结论是，那么厂家所在国就有权向产品业主征税（除向厂家征税外）。

我们用国际税务条约有关长久基地的定义，对合同生产模式和付费生产模式做一个简要的分析。在一般情况下，不论是在合同生产或付费生产模式下，厂家不应被视为产品业主在当地的长久基地，因为按国际税务条约，有关长久基地的定义和条件并未满足。就这两种模式之间比较而言，合同生产模式存在的风险更小，因为合同生产是一种相对比较简单的买卖关系，产品业主并未真正参与生产过程。但是，这两种模式下的产品业主都应该采取比较谨慎的态度。

第一，产品业主可以派员去厂家做检查质量及规格的工作。但是如果是派员去监督或指导生产，那么这类职能可以被视为生产过程的一部分，厂家所在国可能以此为依据认为厂家是产品业主的长久基地。厂家与产品之间的职能或作用，即产品的制造与经营，一定要明确化。这种分工一定要有文件（如协议、信函、电子邮件等）证据。

这个问题的关键是生产厂家和产品业主的分工。如果分工不明确，所在国税局就可以认为生产厂家从事的是产品业主的业务，因此，生产厂家的场所可以被认为用于产品业主的生意，产品业主就可以被认为在厂家所在国有"固定经营场所"的长久基地。

在本书后面案例分析部分介绍的"西班牙戴尔（Dell）公司税务案"里，西班牙的三级法院都得出同样的结论，即该案的子公司在当地的活动构成母公司的"固定经营场所"（a fixed place of business）的长久基地；主要原因是两者分工不明确。

第二，产品业主应避免在生产厂家所在国召开管理会议（如董事会）或制定经营决策。否则，产品业主可能会被视为在该国有管理场所（a place of management）。管理场所是确立长久基地的一个依据，同时也是确立产品业主是该国的居民的依据。如果后者能成立，那么产品业主会被要求按全球收入纳税。

另外，厂家与产品业主之间的交易应符合转让定价的公平、合理及客观规则。

传统模式的转型

跨国公司将传统模式转换为合同或付费生产模式也可能会面临税务上的挑战。在大多数情况下，这类生产模式的转换会导致厂家利润下降，部分收入落入产品业主手里。这里涉及的主要税务问题是，这种转型是否构成无形资产的转让，即由厂家转让给产品业主。如果构成，那么厂家需缴纳由资本增值产生的所得税。

回答生产转型是否构成无形资产转让的问题，需要具体分析生产厂家原拥有哪些无形资产。一个企业的无形资产有些是可以分辨的，如商标、专利等。如果生产模式的转换涉及这些无形资产，那么所在国有关无形资产转让的立场是可以成立的。有些无形资产，如企业的名声、生意机会、管理人员等，在一个集团公司内是共同享有的，就一个成员公司而言很难分辨和评估。

如果转型只涉及企业职能或责任分工的变动，那么就不应构成无形资产的转让。根据一些国际案例判决，管理人员的无形资产不为企业拥有，而属于管理人员本人，因为企业不能阻止他们跳槽[1]。因此，在一个企业职能转换时，只是管理人员的变动一般不足以构成无形资产的转让。

---

[1]　Raffaele Russo，第 191 页。

第三十二章　国际贸易与销售

与第三十章介绍的知识产权相同，有关国际销售（包括批发和零售）的国际税务策划涉及的也是跨国经营利润的定位/转移的问题；而国际贸易的国际税务问题主要是怎样避免无意识的"长久基地"（permanent establishment）。

一、国际贸易

国际贸易的性质

国际贸易及销售涉及到的税务问题主要是"长久基地"的问题。传统的国际贸易的特点是，一国的进出口公司将产品大宗地出售给另一国的买家。这一买家可能是当地批发商、零售商、制造商或其他商家。买卖双方可能是通过商品交易会认识的，也可能是通过进出口商目录联系上的，或通过第三方介绍认识，两者之间没有关联关系。除谈判、验货等与交易有关的事务外，买卖的一方不需要到达另一方国家做任何工作而可以完成交易。在这种形式下的买卖，不存在一方在另一方所在国有长久基地的问题。由于没有长久基地，虽然买卖双方都受益于之间的交易，但都不需向另一方国家交税。

但是，在现代国际贸易中有些出口商在另一国（商品出口目的地所在国）使用当地的代理或固定设施（如仓库）。在这种情况下，一国的出口商如果不打算在另一国承担纳税责任（即设立子公司/分公司），需要了解一些有关"长久基地"的基本知识。

长久基地的基本概念及规则

长久基地（permanent establishment）是一国征税的依据，可以简单地定义为一国公司在另一国设立的固定的经营场所或地点（fixed place of business）。这个概念相当于该公司在另一国"安营扎寨"了，或建立了"据点"或固定的地方，虽然没在该另一国正式注册为当地的法人。我们可以将这个概念理解为外国公司与一国实际接触或关系的一种程度上起点或门槛的定性；达到这个程度就能触发所在国的征税权。确立长久基地存在的依据可以是"固定的经营场所"，也可以是"从属的代理"。

"固定经营场所"的长久基地的定义是一个被外国企业部分或全部地使用于该外国企业业务的固定经营场所。有"固定经营场所"的长久基地的情形包括一国企业在另一国境内有以下任何情形之一：

1. 管理之处（a place of management）；

2. 分支或分公司（a branch）；

3. 办公室（an office）；

4. 工厂（a factory）；

5. 车间（a workshop）；

6. 自然资源开采，如采矿、油田等；

7. 连续施工在 6 个月以上的建筑工地，建筑、组装或安装工程，或这类活动的监督；

8. 聘用员工提供服务，包括咨询服务，如果在 12 个月的期间内这种服务的时间总和在 6 个月以上。

确立"从属代理"（dependent agent）的长久基地的一般规则是，如果一国企业在另一国使用当地代理，而该代理在当地以该企业的名义进行活动并且有权代表该企业在当地批准合同，该企业应被视为（deemed）在另一国有长久基地。这一规则的一个例外是，如果一国企业在另一国使用的代理是靠挣正常佣金（general commission）的或其他具有独立性的，并且以提供代理服务为其正常业务的代理商，那么该企业不应被视为在另一国有长久基地。但是如果该代理从事的业务全部或几乎全部都是为该企业服务，并且有证据表明该代理与该企业之间的交易并不属客观交易，那么该代理不能被视为具有独立的地位。

总的来说，决定"从属代理"长久基地的存在必须同时满足两个条件，一是代理人以被代理人（非居民公司）名义批准合同，二是代理人不是独立的。

二、国际批发

批发的基本模式

一国公司在另一国做批发销售常见的有两种基本形式。一是在另一国设立一个子公司，由子公司在当地做批发，子公司与集团公司之间买断关系。这被称为买卖模式。另一个基本形式也是在另一国设立一个子公司在当地做批发，但子公司与其他成员公司之间不是买断关系，而是一种代理关系，即子公司在当地是以集团或一集团成员公司名义售货，子公司挣的是佣金。这一形式被称为代理模式①。

这两种模式的共同特点是，集团公司可以通过成员公司之间的转让定价将利润转移出批发销售的所在国，而面临潜在的税务上的挑战主要是在转让定价和长久基地的问题上。至于将利润转移到哪个国家或地区的公司或者哪些国家或地区适合设立子公司转移利润的问题，可以参照前面几章的有关介绍。

除上述两种批发模式外，如果一国公司在另一国做批发，是直接以该公司的名义而没在当地设立子公司，那么这就意味着该公司在另一

---

① Raffaele Russo，第 194 页。

国是以分公司形式出现，在当地算是有长久基地，分公司需在所在国报税。这种形式不常见。如果一国公司只是作为常规的商业关系为另一国的批发商供货，而两者之间没有关联或特别关系，那么这种交易相当于传统的国际贸易，一般不存在长久基地的问题。

买卖模式（Buy – Sell）

买卖模式的特点是跨国公司在一国当地设立子公司作为批发商从事批发销售，货物从跨国集团公司的另一成员公司进口。在这个关系中当地的批发商承担相关的商业风险，按客观公平的定价原则进货，挣取作为一个独立的批发商应得的利润。这种买卖属于买断关系。

在这种模式下，批发商是以在当地注册的公司名义销售，它不代理集团公司业务，批发销售属于它正常的业务，所以该跨国公司不应被视为在批发销售所在国有长久基地。值得注意的是，集团公司成员之间的交易定价应遵循公平客观的转让定价原则。

在上述特点的基础上，买卖模式的发展近来又有一些新的改进，而这些改进主要体现在降低当地批发商的风险方面。常见的例子包括：对于那些销售不好的产品，批发商可以按原价让卖方收回；在批发商账款不能收回的情况下，它可以要求卖方给予补偿等。这些改进与发展仍未改变传统买卖模式的买断关系，所以一般应经得起在长久基地问题上的挑战。另一个值得一提的改进相当于寄售。为了降低批发商的风险，货物的所有权只是在批发商出售该货物之前的一瞬间转移到批发商，货物在此之前都属卖方的库存。问题是这一做法在税务上是否改变了两者关系的性质，构成长久基地呢？

按国际税务条约的 OECD 模式，答案应该是否定的，因为批发商并没有权力为卖方批准合同，它的销售业务是以自己的名义进行的，虽然它保存的是卖方的库存。就是按 UN 模式，也不应该构成长久基地；虽然当地批发商长期为卖方保存库存并从中发货给顾客，但这种发货销售不是以卖方名义，而是以自己的名义，毕竟是在出售前货物的所有权已被转让到批发商身上。

代理模式（Agency）

批发销售的代理模式也是跨国公司在一国设立公司做批发销售，货物也是从集团公司另一成员公司进口，但两者的货物交易不是买断关系。批发商在当地的销售不是以自己的名义，而是以外国供货的集团成员公司的名义。当地批发商与外国供货公司是一种代理关系，在整个销售过程中始终未获得过货物的所有权。

在代理模式下，当地批发商即使是已在当地注册成子公司，一般容易被视为外国供货公司在批发销售所在国的"长久基地"。这个问题的关键是在代理关系上。按国际税务条约有关代理的规定，决定"从属代理"的长久基地的存在需满足两个条件，一是代理人以委托人（principal）的名义批准合同，二是代理人不是真正独立的。

因此，代理模式在销售所在国往往涉及两层报税。首先是当地的批发商作为已在当地注册的子公司，需申报收入。由于子公司在当地做销售承担较为有限的商业风险，按客观公平的原则利润不会太厚。此外，批发商所代理的外国供货公司也需在批发销售所在国报税并按计算出的利润纳税。从原则上说，外国供货公司的应纳税的利润是它在批发销售所在国挣到的总利润减去已分配给子公司的利润。

在传统的代理模式基础上的一个变种是，当地批发商以自己名义对外做批发销售，与顾客直接签协议，但在背后与供货商的关系上，还是一种代理关系，即外国供货商对当地批发商所做的销售及协议承担全部责任。这一变化并没改变在代理模式下，代理批发商所签的协议对外国供货公司具有约束力的本质。因此，批发销售所在国仍会将当地批发商的运作视为外国供货公司在该国的长久基地。

三、国际零售

像前面介绍的融资、知识产权、产品制造、批发等领域一样，从事零售行业的跨国公司也有机会将利润转移到税低的国家或地区，以降低集团公司的实际交税税率。跨国公司从事零售的实践形成了三种基本模式，通过这三种模式将利润转移到位于低税国家或地区的采购公司、库存管理公司或连锁店公司。

采购公司（Procurement companies）

这一模式的特点是零售集团公司的采购职能专由一个采购公司来负责。这个采购公司被设立在低税国家或地区，聘用专业的采购人员（或是正式的雇员或是独立的合同工），在世界不同国家从事采购活动。集团公司尽可能将利润转移到采购公司[1]。

这种采购公司在零售商店所在国不存在长久基地的问题。它与零售商店的关系就像前面介绍的批发销售买卖模式下的供货商与当地批发商的关系类似，是一种买断关系。

采购公司在采购活动发生的所在国，一般来说也不存在长久基地的问题。大多数国家的国内法都将外国公司在其境内的采购活动排除在"长久基地"的定义之外。国际税务条约不把缔约一国公司在另一缔约国的保存库存和发货活动视为长久基地。因此，采购公司与零售商只需注意它们之间的交易价格反映客观公平的转让定价的原则。

库存管理公司（Inventory management companies）

按这一模式，跨国公司在各国零售商店不仅不负责采购，而且也不拥有和管理库存，只负责将商品出售给顾客[2]。库存采购及管理的职能分工给

---

①　Raffaele Russo，第 201 页。

②　Raffaele Russo，第 203 页。

一个总部设在低税国家或地区的库存管理公司。根据库存管理公司和零售商店之间的协议，在商品的仓库和货架上的商品的所有权都一直归库存管理公司拥有。只是在商品被出售前一瞬间，被售出商品的所有权才转移到零售商店身上。由于这一所有权的转手，当地的商店出售的是自己拥有所有权的商品，是以它自己的名义销售，而不是代理库存管理公司而销售。

在这种情况下，零售店只负责销售，承担的风险很小，所以只挣到一点单薄的毛利。

一国公司在另一国从事库存管理活动一般不构成长久基地，这是因为当地的零售店出售的是它自己拥有的商品，零售店零售活动不构成是外国库存管理公司依附的代理人，而且国际税务条约一般将一国公司在另一国的库存管理活动排除在"长久基地"定义之外。

值得注意的是，这种库存管理的模式在许多国家操作起来有相当的难度。大多数国家只有外国公司在当地税局登记为分公司获得税号的情况下，才允许它们进口货物，管理库存，并出售商品，而出售商品还涉及销售税的问题。除非外国库存管理公司能与当地税局通过协商达成协议，获得特别的安排，这种模式在许多国家都很难行得通。

连锁店公司（Franchising companies）

在这种模式下，跨国零售公司不在当地投资设立零售店，而是与集团公司以外的第三方签连锁协议，建立连锁的零售店，而连锁的核心是统一用跨国公司拥有的店名[①]。跨国公司从中得到的回报形式是从各连锁店收取连锁费（Franchise fee），或是从售出的商品中得到一定的提成。外国公司收取连锁费与销售提成在税务上有不同后果，前者一般会导致源泉扣缴（Withholding tax）的适用，而后者则否。

跨国公司一般的做法是在一个低税的国家或地区设一个拥有连锁

---

① 　Raffaele Russo，第 204 页。

权（即有权批准连锁店）的子公司来负责经营连锁的职能，并将利润尽可能分配到这个子公司。当然这里值得注意的有几个问题。第一，在将连锁权转让给位于低税的国家或地区的子公司可能会导致资本增值的实现及立即交税的后果；但如果在连锁创办初期连锁店品牌知名度不高的情况下转移连锁权，涉及到的无形资产的市场价值可能有限，没有多大的资本增值而言。第二，要考虑零售店所在国源泉扣缴的因素。第三，要考虑零售店所在国的一般及具体反避税的规则。

第六部分
国际税务纠纷的解决及案例分析

第三十三章　国际税务纠纷的解决

在自我申报的税制下，纳税人与税局的纠纷是不可避免的。如果纳税人可以通过合理的上诉程序来解决税务纠纷，这对于增强公众对征税整个过程的信心具有重大的意义。因此，西方各国都相当重视建立和维持透明、合理及公正的上述程序和方法来解决纳税人与税局的争议。

一、解决税务纠纷的一般程序

通过国内程序解决国际税务纠纷

纳税人与一国税务当局之间的涉及国际税务的纠纷，一般通过该国国内的程序来解决。在解决国际税务纠纷时，一国的税局与法庭依据的法律可以是该国的国内法，也可以是有关国家之间的国际税务条约条文。国际税务纠纷可能是纳税人与居民国之间的纠纷，也可能是与收入来源国之间的纠纷。如果是前者，纳税人应该在居民国寻求问题的解决；如果是后者，纳税人应找收入来源国并通过该国提供的程序解决问题。如果税务纠纷涉及纳税人的税务居民身份，那么问题需要在有纠纷的国家解决。只有在极少数情况下，国际税务纠纷需两国税务主管部门的出面，按国际税务条约提供的程序协商或仲裁解决。

举例来说，某国际公司认为它自己是 A 国居民，但 B 国也同时认为它是 B 国居民并需在 B 国履行作为居民的纳税责任。在这种情况下，该国际公司需在 B 国启动程序解决与 B 国的分歧。一般来说，一个纳税人的税务居民身份本身不会引起纠纷或成为纠纷的全部。税务纠纷的起因往往是一国税局对纳税人做出的某种税务评估，而这种评估以该纳税人是该国居民为前提或依据。为推翻这个评估，纳税人必须利用该国法律规定的程序，用事实和法律（包括国内法和国际税务条约）证明他不是或不能算是该国居民。

从总体上来看，一个国家解决税务纠纷的程序分行政与司法两大程序。行政程序就是通过税局内部行政部门（包括税局内部的上诉部）的程序。司法程序是指独立于税局的司法系统（包括初审法院、上诉法院及最高法院）的程序。

行政程序

纳税人如果对税局的评估或决定不满，可以上诉；而上诉的第一步是在税局内部的上诉部门上诉。西方各主要国家的税局内部都设有上诉部门。例如，美国税局（Internal Revenue Service，IRS）的上诉部门叫"Office of Appeals"，加拿大税局（Canada Revenue Agency，CRA）的上诉部名称是"Appeals Division"。

纳税人一般是通过上诉（appeal）的行动开始启动解决税务纠纷的程序。为了区别于司法程序的上诉，美国在税局内部的上诉被称为"抗议"（Protect），而加拿大和澳大利亚称为"反对"（Objection）。因此，纳税人要为上诉上交上诉书（Notice of Appeals）或反对书（Notice of Objection），或抗议书（Written Protect）。税局的上诉部官员一般都向公众声称他们在受理上诉方面是独立和公正的，但他们所说的独立和公正是指他们与原负责查税和评估的税官没有任何关系，在税局内部系统他们是一个独立的部门。

税局内部上诉部解决税务纠纷的特点是在形式上不像法庭那么正式，程序上较为简单灵活，所以一般比较符合不聘用律师的纳税人。税局上诉官员与上诉人之间的沟通可以通过电话、面谈、传真或邮件进行。许多税务纠纷是在不需双方见面的情况下得到解决的。不过，税局上诉部在受理上诉时一般只接受文件证据，而不接受证人的证词。所以，纳税人能在税局上诉部达到目的往往是有充分的文件证据支持的情形。

从税局的角度来说，上诉部处理纳税人上诉的目的，一方面，是尽可能合理公平地、比较简便经济地解决与纳税人的纠纷，以减少进入司法程序的上诉案例，节省法庭资源。另一方面，在纳税人上诉到法院之前为税局把关，确定税局胜诉的可能性。如果税局不让步而纳税人继续上诉到司法系统，税局可以利用这一阶段与纳税人的沟通进一步了解和明确纳税人提出的问题及立场，收集和组织证据，为下一步司法程序的辩护做好准备。

纳税人要想上诉，必须在一定的时间开始启动上诉程序。有些国家规定的时间较紧，例如美国，纳税人需在税局做出决定后的 30 天内提出书面上诉。加拿大允许纳税人在 90 天内提出上诉，算是比较长的上诉期限。当然，这些是一般适用规则，纳税人如果有特殊情况还可以延长。

司法程序

通过司法程序解决税务纠纷是指纳税人如果不满税局上诉部的决定，可以进一步上诉到独立于税局的法院系统。受理税务纠纷的初审庭一般是专审税务纠纷的税务法庭。例如，这个法庭在美国和加拿大都叫 Tax Court，英国是 Tax Tribunal。在澳大利亚，纳税人如果对在税局上诉结果不服，可以选择去"行政上诉法庭"（Administrations Appeals Tribunal）或联邦法院（Federal Court）继续上诉。两者的主要差别是前者采用较为简便的程序，比较适合纳税人自我代表的一般情形，而且败诉方可以不用赔偿胜诉方的律师费。总的来说，澳大利亚的行政上诉法庭解决纠纷的方式类似加拿大税务法院采用的"非正式程序"（informal

procedure）。与非正式程序相对的是所谓的"正式程序"（formal proce-
dure）。

当然，不论是非正式程序还是正式程序，法院处理纠纷都是很正规和正式的，都会举行正式的开庭审讯或听证（hearing）。不同的是非正式的程序对上诉的纳税人在遵循规则方面要求不是那么严格，并且有些复杂的环节可以免掉。例如，在正式程序里一般有个所谓"发现"（discovery）的环节。这一环节发生在诉讼双方完成递交所有法庭文件之后，但还没正式开庭之前。双方律师通过这一环节交换各自拥有的文件证据，并可以根据这些文件约好在双方同意的地点和时间盘问对方证人（cross examine）。通过这一"发现"程序，诉讼双方可以进一步了解各自的立场和拥有的证据，并且评估或调整下一步应采取的策略。这一复杂的环节一般只适用于专门从事诉讼的专业律师，所以法院在采用"非正式程序"时可以省掉。

如果纳税人对税务法庭的判决还是不满，他或她或它还有权继续向上诉法院上诉，但如果上诉庭仍然做出不利的判决，纳税人能否继续上诉到最高法院要视具体情况而定。一般来说，纳税人需要获得最高法院的许可（leave）才能在最高法院上诉。

与税局内部的行政程序相比，司法程序的一个最大特点是法院通过开庭审讯，诉讼双方不仅可以提供文件证据，还可以提供证人做证词。在税局内部上诉时，税局上诉官员一般只认文件证据，口说无凭，而在法庭的听证过程中，证人的口证如果法官觉得可靠可信，可以使得口说"有凭"。因此，纳税人在法庭获胜的机遇比在税局上诉部的机遇更大。

法院系统解决税务纠纷的另一个值得一提的特点是，法庭对其裁决都会通过公布正式的判决书为法庭判决提供充分的事实和法律上的依据。纳税人及社会公众都可以从不同角度来分析和评估法庭判决的合理性，对事实判断及法律运用的正确性。一个专业的判决书是决定公众对判决信服的关键。公众对法庭判决期望的事实的充分，法律运用的准确，逻辑的严谨，以及整个过程的透明，都有利于限制法官在判决上的任意性或倾向性。

当然，纳税人将税务纠纷上诉到法院也存在一些问题，值得纳税人考虑。一个是打官司要花钱请律师，并且如果败诉还要赔税局的律师费。在税局内部上诉就不存在赔税局律师费的问题。还有一个问题是，法庭程序时间较长。一个税案从启动，排期，开庭前的程序，开庭审讯，到判决下达，一般要耗费几年时间。

可上诉的税务纠纷

在税局的征税过程中，纳税人可能在许多方面与税局有分歧或对税局的做法不满，但不是在任何税务问题上纳税人都可以通过上诉程序来解决与税局的分歧。一般来说，纳税人可上诉或可反对的是税局的税务评估（tax assessment），即有税务金额的税单，包括应纳税和应退税金额及相关的罚款等。涉及利息的税务纠纷一般是不能上诉的。除一般原则外，各国还制定了有自己特色的规则来限制或给予纳税人上诉的权利。

以美国为例，美国的税务上诉机制允许纳税人上诉税局在税务追债（Collection）过程中采取的一些行动或决定，如扣押纳税人的资产。在加拿大，纳税人如果不反对税单本身，只是支付税款有问题，或对税局追款的行动不满，一般不能通过税务上诉程序解决问题。这些债务债权上的问题，虽然源于税务，但一般是被当作类似民事纠纷，按一般民事程序来解决的。

美国税务上诉机制还有一个特点是，正常的税务上诉程序不适用于那些在查税时纳税人没有向查税官员提供全部的资料或信息来支持自己的立场的情形。对于这种情形，美国的做法一般是将纳税人新提供的资料或信息交给原查税官员并由该税官重新考虑他或她的决定。

其他国家一般都没这种税务上诉规则的限制。例如在加拿大，纳税人如果对税务评估不满，可以上诉，而税局上诉官员有义务认真考虑上诉人提出的任何新的理由证据、资料或信息。同时，税局上诉部在受理上诉案例的阶段有权收集或利用新的资料或信息来为税局评估做辩护。

英国的税务上诉也有自己的特点。一个值得一提的是，如果税局要求纳税人提供某种信息/文件或要求查看纳税人的账目但纳税人不同意，对于这种争执，纳税人也有权通过上诉程序来寻求问题的解决。在其他国家，纳税人一般不是通过上诉程序解决这类问题，而是上一般民事法庭让法官裁决。

上诉期间税局的追债行动

如果查税查出问题，并且税局已正式发出评估通知（Notice of Reassessment），税局的追债部门（Collections）就可以采取行动收钱。在一般情况下，如果税款涉及的是所得税，只要纳税人有意上诉，税局不会采取行动要求立即付款但税债的利息会继续增长（如果纳税人不付款）。如果上诉不成功，纳税人的代价是会多交一些利息，而税局的利率往往高于市场利息。一旦纳税人停止上诉或者上诉失败，税局又会重新开始追债工作。

在税务追债规则方面，美国的特点是税局在查税结束时提出一个提议性的评估（Proposed tax assessment）；而在这个阶段，纳税人就可以开始通过上诉程序来反对这个提议性的评估。由于提议性的评估是暂时的，不是正式的，纳税人的债务没有正式产生，税局的追债部（Collections）一般不采取行动向纳税人追债。纳税人在税局内部上诉失败之后，税局会发出正式的评估，并且有可能采取行动追款。

二、纳税人的举证责任

纳税人的举证责任

在上诉内容上，纳税人的上诉可分为两个方面，一个是事实，另一个是理由（包括法律依据）；即摆事实，讲道理。纳税人需要了解的一个基本知识是纳税人的举证责任。举证责任的问题是说由哪方拿出证据。在税法里，纳税人有举证责任。上诉人必须证明税局在事实上或法律上是错误的。这常常被称为反向举证（reverse onus of proof），即与一般常理和规则是相反的。反向举证是税法的一个重要规则。

反向举证的规则是说，如果纳税人不能证明税局的评估是错误的，那么法律就可以认为税局的评估是正确的。支持税法里的反向举证的理由是，在掌握材料和信息方面，税局和纳税人不是在同等的位置上。纳税人掌握着关键的信息，资料和证据；所以税法允许税局将税务评估建立在假设（assumptions）的事实基础上。如果税局的假设是错误的，纳税人应该能够比较容易地拿出证据加以证明。

这里要说明的是，纳税人的举证责任被称为起初的举证责任（initial burden of proof）；而税局也有举证责任，税局的举证责任被称为回应的举证责任（shifting burden of proof）。回应的举证责任是指在纳税人履行举证责任后，税局要拿出自己的证据证明税局的评估是对的，或证明纳税人的证据站不住脚，或者指出纳税人的证据不可靠不可信。如果税局不能履行它的回应的举证责任，那么法庭就可以接受纳税人的立场。

举证的标准（standard of proof）

举证的标准是指举证的一方在证明一件事时，可能性的程度要达到什么水平。在税务上，不论是纳税人的举证还是税局的举证，需要达到的举证标准是民事的举证标准，即可能性较大者（the balance of prob-abilities）。这种标准要低于刑法里要证明毫无疑问（beyond reasonable doubt）的标准。

按照民事举证标准，纳税人如果能将他的说法证明到是一种似乎合情合理、听起来有可能（prima facie）的程度，就算是履行了起初举证责任；这时举证责任就转移到税局方面。如果税局不能履行它的回应举证责任，那么纳税人就算成功了。如果税局方面也履行了它的举证责任，那么法庭会依据可能性最大一方的说法去裁决。

第三十四章　涉及国际转让定价案例

本章介绍的两个案例都是涉及国际转让定价的问题。在第一个案例里，纳税人澳大利亚的雪佛龙公司败诉，但在第二个案例里加拿大通用电气资本公司作为纳税人获胜。

转让定价是关联公司之间交易的定价。这类交易在国际税务中是一个很敏感的问题，因为跨国公司往往可以利用其操纵的国际转让定价，从全球战略出发转移利润。国际转让定价应遵循的是客观原则（The arm's length principle）；这是指国际集团公司成员之间的转让定价必须反映的是公平客观的市场价格，就像两个没有关联关系的交易双方愿意接受的价格。

国际转让定价的客观原则适用于关联人之间的交易。一般来说，关联关系主要涉及的是控制关系，特别是国际控股集团公司内部的成员公司，包括母子公司关系和不同子公司之间的关系。

一、澳大利亚雪佛龙公司税务案

背景

2015 年 10 月 23 日，澳大利亚联邦法院公布了雪佛龙澳大利亚控股公司（Chevron Australia Holding Pty Ltd.，CAHPL）上诉案败诉的判决。

该案涉及 2004—2008 年 CAHPL 从它的子公司获得 25 亿美元贷款的利息的转让定价问题。

澳大利亚税局认为 CAHPL 向该子公司支付的利息过高，转让定价不客观，因而发出评估要求补税，另加 25％ 罚款。CAHPL 不服该评估并上诉到联邦法院；但联邦法院认为作为纳税人 CAHPL 未能履行它的举证责任，证明它的利率没超过客观市场利率；也没能证明税局的评估过分，所以驳回了上诉。判决公布不久 CAHPL 向联邦上诉法院提出了上诉。

由于该案税务金额较大且涉及较敏感的转让定价问题，因此最终结果将会对国际税务策划领域产生重大的影响。

雪佛龙案不仅是在澳洲，而且在世界上也算得上是少有的税务大案，不仅涉及贷款金额大，而且开庭审理共达 21 天，听取了 20 多个专家/证人的证词，引用了 45 个专家的报告。

基本事实

雪佛龙是世界知名的从事石油与天然气开采与生产的跨国公司，全球总部在美国。2003 年雪佛龙对其澳洲的子公司（即 CAHPL）进行了融资改组，将债权与股权的比例增加到 47％。为了实现这一计划，CAHPL 在美国设立了一个子公司（以下简称 CFC），目的是为了在美国短期借贷市场（Commercial paper market）筹资 25 亿美元，用于贷款给 CAHPL。

该母子公司之间的贷款交易包括以下特点：

1. 作为债务方，CAHPL 没有为贷款向 CFC（债权方）提供任何担保或抵押（security）。雪佛龙美国总部也没为 CAHPL 向 CFC 做任何担保，虽然在 CFC 与其债权方（即短期贷款市场的出资方）的关系上，为前者向后者做了担保。

2. 在 CFC 与 CAHPL 的关系上，货款以澳元结算，包括本金及利息的支付，但 CFC 没有做美元/澳元汇率的套期保值（hedge）以防汇率变动的风险。

3. CAHPL 可以随时选择偿还贷款。

4. CFC 从市场上借钱（美元）的利率约为 2%，向 CAHPL 贷款（澳元）收取利息的利率约为 9%。

上述贷款条件体现出较大的风险，算是支持高利率的依据，似乎可以解释转让定价的合理性。因此，CAHPL 在 2004—2008 年得到了以下税务好处：

1. CAHPL 将支付给 CFC 的利息作为费用扣除。

2. CAHPL 将利息支付给 CFC 时享受源泉扣缴（withholding tax）豁免。

3. CFC 从贷款中获得的巨大利润在美国没有交税。

这一点得到证人证词的确认，但具体原因该案判决书没有说明（CFC 在美国税务不是该案审理关心的问题）。美国的媒体认为可能这与位于美国本土的"避税天堂"特拉华州（Delaware）有关。

4. CFC 将利润分红给 CAHPL，而对于这种分红，CAHPL 在澳洲可享受免税待遇。同时雪佛龙在美国的总公司从 CAHPL 获得巨额分红。

纠纷的焦点

该案涉及一系列的税务问题，但核心的问题是 CFC 给 CAHPL 贷款的利率（即转让定价）是否反映的是客观市场的利率。

由于在这个问题上举证责任是在纳税人身上，法庭的裁决取决于 CAHPL 能否使用可接受的方法来证明货款利率的客观性和可比性，证明转让价格不高于客观市场的价格。

联邦法院的判决及理由

为履行其举证责任，CAHPL 必须证明贷款利率的客观性和可比性。在决定贷款利率方面，一般适用的方法是所谓的"可比的非控制的交易"（Comparable Uncontrolled Transactions，CUT），或者"可比的非控制的价格"（Comparable Uncontrolled Price，CUP）。

虽然 CAHPL 提供了五个客观贷款协议的证据及专家证词，但法庭认为这些协议不具可比性，因为贷款金额大小不同，借贷双方之间关系不同，是否有担保/抵押的条款不同，借贷时间长短不同，行业的不同等。

法院注意到假如 CAHPL 为贷款向 CFC 提供担保，那么利率就会低多了，但在借贷双方之间是客观独立关系的情况下，对于如此之大金额的贷款，不可能没有担保/抵押条件。同时法院还注意到，CAHPL 之所以能维持如此之高的利息是因为 CFC 保持分派股息给 CAHPL。换句话说，这种高利的贷款交易只能在母子公司关系的前提下才能维持下去（sustainable），而在相互独立的双方之间，是不可能维持的。

由于 CAHPL 既未能用 CUT/CUP 方法证明贷款利率没超过客观的市场利率，又不能证明税局的评估及罚款属于过分，法院的判决最终驳回了 CAHPL 的上诉。

纳税人可从该案吸取的教训

跨国公司及国际税务策划业界从该案可吸取的教训及获得的经验是多方面的，其中包括：

1. 证明关联人之间的转让定价客观性和合理性的责任是在纳税人身上。在转让价格处于制定阶段，纳税人需做研究确定定价方法，必须按交易的特点从国际通用的方法中选择一个最适合的方法。同时要准备足够的文件证据来支持定价方法。

2. 在贷款方面，确立利率客观的首选方法应该是 CUT/CUP。为了证明贷款利息的客观性和可比性，纳税人应收集市场上同类贷款的条件的信息或协议等文件证据。

3. 关联公司之间的贷款协议规定的条件，包括利率，应该能反映现实世界的贷款条件，不能另搞一套不伦不类的条件，使得一种比较规范的交易变得缺乏可比性。如果对于同一类的贷款在市场上的通常做法是包含担保或抵押条款，那么关联人之间的贷款也需要有类似的条款。在缺乏可比性的情况下，很难证明利率是客观的。

4. 为了确立可比性，纳税人需评估借款人（即债务人）的信誉级别（credit rating）。当然，这种评估不是从第三方信誉评估机构的角度，而是从出资的贷款人（即债权人）的角度来评估。

5. 在子公司贷款给母公司的情况下，不仅要考虑母公司在子公司有经济困难时的明确的支持（explicit support），即担保条款，还要考虑隐含的支持（implicit support）。

二、加拿大通用电气资本公司税务案

背景

加拿大通用电气资本有限公司（General Electric Capital Canada Inc.）是美国通用电气资本有限公司在加拿大的子公司。本案涉及美国母公司为加拿大子公司发行的债券提供担保的担保费的问题。加拿大税局认为母公司为子公司提供担保费是没有必要的，加拿大子公司向母公司支付的担保费不符合客观交易的原则，所以不能用于报税扣除。不仅如此，税局就担保费还增加了5%的源泉扣缴税，因为所支付的担保费金额既然不是税务上的"费用"，只能被当作"股息"来处理。

然而，加拿大税务法院同意纳税人的立场，认为在该案中母公司为子公司做担保降低了债券的风险，为子公司节省了利息开销，为子公司提供了客观的价值，符合客观交易的原则，因而推翻了税局的评估。加拿大税局不服税务法院的这一判决并上诉到加拿大联邦上诉法院（Federal Court of Appeal），但上诉法院的裁决是维持原判。

在国际税务策划业界，该案一直是被视为国际转让定价的规则在关联公司之间融资担保方面运用的经典案例。

基本事实

美国的通用电气资本有限公司（General Electric Capital Corporation）为其在加拿大的子公司加拿大通用电气资本有限公司发行的债券做担保，担保费每年为债券本金的1%。在1996—2000年，加拿大子公司向美国母公司共支付了1.36亿美元的担保费。加拿大税局的评估拒绝了这笔担保费作为费用扣除。

纠纷双方的立场

加拿大税局认为美国母公司对加拿大子公司发行债券的担保，没有提供任何"经济上的好处"（economic benefit），所以客观价值为零。税局的依据是所谓的"隐含的支持"（implicit support）的概念，即每一个母公司不会在其子公司无能偿还时袖手旁观，因为这样会降低母公司的信誉级别（credit rating），增加它自己的借贷成本。由于这种"隐含的支持"，加拿大通用电气资本有限公司能与美国母公司享受同样的信誉级别，有没有美国公司的担保，加拿大公司都可以以同样的利率，借到同样金额的资金。

作为纳税人加拿大通用电气资本有限公司认为向美国母公司支付的担保费是客观的市场价格，税局的立场是站不住脚的。税局的核心主张是美国母公司的担保对加拿大子公司的业务是没有价值的，没有必要的，纳税人抓住这一点，利用专家的证词，证明了有无担保的差别。

税务法院的判决及理由

该案冗长的法庭判决得出的结论是，子公司支付的担保费没有超过客观价值，因而税局的评估被推翻，纳税人获全胜。

通过专家证据，法庭确立了以下事实：

1. 加拿大子公司的信誉级别，如果没有担保和"隐含的支持"，会是 B + 到 BB － 。

2. 如果考虑"隐含的支持"因素，它的信誉级别会是 BBB － 到 BB + 。

3. 有了美国母公司的担保，加拿大子公司可以节省约 1.83% 的利息成本。

因此，法庭得出的结论是"隐含的支持"不能起到取代担保的作用，纳税人支付的 1% 的担保费没有高于客观交易的价格。

第三十五章　涉及长久基地案例

本章介绍的两个案例都是涉及长久基地（Permanent establishment）的问题。在第一个案例里，纳税人美国收益人寿保险公司胜诉，但在第二个案例里纳税人西班牙戴尔（Dell）公司败诉。

长久基地是一国征税的依据，可以简单地定义为是一国公司在另一国设立的固定的经营场所或地点（fixed place of business）。这个概念相当于该公司在另一国"安营扎寨"了，或建立了"据点"或固定的地方，虽然没在该另一国正式注册为当地的法人。我们可以将这个概念理解为外国公司与一国实际接触或关系的一种程度上起点或门槛的定性；达到这个程度就能触发所在国的征税权。确立长久基地存在的依据可以是"固定的经营场所"，也可以是"从属的代理"。

"固定经营场所"的长久基地的定义是一个被外国企业部分或全部地使用于该外国企业业务的固定的经营场所。决定"从属代理"长久基地的存在必须同时满足两个条件，一是代理人以被代理人（非居民公司）名义批准合同，二是代理人不是独立的。

一、美国收益人寿保险公司税务案

背景

美国收益人寿保险公司（以下简称美国保险公司）是一个美国公司，虽然没在加拿大正式设立公司，但在加拿大保险市场建立了完整的销售网络并占有一定市场份额。美国保险公司认为它既没在形式上注册公司，在实际上又没在加拿大有长久基地，所以从加拿大挣到的钱可以不用在加拿大交税。然而，加拿大税局认为美国保险公司在加拿大建立的销售网络构成长久基地，并以从加拿大总代理获得的数据为依据评估出 1996—1999 年四年的应纳税金额。税局四年的评估不仅包括应纳税本金，还包括罚款与利息。

加拿大税务法院于 2007 年 5 月 9—11 日在多伦多听取了该案，主审法官是米勒（Miller）。之后不久米勒还在 2008 年 1 月审理了另一个极为类似的税务纠纷，美国哥伦布骑士会（Knight of Columbus）税务案。加拿大税务法院于 2008 年 5 月 16 日同一天公布了米勒法官对这两个官司的判决；两个案子的纳税人都获胜诉。

这两个判决受到了加拿大及世界各国国际税务策划业界人士的欢迎，为长久基地的概念及规则的实际运用提供了指南。

基本事实

本案美国保险公司经营多种保险产品，包括终身/定期人寿保险、意外保险、医疗保险等。

该公司在加拿大没有设立子公司，也没有自己的办公地点。它在加拿大的销售是通过一个靠拿佣金的分不同等级的代理体系进行的。在这个等级体系内，最高的是"省总代理"（Provincial General Agent），往下分别是主管总代理（Master General Agent），区域总代理（Regional General Agent），总经理（General Agent），主管经理（Supervisory Agent），以及代理（Agent）。级别越低的代理直接从事越多的销售工作，级别越高的代理承担越多的管理职能，如招聘新的代理，培训，为销售提供服务，指导下一级代理等。

具体对每一个潜在客户的推销工作都发生在潜在客户的家里，这些代理在客户家里向他们介绍不同的保险产品，帮助他们填写申请表与解答他们的问题。

加拿大代理帮助潜在客户完成保险申请表格后，交由位于美国的公司总部处理。美国总部的雇员对保险申请做出批准或不予批准的决定。如果客户在申请时交纳了保险费，保险可以立即有条件地临时生效，一旦获得总部的批准，临时生效的时间成为正式生效的时间。

加拿大监管保险业的机构是"金融机构总监办公室"（Office of the Superintendent of Financial Institutions，OSFI），美国保险公司在加拿大的业务受到了 OSFI 的监管，而且按规定指定了一个加拿大总代理（Chief Agent in Canada），并定期向 OSFI 申报有关信息材料。

纠纷双方的立场

美国保险公司认为它在加拿大的运作按美加税务协议不符合长久基地的定义，因而从中得利不需在加拿大缴纳所得税。然而加拿大税局不同意这种说法，认为美国保险公司在长久基地的两个定义上都满足了条件：一是加拿大代理的家和办公室构成长久基地；二是在加拿大的代理活动构成长久基地。

焦点问题

法庭为该案纠纷的解决提出了三个问题：

1. 美国保险公司在加拿大的销售是否满足美加税务协议第 5 条第 1 款，即在加拿大有固定的经营之处（a fixed place of business）的长久基地？

2. 美国保险公司在加拿大的销售是否满足美加税务协议第 5 条第 5 款，即其在加拿大的代理常常以它的名义行使批准合同的权力（authority to conclude contracts）？

3. 如果第 2 点是肯定的，那么按美加税务协议第 5 条第 7 款，这些代理是否靠拿正常的佣金或其他具有独立地位的并以代理为正常业务的代理商？

法庭判决按上述顺序提出的这三个问题，被人们认为是为解决长久基地问题的纠纷提供了指导性的步骤。法庭认为美加税务协议为长久基地的存在提供了两个类别：一是"固定经营场所"（fixed place of business）的长久基地（第5条第1款）；二是"从属代理"（dependent agent）的长久基地（第5条第5款和第7款）。

上述第一个问题要解决的是美国保险公司在加拿大是否存在"固定经营场所"的长久基地。第二和第三个问题要解决的是"从属代理"长久基地是否存在的问题。为解决这个问题，需分两步走。一是确立加拿大代理是否有权以美国保险公司名义批准合同。只有这个问题的答案是肯定的情况下，第三个问题才有意义。

因此，为确定一个非居民在本国是否存在长久基地，该案确立的步骤是：

第一步是确定该非居民是否在本国有"固定经营场所"的长久基地。如果答案是肯定的，那么可以不用考虑后面步骤就可以决定长久基地的存在。如果答案是否定的，那么需要进入下一步。

第二步是看该非居民在本国的代理是否有权以该非居民的名义批准合同。如果答案是否定的，那可以不用考虑下一步就可以决定没有长久基地。如果答案是肯定的，那么需要进入下一步。

第三步是看它在本国的代理是否有独立地位并且是以做代理为正常业务的代理商。如果答案是肯定的，那么可以决定长久基地不存在；如果答案是否定的，那么可以确定长久基地的存在。

法庭的判决及理由

法庭的判决是美国保险公司在加拿大既没有固定经营场所的长久基地，也没有从属代理的长久基地，因此，不需在加拿大交税。

在本案及前面提到的美国哥伦布骑士会案里，经合组织（OECD）对国际税务条约的长久基地部分的解释（Commentaries）以及专家证词，都对法官做出有利纳税人的判决起到关键作用。这是因为决定美国保险公司在加拿大是否有长久基地的问题取决于以 OECD 模式为基础的美加税务协议的有关规定，因而 OECD 的解释及专家证词都被视为美加税务协议制定人（drafters）真实意图的证据。

有关第一个问题，即美国保险公司在加拿大是否有"固定经营场所"的长久基地，OECD 的解释是以下三个条件都必须满足才能成立：

1. 经营场所或地点的存在，如楼房、设施等；

2. 该经营场所具有相当的固定性；

3. 该经营场所被用于非居民的业务。

法庭同意纳税人的立场，认为第 3 个条件没有满足，因为美国保险公司和它在加拿大的代理有着不同的业务，前者提供保险本身的业务而后者提供的是保险销售业务。加拿大代理在他们的办公室和家里从事的是他们自己的销售业务而不是美国公司的保险业务。

另外，根据专家的证词，有关非居民使用的固定经营场所，该非居民必须有"处置权"（right of disposition）才算有长久基地。实际上美国保险公司没有这种处置加拿大代理的家或办公室的权力。出于上述理由，法庭认为"固定经营场所"的长久基地不能成立。

就从属代理的长久基地而言，法庭既不认为加拿大代理有权批准保险合同，也不认为他们是从属于美国保险公司。法庭发现保险合同的正式审批权在美国保险公司的总部。加拿大的代理都没这个权限，而加拿大客户在完成申请并交纳保费后，得到的只是有条件的临时保险。

根据 OECD 的解释，决定一个代理是否是独立于（不是从属于）非居民，要看两个方面：一是经济上独立，二是法律上独立。经济上的独立可表现为以下任何一种：

1. 代理的收入没有保障。

2. 在收入不足的情况下，代理可能承担亏损的风险。

3. 只要通知是在有效时间里发出的，代理合同可以被终止。

4. 代理的利润很丰厚。

从事实上看，法庭发现该案加拿大的代理在经济上和法律上都是独立的，不是从属于美国保险公司。

除上述原因使得法庭得出美国保险公司在加拿大没有长久基地外，纳税人提供的有关美加税务协议缺乏保险条款的专家证词也起到支持法官做出有利于纳税人判决的作用。许多国家之间的税务协议包括一个保险条款，规定缔约国一国居民在另一缔约国做保险业务，应被自动视为在该另一缔约国有长久基地。法庭认同纳税人的观点，认为美加税务协议没有包含这一条款不是偶然的。

二、西班牙戴尔（Dell）公司税务案

背景

西班牙最高法院 2016 年 6 月 20 日的判决确认了西班牙税务法庭（Spanish Central Tax Tribunal）及西班牙全国上诉法院（Spanish National Appellant Court）得出的结论，即西班牙戴尔公司的活动构成爱尔兰戴尔公司在西班牙的长久基地。西班牙戴尔公司是爱尔兰戴尔公司的子公司。一般来说，一个非居民公司在一国设立子公司的情况下，只是该子公司作为当地居民在该国承担税务责任，但如果该子公司被确定为非居民在该国的长久基地，那么不仅该子公司需在该国承担税务责任，而且该非居民也需为其源于该国的利润在该国承担税务责任。

一个非居民公司的子公司一般不会被视为该非居民公司在当地的长久基地。国际税务条约的 OECD 模式明确规定（第 5 条第 7 款），缔约国一国公司在另一缔约国设子公司运营本身不应成为长久基地存在的依据。因此，该案判决的结果受到国际税务业界的广泛关注。

基本事实

欧洲戴尔公司（Dell Europe）是戴尔产品的制造商，位于爱尔兰。

爱尔兰戴尔公司（Dell Ireland）是戴尔在爱尔兰的另一家公司，业务是从欧洲戴尔公司购买产品并通过欧洲各地的子公司作为代理销售到各地。

爱尔兰戴尔公司在爱尔兰没有自己雇佣的员工，该公司所有的工作都承包给在爱尔兰的另一个戴尔的关联公司。戴尔的电脑产品在西班牙由爱尔兰戴尔公司的子公司西班牙戴尔公司负责代理销售。作为代理商西班牙戴尔公司按佣金计算收入。

爱尔兰戴尔公司采用的是直接销售模式，即各地（包括西班牙）顾客通过设在爱尔兰的网站和电话中心直接订货。西班牙戴尔公司直接参与爱尔兰戴尔公司的西班牙语网上商店的推广、接单、发货、应收款管理、网站维护、售后服务等工作。

爱尔兰戴尔公司在西班牙没有自己的员工和场地，它的全部产品使用西班牙戴尔公司的仓库。

纠纷的焦点

纳税人（即爱尔兰戴尔公司）认为西班牙戴尔公司的活动不构成它的长久基地，因为从法律角度分析两者是不同实体，西班牙戴尔公司是靠正常佣金生存的代理商。西班牙税局不同意纳税人的立场，认为确立长久基地是否存在要看业务职能上两者的关系。

西班牙税务法庭的结论

西班牙税务法庭是该案的初审法庭，它于2012年3月15日公布的判决的结论是：

1. 爱尔兰戴尔公司在西班牙有固定经营场所（a fixed place of business）的长久基地，因为西班牙戴尔公司的场所及员工在西班牙都被用于及从事爱尔兰戴尔公司的核心业务，并且爱尔兰戴尔公司有权处置西班牙戴尔公司的经营场所。

2. 上述理由就足以明确长久基地的存在。如果要进一步分析从属代理的长久基地的存在，法庭认为由于西班牙戴尔公司实际上从事的是爱尔兰戴尔公司的正常业务，所以前者不是独立的代理商，而是在经济上从属或依赖于后者的代理商。

由于长久基地的成立，爱尔兰戴尔公司在西班牙的应纳税收入，是在西班牙的全部销售收入减去成本及费用，包括西班牙戴尔公司得到的佣金。

西班牙全国上诉法院和最高法院不仅先后确认了税务法庭的判决，而且还为长久基地存在的结论补充了新的理由。在从属代理关系方面，上诉法院认为，由于西班牙戴尔公司参与爱尔兰戴尔公司销售业务而这种销售对爱尔兰戴尔公司是有约束力的，所以可以认为西班牙戴尔公司行使了爱尔兰戴尔公司批准销售合同的权限。

最高法院认为西班牙戴尔公司不仅在经济上，而且在法律上也从属于爱尔兰戴尔公司，因为它在从事后者业务时必须接受后者的指导与监督并且定期向后者汇报。

分析与评论

该案近年来一直受到国际税务业界的关注，被视为一国子公司的活动构成另一国母公司长久基地的经典案例。

该案的三级法院判决都从业务职能的角度出发，分析母公司与子公司之间的关系，确定了长久基地的存在。从纳税人的角度来说，为了避免类似的麻烦，跨国经营的企业可以从中吸取的教训是，一国公司在另一国设立子公司的情况下，不能只指望两者是不同法人就可以避免长久基地的问题。集团公司一定要考虑到在业务职能上的明确分工问题。这种分工不仅要体现在协议、合同等法律文件上，而且还要注意确实实施。

戴尔公司的问题就是出在集团成员公司之间业务的定性及分工不

明确上。就爱尔兰戴尔公司产品销售业务而言，可采用的经营模式主要是两个：一个是买卖关系，另一个是代理关系。

假设戴尔公司采用买卖关系模式，那么爱尔兰戴尔公司的核心业务是批发，主要职能包括采购和出售给在各地的子公司（包括西班牙戴尔公司）。各子公司都是从母公司进货的当地零售商。子公司之间各做各的业务，分工明确，只是应注意转让定价的客观规范。

爱尔兰戴尔公司采用的是代理模式，与买卖模式相比，在代理模式下的子公司的活动被定性为母公司长久基地的风险就大多了。首先，在代理产品时代理商的功能不像买卖关系中零售商那么明确。这就是为什么西班牙戴尔公司与爱尔兰戴尔公司分工不明确，参与了许多属于爱尔兰戴尔公司的业务。由于这一原因，法庭认为爱尔兰戴尔公司在西班牙有"固定经营场所"的长久基地。这就是说，西班牙戴尔公司的设施被用于爱尔兰戴尔公司的业务。这里的业务主要指经营管理活动。爱尔兰戴尔公司使用西班牙戴尔公司的设施存放库存本身不是一个问题，因为国际税务条约一般将存放货物排除在长久基地的定义之外。由于两个公司之间是母子关系，可以认为母公司对子公司的设施有处置权。

其次，在代理模式里，代理商不拥有产品，而产品是以产品的主人的名义出售的。因此，当代理商出售产品时，一般可以认为代理商行使了批准合同的权力。这就满足了从属代理的长久基地存在的两个条件之一。另一个条件是代理商是从属的，缺乏独立性。在母子公司之间的业务不能划清界限的情况下，要确立独立的代理关系是比较困难的。

总之，一国公司在另一国通过当地代理商出售产品应注意避免长久基地的问题。在代理关系同时又是母子公司关系的情况下，更得小心。

第三十六章 涉及混合实体及混合工具案例

混合公司实体（hybrid entities）的利用是指跨国公司利用不同国家之间对于同一公司形式在税务处理上的差异，来实现税务上的好处。这种税务上的差异主要表现在一国税制把一公司形式当作独立的纳税人，而另一国税制把它看成一个"透明实体"（Flow-through or transparent entity），即这种实体本身不是纳税人，它的收入和费用都会分摊到其成员（Members）或业主（Owner）。常见的透明实体包括个体公司、合伙公司、收入信托（Income Trust）、无限责任公司（Unlimited Liability Corporation，ULC）、美国的S类公司、有限责任公司（Limited Liability Company，LLC）等。

混合工具（Hybrid finance instrument）的利用是指跨国公司利用接受融资的国家与提供融资国家之间，对于同一种融资方式在税务处理上的差异来实现税务上的好处。利用混合融资工具的一种情形是，一国的税法将一笔投资当债权来处理，而另一国将它当股权。

加拿大4145356有限公司（皇家银行子公司）税务案

背景

本案从表面上看涉及的只是纳税人是否应该享受外国税抵免（foreign tax credit）的问题，即纳税人在外国缴纳的税金（在美国缴纳的300万税）是否可以用于抵免在本国的应纳税金额，但是这里的外国税不是一般常见的外国税，而是使用"混合的融资工具"（hybrid instruments）而产生的外国税。加拿大税局认为这种外国税是通过混合工具产生，并不是纳税人交纳的，所以不能用于抵免加拿大的应纳税。

然而，加拿大税务法院认为税法并没有明确将这类外国税排除在外，而且按照本案的具体情况，不让纳税人使用外国税抵免，对纳税人不公平；因而做出了有利于纳税人的判决。

在加拿大税务法院 2011 年审理本案之前，加拿大政府就提出了"反制造外国税抵税规则"（foreign – tax – credit – generator – rules）的议案，对加拿大所得税法进行修改，专门针对人为制造的外国税抵税的避税现象。该议案于 2013 年 6 月正式生效。

本案外国税抵税金（foreign tax credit）的产生不仅利用了混合的融资工具（hybrid instruments），而且还利用了混合的公司形式（hybrid entities），因而，对我们了解混合工具和混合公司形式在国际税务策划方面的实际运用，很有帮助。

基本事实

纳税人 4145356 Canada Limited（以下简称号码公司）是加拿大皇家银行（Royal Bank of Canada）的子公司。号码公司于 2003 年 9 月购买了在"顶点投资合伙公司"（Crown Point Investments LP，顶点合伙公司）的 4 亿个有限合伙单元（Limited Partnership Units），买价是 4 亿美元。

顶点合伙公司由两个有限合伙人（Limited Partners）和一个普通合伙人（General Partner）组成。普通合伙人盖斯克管理公司（Gaskell Management LLC）和另一个有限合伙人埃尔特公司（Altier LLC）都是美国银行（Bank of America）的子公司。三个合伙人的投资金额及占有比例见表 36 – 1。

表 36 – 1　　　　　　　**顶点合伙公司合伙人投资金额及比例**

公司	投入（百万美元）	占有比例（%）
号码公司	400	24.7678
爱尔特公司	1200	74.3034
盖斯克公司	15	0.9283
共计	1615	100

号码公司的 4 亿有限合伙单元是从爱尔特公司购买的。根据号码公司与爱尔特公司的买卖协议，前者可以要求后者在 2004 年 9 月 15 日以后的任何年度终止日买回前者拥有的有限合伙单元。

根据有限合伙协议，盖斯克公司有权在 2004 年 9 月 15 日以后的任何年度终止日购买号码公司拥有的有限合伙单元。

顶点合伙公司贷款 16 亿美元给美国银行的另一个子公司美克林博公司（Mecklenburg Park），结果挣到 2873 万美元的利息收入。

2003 年报税时，顶点合伙公司按照美国的税务规则，通过"实体类别选择"（Entity Clarification Election）选择作为有限公司（Corporation）实体向美国政府进行了独立报税，并为上述利息收入缴纳了 1005 万美元的所得税。

在向加拿大税局申报 2003 年税时作为加拿大居民，号码公司申报了从顶点合伙公司按投资比例分摊到的折合加元的 937 万合伙收入和 327 万的外国税抵税金额（foreign tax credit）。

按照美国的税务规则，号码公司投资的 4 亿美元因为重新买回协议（a repo agreement）的存在算是爱尔特公司获得的贷款（债务）。因此，顶点合伙公司分配给号码公司的约 449 万美元收入（按加元算为 610 万，即 937 万减去所得税 327 万）可被爱尔特公司用来作为利息费用扣除。

纠纷的焦点

本案要求法庭解决的核心问题是，号码公司作为加拿大居民为

2003 年度报税能否利用顶点合伙公司在美国缴纳的分摊给它的税金（加元为 327 万）来抵免其在加拿大的应纳税金额。加拿大税局认为不能，因为号码公司自己并没有缴纳这笔税款。

根据加拿大所得税（Income Tax Act）第 126（2）条，纳税人能用以抵免的外国税必须是纳税人缴纳的税（tax paid by the taxpayer）。税局认为纳税人要缴纳一笔税款的前提是它有义务缴纳这笔税（liable to pay the tax），而号码公司在美国没有义务缴纳这笔税，所以不能算是缴纳了这笔税款。

为了支持号码公司在美国没有义务纳税的说法，税局提出：

1. 按美国税法，顶点合伙公司作为合伙形式的公司可以不用单独报税，可以将其收入和费用分摊给合伙人。只是美国税法允许这类公司选择实体形式，顶点合伙公司才选择以有限公司形式单独报税。如果它没有做这种选择，就不会交税。作为美国的非居民，号码公司也不会为利息收入在美国交税。

2. 顶点合伙公司是在特拉华州注册的，而按该州法律合伙公司是一个独立的法人。所以在加拿大它不应被当作合伙公司对待。

3. 号码公司投资顶点合伙公司的 4 亿美元，在美国税法里被视为贷款，由此产生的收入是按利息来处理的。因此，在加拿大也应将这 4 亿美元按向爱尔特公司贷款（debt）来处理，而不应算是合伙权益投入（equity，相当于股权的意思）。

4. 从 2003 年 9 月 15 日投入 4 亿美元到 2003 年 12 月 31 日，它挣到是 610 万，年回报率为 4.7% 的固定收入，相当利息收入，符合市场回报率，属于税前收入。

法院判决及理由

在 2010 年底和 2011 年初的期间法庭为本案开庭审讯的天数共达 9 天。纳税人上诉方聘用了三个专家做专家证词，税局聘用了两个。税务法院于 2011 年 4 月 21 日公布判决，结论是纳税人上诉成功。其主要的理由可总结为以下几个方面。

第一，针对税局的税法，即号码公司在美国没有缴纳这笔税款的义务，所以不能算是缴纳了这笔税款，法庭的反应是税法的有关条款（Subsction 126（2））只是要求纳税人已缴纳了（paid）有关税款，并没有要求缴纳税款的纳税人必须同时也是有义务缴纳该税款的同一纳税人。

第二，就"已缴纳"（paid）的问题而言，法庭认为美国顶点合伙公司向美国政府缴纳的分摊给号码公司的 327 万（按加元算）应该被视为号码公司"已缴纳"的税款。法庭的依据是加拿大所得税的第 96 条有关合伙公司的报税规则。根据该条，合伙公司本身不是所得税纳税人，一个合伙公司全部收入和费用应按比例分摊到各合伙人头上报税。因此，顶点合伙公司已缴纳给美国政府的分摊到号码公司的 327 万加元所得税就是号码公司已缴纳的所得税。

对于这一点，税局争辩说顶点合伙公司是在美国特拉华州（Delaware）注册的，而按该州的公司法合伙公司也是一个具有独立法律人格的实体（即可以独立报税不用分摊收入/费用到合伙人）。税局还专门聘用了一个该州的律师作为专家作证。

对此，法庭的反应是本法庭是按加拿大法律办案。不论外国法怎样规定，都不能改变顶点合伙公司是合伙公司的性质，也不能改变号码公司按加拿大税法作为合伙人投资的规则。

第三，税局认为号码公司从爱尔特公司购买的 4 亿合伙单元已在美国按美国税法定性为贷款，因而在加拿大不应被当作合伙投入（equity 相当于股权）来对待。对此，法庭认为税务上怎样处理这 4 亿美元的投资不是按照美国税法，而是按照加拿大税法；而按照加拿大税法，号码公司是顶点合伙公司的合伙人。

第四，针对税局提出的如果顶点公司不选择按有限公司报税就不会有纳税义务的说法，法庭认为这种假设对于本案是没有意义的，并认为本法庭要以已实际发生的事实为依据，按照加拿大的税法办案。

第五，税局提出的另一个异议是号码公司的投资交易本质是贷款，挣到的是 4.7% 的固定收入，与当年的贷款利率一致。如果号码公司是贷款给爱尔特公司，也是挣到同样的利息收入。对此，法庭认为它不能以这种假设作为办案的依据，而是以实际发生的事实为依据；而实际发生的事实是号码公司购买的是合伙公司的单元。

法庭的判决最后还强调，号码公司挣到的收入按加元计算是 937 万加元，已向美国政府交纳 327 万加元，而这 327 万加元应该可以用以抵免在加拿大的应纳税金额。否则，纳税人就得为同一笔收入交两次税，而加拿大税法第 126 条有关外国税抵免本国税的规则的目的就是为了避免双重纳税。

分析与评论

很明显，本案涉及的投资交易及税务后果是美加两大银行（美国银行和加拿大皇家银行）合作精心策划的结果。该项目通过利用混合实体（hybrid entities）和混合投资工具（hybrid instrument），达到了两大银行在两个国家同时得到税务好处的效果。

利用混合实体（即合伙公司），美国的合伙公司（即顶点合伙公司）在美国选择独立报税交税，而加拿大皇家银行的子公司（即号码公司）可以以合伙人的名义将分摊到的美国税用以在加拿大的税务抵免。利用混合的工具（即美国算债务而加拿大算合伙单元），美国银行的子公司（即爱尔特公司）将支付给号码公司的 449 万美元作为自己的利息费用来报税扣除。所以这一融资交易的安排设计可以算得上是国际税务策划的一个杰作。

这一税务判决的结果也反映了加拿大税务法院办案特点或原则。加拿大税局对纳税人的税务处理从多方面提出了挑战，加拿大税务法庭也应该明白有关当事人是利用加美税务的差异而从中得利的，但仍然坚持以法办案的原则，特点包括：

第一，按本国法律办案的原则。针对税局提出的顶点合伙公司在美国是独立报税以及爱尔特在美国是按贷款报税的说法，法庭强调的是加拿大居民适用加拿大税法。

第二，以实际发生的事实为依据。针对税局提出的如果顶点合伙公司没有选择独立报税以及如果号码公司是以贷款形式投资的假设，法庭坚持应以实际发生的事实为依据。

第三，不轻易改变实际交易形式（reclassification）的传统。这是加拿大案例法不同于其他西方国家的特点。这一特点是说，只要纳税人采用的交易形式或生意模式，不是一看就看得出来缺乏合理性或在商业上是没有意义的，法庭一般不会认为纳税人只是出于税务的动机，而轻易去为这种交易重新定性。所以，加拿大税局在挑战纳税人时也不会轻易地动用一般反避规则（General Anti – Avoidance Rule）。

这些司法原则能确保法律的稳定性和预见性。如果政府方面对税法有关条款产生的效果不满，可以通过立法加以改进。

实际上法庭已注意到在加拿大国会新提出的"反制造外国税抵税规则"议案，但该修正案只适用于 2010 年 3 月 4 日以后结束的年份，所以不适用于本案。

第三十七章 涉及国际资金转移案例

加拿大税务法院于 2016 年 9 月公布了一个涉及华人从中国汇款到加拿大的胜诉判决。该案为华人上述普遍关心的一些税务问题提供了答案。本章将通过简单介绍本案的事实证据，纳税人的举证责任，以及法官的思维，来分析上诉当事人胜诉的原因及其华人从中应得到的启发。

加拿大华人移民公司税务案

背景

出于各种目的华人从中国打钱来加拿大是件常见的事，但华人有些共同的担心和疑问：打来的钱会不会被加拿大税局当作当年收入交税？本来不是应纳税的收入，怎样才能说清？证明不是应纳税收入的游戏规则是什么？怎样可先做些策划和准备？万一被税局查到应该怎样应付？等等。该案为华人这些普遍关心的税务问题提供了一些有用的信息。

基本事实

该案的上诉方纳税人林女士从 2008 年开始做留学、签证、移民等方面的咨询服务，在 2012 年和 2013 年两年，收到其家人从中国打出的一系列汇款，2012 年总额为 84966 加元，2013 年总额为 95770 加元。

税务纠纷的焦点是税局认为这些钱是林女士的咨询生意收入；但

林女士坚持她的钱是来自她中国亲戚的经济援助。税局认为林女士收到的汇款是她的生意收入，主要原因是汇款单上的汇款理由一栏，填写的是留学、访问等，这与林女士的生意性质相符。林女士的解释是汇款单上的这一栏是汇款时银行职员填写的；她在中国的家人给她汇款的真实理由是在经济上援助她丈夫在加拿大做大理石的生意。

纳税人的举证

为了证明她的说法，在 2016 年 9 月开庭的那一天，她家的 6 个亲戚每人手持一份汇款单在北京通过视频为在渥太华进行的法庭聆听做现场证词。

林女士的姐姐做证说，在接到林女士的请求后他们全家立即开了一个会，决定每人都出资给予帮助。根据林女士在北京家人的证词，林家的援助属于借款，但按中国文化家人之间借款不用书面协议，也不计利息。林女士的丈夫表示他把大理石生意做起来后会偿还。

法官的判决

听完林女士的证词后，税局律师表示林女士的故事不可信，但法官米勒还是做出了有利于林女士的判决。他在判决书里写道，摆在他面前的由他来决定的问题不是一个法律问题，而是一个事实问题，即哪一方的说法更加可信，可能性更大，是税局说的生意收入或是林女士说的家庭经济援助？在权衡各种因素及可能性后，米勒法官觉得后者的可能性更大。他的结论是基于以下理由：

第一，税局律师声称林女士的证人都是一家人，缺乏独立性和客观性，但米勒法官认为林家的证词具有相当的一致性，并且税局律师也未能从中找到任何破绽。

第二，税局认为汇款单上填写的理由本身就能说明问题；但米勒法官认为，如果税局真的认为汇款单上的理由这么重要，它可以找到中国官方的有关填写汇款单的规则，证明林家的解释有问题。但税局没有这么做，所以他只能根据摆在他面前的证据做判断。

第三，米勒法官认为，如果林女士真是想要隐瞒生意收入，她可以不让家人写留学、签证等理由。

第四，到了2012年林女士的生意开始走下坡路，她把办公室分租出去。到了2013年林女士在皇家银行找了份工作。米勒法官同意林女士的说法，如果她的生意还真能挣钱，她就不会出去找工作了。

基于以上原因，米勒法官判林女士胜诉。由于该案只是一场事实上的纠纷，不涉及法律问题，估计税局也不会上诉。

结论与分析

就华人普遍关心的一些转移资金的问题，我们可以从林女士一案得到以下启发：

1. 在资金是来自中国亲友的借款或父母的赠予的情况下，一个人们常见的问题是，只要证明钱是来自亲友或父母的账号就可以了，还是要进一步证明亲友或父母的钱是从哪来的或证明他们有钱。在林女士一案中税局和法院都没过问林女士在中国的家人的钱是从哪来的或他们是否有经济能力帮助林女士的丈夫。当然，这是因为该案涉及的钱不多，可以假定她的家人都出得起。同时税局也没找到迹象表明林女士的家人有经济上的任何困难。

2. 在举证方面，应尽量多找人作证，要确保证词的一致。米勒法案之所以做出有利于林家的判决是因为林家的作证成功。一是有关的证人都愿出来做证，二是他们的说法一致、自然、可信。例如，有关借款，按中国文化没有正式的书面协议，也没利息；米勒法官觉得符合情理。

3. 若要税局或法庭相信我们的故事或说法，我们最起码要有基本的文件证据，如汇款单、银行账单等，来证明我们的故事有一定可信的基础。如果我们要说服税局或法庭从中国汇来的钱是父母亲给的，但没有文件能证明汇款的最终源头是父母的账号，那就较难办。

4. 从该案可以看出，汇款单上填写的汇款理由，应与我们想要证明的说法一致。

5. 在组织证据方面，要尽可能找到独立客观证据。例如，在文件证据方面，最好能找到政府文件、银行文件等，在人证方面，除自己的亲友外，最好能找到第三方证人。

第三十八章 涉及源泉扣缴案例

最后一章要介绍的是本书作者在加拿大税务法院为一家美国公司在加拿大的子公司赢得的一个涉及源泉扣缴的税务案例。

加拿大新康科技公司税务案

背景

在西方国家使用人工要分清两种关系，雇员（employee）或是独立的合同工（Independent contractor）。如果是雇员关系，法律要求雇主在发工资时为雇员做源泉扣缴，包括所得税，就业金，退休金等）。独立合同工与用人单位的关系，被认为是一种生意关系，用人单位不用做源泉扣缴，毛收入是多少就发多少，因此操作起来比较简单。当然，这不是说雇主可以在任何情况下选择合同关系的。即使雇主和雇员双方明确声称他们是独立的合同关系，但如果他们之间实际是一种雇佣关系（如控制与监督），联邦税局仍然有权加以纠正，要求该雇主补交所欠源泉扣缴金额并另加罚款和利息。

在实际生活中，使得问题复杂的是，具体在什么关系构成雇佣关系，而什么关系属于独立的合同关系的问题上，法律并没有一个明确的定义。遇有争议时，有关方面往往是参照税务法庭以前的案例。

基本事实

加拿大新康科技公司（Xincon Technology（Canada）Inc.）是美国

一家从事电脑培训的公司在加拿大的子公司。2001 年 10 月，联邦税局（CRA）审计了位于多伦多的新康科技公司的工资记录，并发现新康在 2000/2001 两年期间，没有为在该院任教的 77 名教师按雇用关系做源泉扣缴。税局断定这些教师应属雇员，因此，发出评估要求该公司为教师补交源泉扣缴税另加罚款利息；但新康科技公司坚持这些教师与学校是一种独立合同关系，不是雇用关系，不存在源泉扣缴的问题。在加拿大税局上诉部上诉失败以后，新康科技公司继而上诉到加拿大税务法庭。

适用的法律规则

在大多数情况下，雇用关系和独立的合同工关系是不难辨认的；但有时很难分清。由于加拿大税法只是笼统地使用了雇用（employment）这个字眼，并没有给雇用关系下一个明确的定义，因而案例法在区分两者的问题上起着关键的作用。

传统的案例法从四个方面来鉴定（test）雇用关系是否存在，即四要素。这四要素如下：

1. 控制（control）

控制要素的核心概念是看用人单位与工人是否存在一种控制与被控制的关系；具体来说是看工人是否能够独立地作业，并在工作时间、地点、方式上是否有一定的自由度。如果用人单位与工人是一种控制与被控制的关系。这就意味着雇用关系的存在；否则就意味着独立的合同工关系。

2. 工具（tools）

这一点是看工人用谁的工具（包括设备、办公用具等等）。如果是使用用人单位的工具，就表明是雇用关系；如果工人是用自己带的工具工作，说明是独立的合同工关系。

3. 获利的机会和亏损的风险（chance of profit/risk of loss）

这一要素是看工人是否有获利的机会及亏损的风险。如果没有，即收入比较稳定，这更倾向于雇用关系；反之亦然。

4. 一致性（integration）

这一点是看工人所从事的工作是否与用人单位的业务是一致的。如果答案是一致的，这一点就有利于雇用关系。例如，一个软件公司使用一名软件设计人员，两者业务会被认为是一致的。因此，在大多数情况下会被认为是雇用关系。如果这名软件设计人员是为一家银行工作，软件设计和银行在业务上可以说不是一致的，所以该软件设计人员可能会被认为是独立的合同工。

当然，上述的四要素没有一个要素是起决定性的作用；人们往往是将这四要素的结果进行综合性的分析。在有两个要素表明是雇用关系而另两个要素表明是独立的合同关系的情况下，一般是看控制这一要素。

除这四个要素以外，法庭也有可能考虑其他因素。这些因素包括工人与用人单位的协议，工作时间的长短，是否有任何福利，是否有中间代理，工人是否同时为几个单位工作等等。

在法庭上诉方成功地履行了它的举证责任

加拿大税务法院于2003年3月21日在多伦多开庭审理该案，新康科技公司（上诉方）提供了6个证人的证词（包括校方经理与5名教师），代表税局的律师传唤了2个证人（2名该校教师），经过一天的听证与辩论，法官 Bonner 认为他已获得足够的证据，但还是需要几个月的时间考虑才能给予判决。

上诉方在法庭成功地证明了一系列的独立合同关系存在的事实依据；其中包括：教师能控制其负责的课程的教学内容与方式；他们可以选择灵活的上课时间；他们使用自己的教学设备，而运用的知识就是他们的"工具"；由于学校不能保证教师的工作量，教师承担较大的风险；

更重要的是，他们从来就不是学校的一部分。

在分工上，学校的作用主要是市场开发和教学行政管理、组织和协调，而具体课程的授课是分包给独立的合同关系的教师。现代技术培训的这种运作关系，使得教师与学校的关系本质上不同于传统的学校与教师关系。学校与教师形成一种生意关系，这种关系不仅具有较大的自由度和灵活性，而且教师为教学可能承担更多的费用，如办公费用、课堂教学的设备和辅助材料费用等，同时也会有更大的风险，因为学校不能保证一定的课程或教学时间。上诉方指出联邦税局忽视这样关系的特点，将电脑学校的教师与传统学校的教师相比，理所当然地认为电脑学校教师是学校的雇员，是完全没有依据的。

上诉方还强调现代电脑学校的运作及成本核算不同于传统学校。传统学校雇用固定教师长期使用，从生意角度来说教师的工资福利是一种固定成本（Fixed cost），因为不论销售收入大小，这笔费用是不变的。在竞争激烈的电脑培养行业中，这种结构会带来极大风险。因此，大多数电脑学校不雇用和保留固定的教师，而是采用灵活的合同分包制。这种操作的特点是教师费用总是与销售收入联系在一起，每当学校聘教师讲授一门课程时，校方已经大约知道学生人数和学费收入。学校在某一门课的毛收入就是学生学费和教师费用之差。换句话说，教师的费用不再是固定成本，而是可变成本（Variable cost），是一销售成本（Cost of sales）。没有销售就没有销售成本；这样可将电脑学校的风险降到最低。

法官的判决及理由

2003 年 6 月 30 日，即开庭三个多月以后加拿大税务法院终于下达判决书，宣布上诉方胜诉，裁决所涉及的 77 名教师全部为独立的合同工。

在判决书里 Bonner 法官接受了上诉方的基本观点，并阐述了几个主要决定因素。第一是控制（Control）。在一般的雇用关系中，雇主对雇员行使相当的控制权，包括工作做什么，怎样做，什么时候做等。而在此案中，教师的课堂教学完全不受学校控制。第二，在雇用关系中，雇员是将自己的上班时间和服务交给雇主任其支配。而本案的教师是被学校聘来完成一个很具体的任务，即教某一特定的电脑课程，在服务的时间上有明显的始点和终点，即按具体的合同办事。第三，在使用工具方面，雇员使用的一般是雇主提供的工具，而在本案中，学校除提供电脑外，教师还使用自己准备的教具、辅导材料、教学软件等。第四，这些教师已将本案校方的教学融入他们各自生意的一部分。他们不仅同时还在其他地方从事教书或工作，而且在每接受一门教学任务时与校方就讲课时间和收费进行协商和讨价还价，接近一种生意关系。

新康胜诉重大的意义

新康胜诉的历史意义在于新康采用的这种商业模式是一种较新的现象，其运作方式以及学校与教师的关系，一直没有得到税务当局的理解。以前历史上虽然有过个别电脑教师，在争取独立自雇地位上获得法院的认可，但本次胜诉意味着加拿大官方第一次确认，整个电脑学院没有任何雇用关系的教师，而全部教师（77 名）都属于独立的合同工，因而它是历史性的。

自从新康胜诉以后，又有一些学校由于同样的原因被加拿大税局罚税；但每当税局官员被出示新康案判决书后，均做让步。这充分说明了新康案的法律效力。

参考文献

［1］《中华人民共和国企业所得税法》。

［2］《中华人民共和国企业所得税法实施条例》。

［3］《关于合伙企业合伙人所得税问题的通知》（财税〔2008〕159 号），中国财政部与国家税务总局。

［4］Cockfield，Arthur & David Kerzner（Manager's Guide To International Tax），Carswell，2009.

［5］Day，Jones（Group Taxation），USA，2003.

［6］Deloitte（Global Transfer Pricing Country Guide），2016.

［7］Deloitte（Australia Highlights），2016.

［8］Deloitte（Canada Highlights），2016.

［9］Deloitte（China Highlights），2016.

［10］Deloitte（Corporate Tax Rates），2016.

［11］Deloitte（Cyprus Highlights），2016.

［12］Deloitte（Hong Kong Highlights），2016.

［13］Deloitte（France Highlights），2016.

［14］Deloitte（Guide to Controlled Foreign Company Regimes），2015.

［15］Deloitte（Hungary Highlights），2016.

［16］Deloitte（Ireland Highlights），2016.

［17］Deloitte（Israel Highlights），2016.

［18］Deloitte（Japan Highlights），2016.

［19］Deloitte（Macao Highlights），2016.

［20］ Deloitte（Mauritius Highlights），2016.

［21］ Deloitte（Singapore Highlights），2016.

［22］ Deloitte（United Kingdom Highlights），2016.

［23］ Deloitte（United States Highlights），2016.

［24］ Deloitte（Withholding Tax Rates），2016.

［25］ Ernst & Young LLP（Thin Capitalization Regimes in Selected Countries），2008.

［26］ ICC，Exit taxes：（Serious obstacles for international business restructurings and movements of capital），2014.

［27］（Income Tax Act）Canada.

［28］（Internal Revenue Code）the United States.

［29］ Jeffrey，Mark. U. S.（International Corporate Taxation：Basic Concepts and Policy Issues），Congressional Research Service，2014.

［30］ Kimberly，Edward，ed. U. S.（Corporate Income Tax Reform and Its Spillovers），IMF，2016.

［31］ OECD（Model Tax Convention on Income and on Capital），2014.

［32］ OECD（Transfer Pricing Guidelines for Multinational Enterprises and Tax Administrations），2010.

［33］ PWC（Doing business in the United States），2014.

［34］ PWC（Italy Corporate – Group taxation）.

［35］ Russo，Raffaele（Fundamentals of International Tax Planning），IBFD，2007.

［36］ Schreiber（Ulrich，International Company Taxation），Springer，2013.

［37］ Sway，Veronique（Holding Regimes 2016：Comparison of Selected Countries），Loyens & Loeff New York，2016.

［38］ Tétrault，McCarthy（International Taxation：Executive Brief），

2013.

[39] Thornton , Victoria, ed. （Territorial vs. Worldwide Corporate Taxation：Implications for Developing Countries）, IMF, 2013.

[40] United Nations （Model Double Taxation Convention between Developed and Developing Countries）, New York, 2011.